Thomas Hoppe

Chinesische Agrarpolitik und uygurische Agrarkultur im Widerstreit.
Das sozio-kulturelle Umfeld von Bodenversalzungen und -alkalisierungen
im nördlichen Tarim-Becken (Xinjiang)

MITTEILUNGEN
DES INSTITUTS FÜR ASIENKUNDE
HAMBURG

------------------------------------ Nummer 214 ------------------------------------

Thomas Hoppe

AS–F–II–3–8

Chinesische Agrarpolitik und uygurische Agrarkultur im Widerstreit

Das sozio-kulturelle Umfeld von Bodenversalzungen und -alkalisierungen im nördlichen Tarim-Becken (Xinjiang)

Hamburg 1992

Gefördert von der Volkswagen-Stiftung.

Redaktion der Mitteilungsreihe des Instituts für Asienkunde:
Dr. Brunhild Staiger

Textgestaltung: Wiebke Timpe
Gesamtherstellung: Druckerei Bernhardt & Plaut, Hamburg

ISBN 3-88910-112-7
Copyright Institut für Asienkunde
Hamburg 1992

Titelphoto: Neu errichtetes Einzelgehöft auf versalzten Niederungsflächen westlich der Kreisstadt Xayar (Mai 1989)

VERBUND STIFTUNG
DEUTSCHES ÜBERSEE-INSTITUT

Das Institut für Asienkunde bildet mit anderen, überwiegend regional ausgerichteten Forschungsinstituten den Verbund der Stiftung Deutsches Übersee-Institut.

Dem Institut für Asienkunde ist die Aufgabe gestellt, die gegenwartsbezogene Asienforschung zu fördern. Es ist dabei bemüht, in seinen Publikationen verschiedene Meinungen zu Wort kommen zu lassen, die jedoch grundsätzlich die Auffassung des jeweiligen Autors und nicht unbedingt des Instituts für Asienkunde darstellen.

Für Lucia und Daniel

und die Bauern des Kreises Xayar

Inhaltsverzeichnis

Tabellenverzeichnis

12

Verzeichnis der Karten, Abbildungen und Photos

Photos (aufgenommen vom Autor):

14

Liste der verwendeten Abkürzungen

HWCD	-	*Han Wei cidian (Chinesisch-Uyġurisches Wörterbuch)*
Jingji dili bufen	-	*Xinjiang zonghe kaocha baogao huibian 1958 nian. Jingji dili bufen (Economic Geography. Collected Reports of the Xinjiang Multispecialty Expedition, 1958)*
JPRS	-	Joint Publications Research Service, Washington D.C.
SWB	-	*Summary of World Broadcasts*
SYXNYQH	-	*Xinjiang Weiwuer Zizhiqu Shaya xian nongye quhua ziliao huibian (Materialien zur Agrarzonierung im Kreis Xayar)*
WHCD	-	*Wei Han cidian (Uyġurisch-Chinesisches Wörterbuch)*
XJDXS	-	*Xinjiang dixiashui (Grundwasser in Xinjiang)*
XJNJ	-	*Xinjiang nianjian (Xinjiang Jahrbuch)*
XJNY	-	*Xinjiang nongye (Die Landwirtschaft Xinjiangs)*
XJTJNJ	-	*Xinjiang tongji nianjian (Statistisches Jahrbuch Xinjiang)*
XJTDZY	-	*Xinjiang tudi ziyuan (Bodenressourcen Xinjiangs)*
XJTR	-	*Xinjiang turang ji qi gailiang liyong (Böden Xinjiangs, ihre Melioration und Nutzung)*
XJTRDL	-	*Xinjiang turang dili (Bodengeographie Xinjiangs)*
XJZDDQ	-	*Xinjiang zhongdian diqu huangdi ziyuan ji qi heli liyong (Ödlandressourcen einiger Schwerpunktgebiete Xinjiangs und ihre rationelle Nutzung)*
YJXNYQH	-	*Xinjiang Weiwuer Zizhiqu, Yanji xian nongye quhua (Agrarzonierung des Kreises Yanqi)*

Maße:

jin - 500 g

mu - ist eine variable Größe: offiziell entspricht sie $1/15$ ha = 666 - 670 m². 1 Xayar-mu = 800 m² (offizieller Wert). Abweichungen von diesen offiziellen Werten sind häufig:
Die reale Größe eines 1989 zufällig vermessenen mu (das 670 m² umfassen sollte) beträgt im Kreis Kuqar 1.070 m².
Die Größe eines Gartens in Xayar entspricht offiziell 3 mu, real jedoch 9,3 Norm-mu und 7,8 Xayar-mu.
D.h. ein statistisches mu kann 1 - 2 offizielle mu (666 - 670 m²) und mehr umfassen.

Danksagung

Mein Dank gilt Anette Hillebrand, Elisabeth Klank und Renate Grimming (Hamburg) für die mühsame Arbeit des Schreibens und Korrigierens der ersten Fassung dieses Textes. Wolfgang Straub, Mu-choon Lee und Christel Seyfert (alle Fachbereich Landschaftsentwicklung der TU Berlin) haben die Karten und Diagramme angefertigt. Dirk Betke hat die erste Fassung des Textes gegengelesen und mir in vielen Details mit Anregungen und Kritik geholfen, wie er überhaupt den gesamten Entstehungsprozeß dieser Arbeit von Anfang an begleitet hat. Unersetzlich waren für mich die langen abendlichen Diskussionen mit Adolfo Lichtenfeld (Institut für Ökologie, Regionale Bodenkunde, TU Berlin), der mir zahlreiche offene Fragen erläutert hat. Einige bodenkundliche Anmerkungen gehen auf seine Hilfe zurück, ohne daß dies im Text immer vermerkt ist. Prof. Xie Xiangfang (Ürümqi) hat mit mir Teile der Arbeit diskutiert und Adám Molnár (Budapest/Szeged) hat die uygurische Flurterminologie durchgesehen und mit einem (hier nicht veröffentlichten) linguistischen Kommentar versehen. Prof. Erling von Mende (Sinologie/Mandschuristik, FU Berlin) und Prof. Johannes Küchler (Institut für Landschaftsökonomie, TU Berlin), haben den schützenden, beratenden und immer hilfsbereiten Hintergrund für die Arbeit geboten. Prof. Küchlers durchdringende Kommentierung der ersten Fassung ist der jetzt veröffentlichten zweiten Fassung, wie ich hoffe, zugute gekommen. Die Verantwortung für die geäußerten Thesen und eventuellen Fehler liegt allein bei mir.

Ihnen allen danke ich sehr herzlich. Die jetzt vorliegende Fassung hat Mareile Ehlers (Lübeck) kommentiert und durchforstet - das war *xue zhong song tan*,[1] Patrick Raszelenberg (Hamburg) hat sie noch einmal gegengelesen. Auch ihnen danke ich sehr herzlich.

Bleibt mir noch, Prof. Heiner Dürr, damals München, für seine Anregung zu danken - er machte mich vor genau zehn Jahren auf die Problematik der Bodenversalzungen im Tarim-Becken aufmerksam. Ohne die gebotene Möglichkeit, am Fachbereich Landschaftsentwicklung der TU Berlin eine Forschungsarbeit durchzuführen, wäre diese Arbeit wohl nie entstanden.

Ohne die Hilfe des Instituts für Geographie der Academia Sinica, Ürümqi, Prof. Xie Xiangfang, Herrn Mao Baodi, Herrn Cui Xiaolin und ohne meinen uygurischen Dolmetscher Gäyret Tursun wäre die Feldarbeit im Sommer 1989 nicht

---

1) "Im Schnee Kohle schicken"

durchzuführen gewesen. Vielen Bauernfamilien und lokalen Kadern in den Kreisen Kuqar, Xayar, Toksu und Yanqi bin ich für ihre Gastfreundschaft und Hilfe zu großem Dank verpflichtet. Prof. Pierpaolo Faggi, Padova/Ferrara nahm an den ersten Wochen des Feldaufenthaltes in den Kreisen Kuqar und Xayar teil.

Mein Dank gilt auch den Organisationen, die die beiden Xinjiang-Forschungsprojekte unterstützt haben, insbesondere der Volkswagen-Stiftung, aber auch der Max-Planck-Gesellschaft und dem Deutschen Akademischen Austauschdienst. Dank auch an Bruce Roberts und Dörte Hedemann.

Hamburg, 12.1.92

Vorwort

1 Die internationale Bedeutung des Versalzungsproblems

Da sekundäre, d.h. im Verlauf von Kultivierungsmaßnahmen auftretende Bodenversalzungen und -alkalisierungen meist eine Folge unangepaßter Bewässerungs-
landwirtschaft sind - im Falle einer Versalzung von nicht-bewässerten Kulturflächen spricht man von *dryland salinity* -, steigt mit der Zunahme des weltweit
bewässerten Landes auch der Umfang versalzter Flächen. Mit einer Zunahme
des bewässerten Landes von weltweit 215 Mio.ha im Jahre 1981 auf 300 Mio.ha
bis zum Ende des Jahrhunderts wird gerechnet.[1]

Der sowjetische Versalzungsexperte V. Kovda schätzt, daß weltweit bereits 10-15
Mio.ha fruchtbaren Kulturlandes infolge von Versalzungen verloren[2] gegan-
gen sind. Die jährlichen zusätzlichen Verluste an Kulturland durch Versalzungen
und Übernässung gibt er mit weltweit 500.-600.000 ha an.[3] Hunderttausende
von Hektar liegen jährlich infolge von Versalzungen brach. Etwa die Hälfte aller
Bewässerungssysteme leidet nach Angaben der FAO und der UNESCO unter
den Folgen von Versalzung, Alkalisierung und Übernässung.[4]

In China galten zu Beginn der 80er Jahre 6,6 - 7,4 Mio.ha Ackerland als versalzen oder alkalisiert.[5] Daten für primär und sekundär versalzte Böden insgesamt weichen stark voneinander ab, je nach Quelle wird von 20-36 Mio.ha salz-

---

1) Kovda (1980), S.35. Nach Angaben der FAO waren 1977 226,7 Mio.ha
weltweit bewässert oder 15,1% aller Flächen in Acker- und Dauerkulturen.
Achtnich (1980), S.14.
2) Der Ausdruck "Verlust von Ackerland" ist zwar nicht absolut zu nehmen,
da auch die stark toxischen Soda-Versalzungen theoretisch meliorierbar
sind, nur ist dies eine Frage des ökonomisch vertretbaren Aufwandes. Eine
auch nur für mehrere Jahrzehnte voraussehbare, (zunächst) irreversible
Schädigung von ursprünglich fruchtbarem Weide- und Ackerland berech-
tigt uns, vom "Verlust von Ackerland" zu sprechen. Ob allerdings die in der
Bodenstatistik als "verloren" oder "aufgegeben" aufgeführten Flächen einer
solchen Definition entsprechen, ist fraglich.
3) Kovda (1980), S.52, 206-207.
4) Szabolcz (1985), S.37.
5) Betke/Küchler (1987), S.93, *Zhongguo tongji nianjian (1984)*, S.179.

affizierter Böden ausgegangen.[6] Betroffen sind vorwiegend Böden nördlich des Huanghe, von der Songliao-Ebene im Nordosten bis in die ariden Gebiete des Nordwestens.

Xinjiang erreicht als einzelne Provinz bzw. Autonomes Gebiet Chinas mit insgesamt 1,7 - 2,1 Mio.ha versalzter landwirtschaftlicher Nutzfläche (wenn man die seit 1949 aufgegebenen Flächen mit berücksichtigt) den von Kovda für die gesamte ehemalige Sowjetunion genannten Wert. Auf dem Territorium der ehemaligen Sowjetunion galten 2 Mio.ha Kulturland als versalzen, davon 1,5 Mio.ha in Zentralasien.

In (West-)Pakistan waren nach Erhebungen von 1961-1962 15,1 % der kultivierten Fläche versalzen.[7] Nach Dettmann (1982) waren zu Beginn der 60er Jahre 60% der bewässerten Flächen (oder insges. 5,8 Mio.ha) in irgendeiner Form von Versalzung oder Vernässung betroffen. 1,4 Mio.ha "had ceased to be of any agricultural use". Durch staatlich unterstützte Rekultivierungsmaßnahmen wird brach gefallenes Land wieder nutzbar gemacht. "Loss of cultivated land and recultivation take place side by side".[8]

Weltweit wird aufgrund der Weltbodenkarte der FAO/UNESCO mit 952,062 Mio.ha von Versalzung/Alkalisierung betroffenen Böden gerechnet.[9]

---

6)   Betke/Küchler (1987), S.93, Xu Zhikun (1980), S.1, nach Szabolcs (1979), S.15, 7,3 Mio.ha Solontschaks, 28,9 Mio.ha Böden in "saline phase", 437.000 ha in "alkaline phase".

7)   2,15 Mio.ha von insgesamt 14,2 Mio.ha kultivierter Fläche, Ahmad (1964), S.124.

8)   Dettmann (1982), S.137-138; vgl. Rahman (1967), S.264 und Scholz (1984), S.225 mit unterschiedlichen Angaben für den Zeitraum von 1977-1979, wahrscheinlich infolge unterschiedlicher Definitionen.

9)   Primär und sekundär versalzte Böden insgesamt:

Nordamerika	*15,755*	*Mio.ha*
Mexiko/Zentralamerika	*1,965*	*"*
Südamerika	*129,163*	*"*
Nord- u. Zentralasien	*211,686*	*"*
Südostasien	*19,983*	*"*
Australasien	*357,330*	*"*
Europa	*50,804*	*"*
Gesamt	*952,062*	*Mio.ha*

Szabolcs (1979), S.12.

Wir werden am Beispiel Xinjiangs bzw. des Tarim-Beckens genauer auf die Schwierigkeiten einer exakten statistischen Erfassung des Umfangs von Bodenversalzungen/-alkalisierungen eingehen (siehe 2.4.1).

2 Stand der Diskussion und Leithypothese der vorliegenden Arbeit

Die Diskussion von Versalzungsursachen und -prozessen konzentriert sich in den meist bodenkundlichen Texten, der praktizierten Fachsegmentierung folgend, auf den Boden und kulturtechnische Fragen der Erschließung, Melioration und nachhaltigen Nutzung der aus ihrem gesellschaftlichen Kontext herausgelösten abstrakten Böden eo ipso.[10] Eine umfassende Bestandsaufnahme aller gesellschaftlichen, soziokulturellen, politischen und ökonomischen Faktoren, die mehr oder weniger direkt an Prozessen der Bodenversalzung beteiligt sind, unterbleibt. Da der Boden selbst - sein Profilaufbau, der Mineralgehalt der einzelnen Horizonte, Korngrößenzusammensetzung usw. - der eigentliche Untersuchungsgegenstand ist, beschränken sich auch die diskutierten Meliorationsmaßnahmen auf eine kulturtechnische Verbesserung des Bodens selbst.

Der Blick auf die soziokulturellen Hintergründe und Verursachungskomplexe, die zu Bodenversalzungen Anlaß geben, und vor allem der Blick auf das Zusammenspiel physischer und gesellschaftlicher Faktoren wird verstellt.

Der Reduktionismus und eindimensionale Utilitarismus des naturwissenschaftlichen Ansatzes tritt im Falle Xinjiangs überdeutlich in einer viele Bände füllenden "Ressourcen"-Literatur zutage (bezogen auf die Böden, Wasserressourcen und biotischen Ressourcen - siehe XJTDZY, XJTRDL, XJZDDQ, XJTR, XJNYDL, XJDXS sowie die in dieser Arbeit zitierte Fachliteratur), die deren Nutzungsmöglichkeiten zu ergründen sucht. Die "Ressourcen" - und das ist offensichtlich schon in der Anwendung dieses Terminus begründet - werden nicht als integraler Bestandteil einer schon vorhandenen (autochthonen) Agrarkultur und als deren notwendige Reproduktionsbasis betrachtet, sondern als abstrakte, (zentralstaatlich) anzueignende Voraussetzungen ebenso abstrakter Produktionsprozesse.

Der Ansatz der vorliegenden Arbeit geht in die völlig entgegengesetzte Richtung. Er versucht, die Böden und damit auch die Versalzungsgefahr sowie die aktuellen Versalzungsprozesse (d.h. im positiven Fall - die gelungene Protektion der

---

10) Vgl. Kovda/Hagan/van den Berg (1973), Wang Ying (1988); Massing/ Wolff (1987); Xu Zhikun (1980); Bresler/McNeal/Carter (1982); Gupta/ Abrol (1990).

Böden vor dieser Gefahr) als Teil des lokalen Zusammenhangs zwischen Natur und Gesellschaft der jeweiligen Agrarkultur zu begreifen - oder des Reproduktionszusammenhangs von natürlichen und gesellschaftlichen Faktoren, den ich, um "Umwelt" und "Gesellschaft" nicht auch begrifflich auseinanderzureißen "anthropologisches Gefüge" nenne (siehe Schluß).

Der Boden ist immer auch Spiegel gesellschaftlicher Verhältnisse und gesellschaftlicher, politischer und ökonomischer Anforderungen. Im Boden selbst spiegeln sich der soziokulturelle Kontext ebenso wie die Naturbedingungen, denen er seine Entstehung verdankt.

Im Boden spiegelt sich das Verhalten der den Boden unmittelbar nutzenden Mikroebene (der Bauernhaushalte, Dorfadministrationen oder der Landarbeiter der Staatsfarmen sowie deren Verwaltungen), aber auch das Zusammenwirken von Makro-, Meso- und Mikroebene (von zentralen Institutionen, Institutionen auf der Provinzebene, den lokalen Verwaltungen, Staatsfarmen und Dorfadministrationen).

Es scheint - und dies ist ein auch für mich überraschendes Ergebnis dieser Arbeit - als sei im Falle unseres Untersuchungsgebietes bzw. im Bereich der traditionellen uygurischen Oasen, um die Probleme der Bodenversalzung auf kultivierten Flächen zu lösen, nicht primär wissenschaftliches Analysieren und Beraten vonnöten, sondern vor allem Freiraum für die Entfaltung des auf langer Tradition beruhenden "Kunsthandwerks" zentralasiatischer Oasen-Landwirtschaft (samt des dazugehörigen kulturellen Kontextes).[11]

Die Darstellung der uygurischen Landwirtschaft (Kap.3) und ihres Umgangs mit der immer drohenden Gefahr der Bodenversalzung zeigt, daß einem historisch gewachsenen, standortgerechten Landnutzungssystem (besser: der lokalen Agrarkultur) mit den zur Gewohnheit und Tradition geronnenen Verhaltensmustern der Landbevölkerung eben jene Fehler nicht unterlaufen, die ein neues, unerprobtes System wie das der chinesischen Staatsfarmen unvermeidlich begeht.

---

11) Wir werden im Verlauf der Darstellung die Wissenschaft, d.h. die Bodenkunde und die mit dem "Ressourcenmanagement" befaßte Geographie, zu häufig in der Rolle des Assistenten der Makroebene, d.h. des Staates und der nationalen Planwirtschaft erleben; und sie, Geographie und Bodenkunde, sind hierbei mitverantwortlich für die Umsetzung zentralstaatlicher Anforderungen und Maßnahmen, für Eingriffe und Zerstörungen des ökologischen Umfeldes. Erst ihre reduktionistische Herangehensweise an die (Boden-)Ressourcen macht sie zu dieser Hilfsfunktion geeignet.

Nur wenige Autoren - Ahmad (1965), Faggi (1980), Dettmann (1982), El Faiz (1990), Gerster (1990) - gehen auf die indirekt wirksamen gesellschaftlichen Ursachen für Bodenversalzungen ein. Verwunderlich ist, daß ein internationales Standardwerk über Bodenversalzungen und deren Melioration wie Kovda/Hagan/van den Berg (1973) im Grunde nichts zur gesellschaftlichen und ökonomischen Verursachung von Bodenversalzungen zu sagen hat.[12]

Folgt man den Darstellungen von Faggi (1980) und Dettmann (1982), so gibt es einige hervorstechende Parallelen zwischen der Situation im pakistanischen Industal und der Situation in Xinjiang. Es sind dies:

- Der koloniale Kontext, der ein dem Raum fremdes neues Landnutzungsmodell etablierte (hier die britische Kolonialmacht).
- Dieses Landnutzungsmodell sollte dazu dienen, Übervölkerungsprobleme in anderen Teilen des Landes abzuschwächen und ein abschöpfbares landwirtschaftliches Surplus-Produkt zu schaffen.

---

12)   Adams/Jacobsen (1958) und Jacobsen (1982) versuchen umgekehrt Bodenversalzungen als geschichtsprägendes Element der mesopotamischen Kulturen (zwischen 3.500 vor bis 1.700 nach Chr.) darzustellen, indem sie anhand archäologischen und kuneiformen Materials eine Kausalkette aus Bodenversalzungen, Abnahme der Flächenerträge und gesellschaftlichem Niedergang verschiedener Reiche aufstellen. Vgl. auch Adams (1981). Mir scheinen die Materialien, da sie zu große historische Zeiträume und große räumliche Einheiten betreffen, die jeweils lokale Wechselwirkung zwischen natürlichen und gesellschaftlichen Faktoren nur schwer greifbar zu machen. El Faiz (1990) wirft Adams und Jacobsen vor, in die historische Diskussion einen "bodenkundlichen Determinismus" einzuführen, indem sie den Niedergang mesopotamischer Kulturen auf einen nicht umkehrbaren, kontinuierlichen Prozeß der Bodenversalzung zurückführen. El Faiz hält ihnen entgegen: "Si la salinité peut être à l'origine de la diminution des rendements, elle est, elle même, due aux mauvaises conditions de l'irrigation et du drainage. En d'autres termes, il faut envisager le problème du point de vue socio-politique, qui explique la salinité et, par conséquences la baisse de la productivité", El Faiz (1990), S.107. Außerdem, so El Faiz, widerspreche der agronomische Kenntnisstand der vorislamischen Epoche im Irak hinsichtlich des (kulturtechnischen) Umgangs mit Bodenversalzungen, wie er sich in dem Werk "Agriculture nabatéenne" (*Kitâb al-filâḥan-Nabaṭiyya* [Abu Bakr Ibn Waḥšhiyya, Übers.]) niedergeschlagen hat, der Idee eines naturgesetzmäßig ablaufenden, irreversiblen Prozesses der Bodenversalzung. Vgl. dazu u.a. Jacobsen (1982), S.57-68.

- Die implementierte, geometrisierte Raumstruktur ähnelt strukturell der des Streifenfeldes in Xinjiang als einem kolonialen Raummuster.
- Die neuangesiedelten Pächter bzw. Bauern waren Fremde. Zudem wurden durch die Neuansiedlung Nomaden mit ihrer traditionellen Weidelandnutzung vertrieben oder seßhaft gemacht.
- Die früher übliche Bewässerungsform der *culture de décrue* (der wilden Überflutung), die eine periodische Waschung der bestellten Flächen und damit Auswaschung der sich anreichernden Salze einschloß, wurde ersetzt durch ein System permanenter Kanalbewässerung mit einem höheren Flächennutzungskoeffizienten. Hierdurch kam es schließlich zu dem die Versalzungen/Vernässungen unmittelbar hervorrufenden Anstieg des Grundwasserspiegels.
- Auch Unsicherheiten in den Eigentumsfragen, z.B. die Verwandlung vieler Kleinbauern in (verschuldete) Kleinpächter, dürften in diesem Zusammenhang eine Rolle gespielt haben.[13]

3 Die Ätiologie der Bodenversalzungen und der Aufbau der vorliegenden Untersuchung[14]

In der vorliegenden Arbeit gibt es einen äußeren und einen inneren Ring der Versalzungsätiologie. Den äußeren Ring beschreibt Kapitel 1: Bevölkerungswachstum und Migrationsprozesse, zunehmender Druck auf die Bodenressourcen durch Neulanderschließungskampagnen, geplante Agrarproduktion, einseitige Betonung des Getreideanbaus und die Rolle Xinjiangs als "Ressourcenbasis" für Gesamt-China. Dies ist die Ebene zentralstaatlicher Einflußnahme und Ressourcenaneignung (bezogen auf Böden, Wasser, agrarische Surplusproduktion und Bodenschätze).

In Kapitel 2 (insbesondere 2.4) wird der innere Ring der Versalzungsätiologie beschrieben: fehlerhafte Verhaltensmuster des "landwirtschaftenden Menschen" (auf verschiedenen Ebenen, von der lokalen Verwaltung bis hinunter zum einzelnen Bauern oder Landarbeiter) bei der unmittelbaren Handhabung der Böden leisten den Versalzungen und Alkalisierungen Vorschub. Der landwirtschaftende Mensch erscheint hier als "Fehlergenerator"(mit bedingt durch die zentralistisch gelenkte Agrarpolitik), der die Degradation der Böden hervorruft.

---

13)   Faggi (1980), S.44; Dettmann (1982), S.133-140.
14)   Angelehnt an den Ätiologie-Begriff (Verursachungslehre) der Medizin.

Ich gehe also nicht von den physischen Voraussetzungen wie Klima, geologisch bedingter Salzeintrag aus den randlichen Gebirgen ins Tarim-Becken, Mineralgehalte der Böden bzw. des Grund- und Oberflächenwassers aus, um - wie es für naturbelassene Böden angemessen ist - den Ursachen für das Zustandekommen von Bodenversalzungen nachzugehen, sondern stelle den anthropogenen Einfluß und das gesellschaftliche Verhalten gegenüber den Böden in den Vordergrund. Die physischen Voraussetzungen (sie werden in Abschnitt 2.5 beschrieben) stehen dem landwirtschaftenden Menschen zur Hand. Wenn er mit ihnen richtig (kunstvoll) umgeht, kann er eine schädigende Wirkung auf den kultivierten Flächen vermeiden.

Wenn die natürlichen Bedingungen in ihrer Gesamtheit richtig gehandhabt, d.h. in "gekonnter" Weise in die lokale Agrarkultur aufgenommen werden, kann der unvermeidlich stattfindende kontinuierliche Salzeintrag ins Tarim-Becken bzw. die kontinuierliche Zirkulation von Salzen in den Böden, Wasserkörpern und *biota* ungefährlich gestaltet und genutzt werden (siehe Kap. 2.5.6.3 "Absolute und relative Versalzung" sowie Kap.3).

Kapitel 3 beschreibt diese Handhabung der natürlichen Bedingungen und ihrer Gefahrenpotentiale am Beispiel der uygurischen Agrarkultur am Nordrand des Tarim-Beckens. Die Frage nach der rein kulturtechnischen Melioration von Bodenversalzungen (die für die Bodenkunde zentrales Moment ist) stellt sich hier nur am Rande. Kapitel 3 soll die Frage beantworten, wie und mit welchen eingespielten Verhaltensmustern es die gewachsene, autochthone Agrarkultur versteht, physische Bedingungen und soziokulturelle Notwendigkeiten so in Einklang zu bringen, daß es zu keinen schweren Schädigungen der Böden kommt.

Die physischen Voraussetzungen und Ursachen für Bodenversalzungen beschreibt Abschnitt 2.5. Dieser Abschnitt dient als Scharnier zwischen Abschnitt 2.4 (der die Fehlverhaltensweisen schildert) und Kapitel 3 über die uygurische Landwirtschaft: In Abschnitt 2.4 wird deutlich, wie die natürlichen Bedingungen infolge kulturtechnischen Fehlverhaltens ungebremst negativ durchschlagen, während sie im uygurischen Landnutzungssystem positiv aufgehoben sind. Der Leser sollte die Abschnitte 2.4 und 2.5 als notwendige Hinführung zu Kapitel 3 betrachten.

4 Abgrenzung des Untersuchungsgebietes

Das nördliche Tarim-Becken wird im Norden begrenzt vom Tianshan-Massiv und dem parallel verlaufenden Vorgebirgszug des Qöl-taġ. Die intramontanen Becken von Uqturpan und Bay zwischen Vorgebirge und Hauptmassiv gehören nicht zum Untersuchungsgebiet. Die westliche Grenze des Untersuchungsgebietes ist der Westrand des Aksu-Einzugsgebietes (bzw. administrativ des Aksu-diqu [Gebiet]) und seine Ostgrenze der noch bestehende Tarim-Unterlauf bzw. sein ausgetrocknetes Bett unterhalb von Tikanlik. Im Süden begrenzt die Vollwüste Täklimakan das Untersuchungsgebiet. Das Yanqi- (lokale Aussprache Yänji/Karaxähär-)Becken mit dem Baġrax-Kul bildet morphologisch ein eigenständiges Becken; es wird hier jedoch (wie auch meist in chinesischen Veröffentlichungen) wegen seiner besonders hervorstechenden Versalzungserscheinungen mit abgehandelt. Es ist hydrologisch durch den Konqi, der im Baġrax-kul entspringt, mit dem Tarim-Becken verbunden und gehört administrativ zu den von Korla aus verwalteten Kreisen des nördlichen Tarim-Beckens (Kreise Bügür/Luntai, Korla, Lopnur/Yuli) (vgl. 2.2).

5   Hinweis zu den benutzten statistischen Daten

Alle in dieser Arbeit zitierten statistischen Daten werden benutzt, weil sie vorhanden sind, nicht weil sie überprüft und als korrekt befunden wurden. Die Daten sollten vom Leser immer nur als ungefähre Versuche einer Quantifizierung betrachtet werden. So sind z.B. inoffizielle Daten über die tatsächlich genutzte Ackerfläche (gengdi) in Xinjiang (vgl. Tabelle 1) um ca. 30 % größer als die statistisch gemeldeten Daten.[15] Gründe für diese Unstimmigkeiten sind zahlreich: Für die Bauernfamilie, aber auch für die unteren Verwaltungsebenen ist es z.Z. günstiger, einige mu Ackerfläche unter den Tisch fallen zu lassen, da dann die staatlicherseits oktroyierten Planvorgaben und Ablieferungspflichten niedriger ausfallen oder besser aufgefangen werden können. Oft sind unter den Angaben für Acker- und Dauerkulturland (gengdi) Eigenland und Gartenland, z.T. sogar Windschutzgürtel subsumiert. Schließlich und nicht zuletzt ist die Größe des mu (eigentlich 666 m^2), auf der die gesamte Agrarstatistik fußt, zumindest in Xinjiang sehr variabel: ein "statistisches" mu kann bis maximal drei "reale" mu umfassen.[16] Absolute Ertragsangaben und Flächenerträge sind entsprechend unsicher. Das bedeutet, daß ein Teil der lokalen Produktion, möglicherweise 30% und mehr, keiner Kontrolle durch die zentralstaatliche Planung unterliegt[17] und damit statistisch eventuell gar nicht erfaßt wird.

---

15)   Siehe Tabelle 1 und XJTDZY (1989), S.81 und Sun Rongzhang, persönliche Mitteilung Sept. 1990, vgl. auch Betke/Küchler (1967), S.94-98.

16)   Siehe S.14 - Maße - und Abbildung Nr.11 sowie Hoppe (1991).

17)   Jörgen Delman äußerte auf einer Konferenz im Januar 1991 diese Vermutung.

Wie schwierig es ist, bei dieser Datenlage überhaupt ein (einigermaßen) konsi-
stentes Bild zu gewinnen, zeigt sich z.B. in Abschnitt 1.2.2 "Landverluste". Dort
habe ich die offiziellen Flächenangaben zugrundegelegt, in der vagen Hoffnung,
daß offizielle Angaben über Flächenverluste derselben Ungenauigkeitsmarge
unterliegen wie Angaben über Ackerflächen. Möglicherweise sind aber auch
Teile der Flächenverluste rein "statistische Verluste". Ein visueller Eindruck der
aufgegebenen Flächen im Kreis Xayar (vgl. Tabelle 27) z.B. bestätigt die im
gesamten Xinjiang aufgetretenen Landverluste. Ich benutze in der vorliegenden
Arbeit nur die offiziellen statistischen Angaben.

Ich habe, soweit es möglich war und die Lesbarkeit des Textes nicht beeinträchtigt wird, die chinesischen mu-Angaben wiedergegeben. Jede Umrechnung in ha
(15 mu = 1 ha) täuscht eine Scheingenauigkeit vor. Daten für das gesamte Autonome Gebiet Xinjiang, bei denen ich ha-Angaben benutzt habe, sollten mit
dieser Einschränkung gesehen werden.

Angaben über versalzte und brachliegende oder aufgegebene Flächen sind um so
unsicherer, je größer die statistisch erfaßte Raumeinheit ist. Die statistischen
Daten liefern daher nur einen ungefähren Bezugsrahmen, der durch detaillierte
Angaben zu möglichst kleinen und überschaubaren Raumeinheiten gefüllt werden muß.[18] Die während großer politischer Kampagnen wie dem "Großen
Sprung" (1958-1959) oder der "Kulturrevolution" (1966-1977) gewonnenen Daten
werden allgemein als besonders unzuverlässig eingeschätzt. Es hieße jedoch die
Daten aus "normalen" Jahren unverdientermaßen aufwerten, wenn dies noch im
einzelnen vermerkt würde.

6   Transkription

Chinesische Begriffe werden in *Hanyu pinyin* wiedergegeben. Turksprachige
Ortsnamen werden angelehnt an die 1974 bis 1982 gebräuchliche, romanisierte
Form des uygurischen Alphabets wiedergegeben wie in der *Xinjiang-Arbeitsbibliographie II*. Das chinesische Ortsnamenregister (*Zhongguo diming lu*, 1983)
gibt die turksprachigen Ortsnamen oft nicht in der tatsächlichen (lokalen) Lau-
tung wieder. Korrekturen habe ich, soweit es mir möglich war, vorgenommen.

---

18)   Ein Beispiel für den alltäglichen Kampf mit chinesischen Daten: Die Zahl
      der Wasserspeicher in Xinjiang wird 1983 mit 505 angegeben, 1986 mit 431
      und 1987 mit 483. Eine ungefähre Angabe - "etwa 480 Wasserspeicher" - ist
      also "richtiger" als jeder Versuch, die Zahl genau bestimmen zu wollen.

Die Schreibung "Kuqar" anstelle von Kuqa findet man in offiziellen Dokumenten des Kreises selbst, sie wird aber auch dort nicht durchgängig benutzt. Infolge der Lautinstabilität des Neu-Uygurischen bzw. phonetischen Entwicklungen im Tarim-Becken sind die tatsächlichen Lautungen einzelner Orts-, Kreis- und Flußnamen inzwischen weit von dem abgerückt, was noch immer international als Bezeichnung verwendet wird. So etwa: jetzt Yäkän statt Yarkant, Käxkär statt Kaxgar (Kashgar/Kashghar), Mäkit statt Merket, Hotän statt Khotan, Kaġelik statt Kargalik.

Die uyġurische Flurterminologie basiert auf Angaben aus den Kreisen Xayar, Kuqar und Toksu. Lexikalische Begriffe dürften im Ġulja- oder Ürümqi-Dialekt wiedergegeben sein, die als verbindliche Hochsprache gelten.

7 Feldarbeit

Die Feldarbeit im Tarim-Becken (Mai-Juli 1989), die allein es ermöglichte, das Kapitel 3 über die uygurische Landwirtschaft zu verfassen, wurde mit Hilfe des Institutes für Geographie der Academia Sinica in Ürümqi durchgefürt. Prof. Xie Xiangfang, Herr Mao Baodi und Herr Ġäyret Tursun nahmen auf chinesischer Seite daran teil. Zwei Wochen lang konnte ich in den Kreisen Kuqar und Xayar mit Prof. P. Faggi, Padova/Ferrara, zusammenarbeiten. In Interviews mit Bauern, Kadern der Kreisregierungen, der *xiang*(Gemeinde)- und Brigadeleitungen wurden die meisten der hier zitierten Feldforschungsdaten erhoben. Außerdem standen mir zeitweise interne (*neibu*) Veröffentlichungen zur Verfügung.

POLITISCHE KARTE, NÖRDLICHER TEIL DES TARIM-BECKENS

Entwurf: Th. Hoppe

Kartographische Bearbeitung: M. Lee

Ortsnamen mit + : Transskription des chinesischen Ortsnamens, sonst nach:
Zhongguo di-ming lu (1983) bzw. eigene Aufnahme, Sommer 1989

Quellen: Takelamagan sha-mo feng-sha di-mao tu
(Map of Aeolian Landform in Taklimakan Desert) (1980)

Xinjiang Weiwuer Zizhiqu Zhengqu (1984)

Lop = Lopnur

zhou / diqu – Grenzen	
Kreisgrenzen	
◎	Kreisstadt
○	Siedlung, Korpsfarm, Staatsfarm
	Straßen
	Wege

50 Km

10 Km

Gancaohu

Argan

Kardayi

Yanchi (Hoxud)

Jotunhubuk

Qakimaktix

Yingdi

Weimake

Tikanlik

Korpsfarm 31

Korpsfarm 33

KARAXÄHR (YANGI)   BOHU
Sishkicheng   Bagrax
Sirastidian

Bushi'ezishangxinir

Karahong

Aksupu
Qongkol (Qunke)
oKala

LOP (YULI)

KORLA
Rekeqi

Tarim

Mirsali

Tatlik

Karayugong
Wubudierji
Hoxilik
Korpsfarm 29
Gartenbaufarm
Staatsfarm Baotouhu

Bangshou

Staatsfarm Puhuy

Karquga

Korpsfarm 30

Yeyungou

Kuruk
Aiximai

Kushake

Ak Kum

Caohu

Yinqikai'arele

Bozikuole

Qedir (Cedaya)

Yangisar (Yangxia)

BÜGÜR (LUNTAI)

Yiqi-tograk

Kataeuqartle

Tarjak

Qunbake

Hardong

Erbatai

Kox Awat

Tawuqushi

Tarim-xiang

Ay-xiang

Kirix

Yaka (Wuqia)

Kalangu

Döngkotan

Hankatan

Kox Awat

Keyi

Kizil

Sayram

YIkihla

KUQAR
Uq ösţäng
Oqa yezisi
Beximag
Alakög
Bexun
Nurbag Ak
Guzqile
Gübag
Toyboldi
XAYAR
Kona Qimän

Pskämbäzar
Yangimahällä
Aqdong
Kayu
Toyboldi

Viehzuchtstation
Tarim Süd

Hydrologische Station Longkou

TOKSU (XINHE)

Da Yultuz

Toksun

Minjik

Unbash

Aigeri-tograk

Shäheiike

Xinlucheng

BAY (BAICHENG)

Wusitaimu

Yatug

Yangumd

Edirqi

Staatsfarm Dawanqi

Qongarpa

Yangurluk

Baozidong

Tikankoruk

Tuzawat

Taqlak

Karayulqun
(Zhamutai)

Jamtay
Tuman

WENSU

AKSU

Toplük

Beximtugemen

Böxtugemen

Bojigta

Baqlik
Akeairike

Korpsfarm 10

Aral

Korpsfarm 12

Korpsfarm 8

Staatsfarm Yuruleqin

AWAT

Goryaqo

Kulasi

Tangmufuqulake

Yangwalike

Hunbqshki

Haldä

Serikesuv

Ayinke

Langau

Tumxuk

Xegil

Qigelke

Arei

Tuman

UQTURPAN (WUSHI)

Gübag

Yamansu

Yabag Ahebau

Yiman

Yiran

Surgun

Yangiawat

Kuqi

Qilan

Aqal

KÄLPIN

1 Entwicklungsansprüche an und Entwicklungsstrategien für Xinjiang

Tabelle 1:
Datenübersicht: Landwirtschaftlicher Entwicklungsschub in Xinjiang 1949 - 1986

	1949		1986	
Gesamtfläche	166,084	Mio.ha		
Bevölkerung	4,3	Mio.	13,8	Mio.
Ackerland (*gengdi*)	1,21	Mio.ha	3,1-[4,0]	Mio.ha (1985)
bewässerte Fläche	1,067	Mio.ha	3,017	Mio.ha
Anzahl d. Wasserspeicher	3		ca.	480
Speicherkapazität	40,0	Mio.m^3	5.300	Mio.m^3

Viehbestand	10,38	Mio.	31,2	Mio.(Dez.86)
nutzbare Weideflächen	60-65	Mio.ha	48-50	Mio.ha
			davon (60% Bergweiden)	

landwirtschaftliche Produktion	1986	Zunahme gegenüber 1949 (=100)
Getreide (gesamt)	5,4 Mio.t	540%
Baumwolle	216.100 t	4.140%
Ölsaaten	426.400 t	1.380%
Obst	498.200 t	400%
Zuckerrüben	663.600 t	(kein Anbau)

Quelle: Xie Xiangfang (1988, 1); Yang Lipu (1987), S.23, 74, 77; Qian Zheng-ying (1983), S.293; Yan Guanyi (1957), S.14; Zhang Zhiyi (1949), S.65, Angabe f. Weideflächen (1949) aus Yan Guanyi, inkl. Nahweiden in Feldbaugebieten; die höhere Ziffer für 1949 nach Zhang Zhiyi, Wang Zhongjian, 1991; Ackerflächen 1985 offiziell 3,1 Mio.ha, inoffiziell 4,0 Mio.ha.; der tatsächliche Umfang der Ackerflächen ist um etwa 30% höher zu veranschlagen als die statistisch erfaßte Größe, siehe Einleitung 3. Speicherkapazität nach Xie (1988, 1), bezogen auf 431 Wasserspeicher.

Soweit ich im folgenden Entwicklungs- und Ressourcennutzungsstrategien dar-
stelle, sind es solche der Chinesen gegenüber Xinjiang als Teil ihres nationalen Territoriums, d.h. es sind nicht die von Uyğuren, Kazaken, Mongolen, Kirğizen und anderen ethnischen Gruppen artikulierten Ziele der Entwicklung ihrer
Territorien. Das Material, auf das ich mich stütze, ist fast ausschließlich chinesi-
sches Material; Äußerungen von Minderheitenangehörigen zu den hier ange-
schnittenen Fragen gibt es kaum.[1] Der Entwicklungsimpetus kommt, wenn wir
Xinjiang als eine relativ selbständige Einheit betrachten, von außen, aus dem
chinesischen Kernland.

Um Entwicklungsschübe und -strategien in Xinjiang seit 1949 verständlich zu
machen, sollen vier Einzelfragen angesprochen werden:

1. Der Bevölkerungszuwachs und die veränderte ethnische Zusammensetzung
   der Bevölkerung in Xinjiang,

2. die Ansprüche an die Bodenressourcen,

3. Schwierigkeiten bei der Selbstversorgung Xinjiangs mit Getreide und

4. Xinjiang als Ressourcenbasis für China.

1.1   Der Bevölkerungszuwachs und die veränderte ethnische Zusammensetzung der Bevölkerung

Vergleicht man polizeiliche Bevölkerungserhebungen von 1940/41 mit den Er-
gebnissen der Volkszählung 1982, so ergibt sich folgendes Bild:

---

1) Am ehesten kam/kommt (bis Mai 1989) der schönen Literatur der Uyğuren, Kazaken etc. die Rolle eines Sprachrohres zu. Minderheiten-Intellek-
   tuelle, die ins administrative oder Forschungssystem der Chinesen integriert sind, haben kaum eine Möglichkeit, den von chinesischen Vorgaben
   bestimmten Rahmen der Entwicklung bzw. Entwicklungsansprüche und der
   angewandten wissenschaftlichen Methodik zu durchbrechen.

Tabelle 2:
Bevölkerungszuwachs und die ethnische Zusammensetzung der Bevölkerung 1940/41 bis 1982

	1940/41	1982	Zu/Abnahme* 1940/41-1982
Uyguren	2.941.000	5.949.661	202,3
Han-Chinesen	294.000	5.286.533	1.798,1
Kazaken	319.000	903.370	283,2
Kirgizen	65.000	112.979	173,8
Mongolen	63.000	117.460	186,4
Russen	13.000	2.662	20,5
Manzhou	12.000	9.137	76,1
Uzbeken	8.000	12.433	155,4
Tataren	5.000	4.106	82,1
Dauren	-	4.369	-
Hui	[99.607]	570.788	[573]
Xibe	[20.626]	27.364	[133]
Tajiken	9.000	26.484	294,3
Gesamtbevölkerung	ca. 3,73 Mio.	ca. 13 Mio.	

* 1940/41 = 100%

Quelle: *Minzu Yanjiu* (1984, 6), S.70-77[1]; Lattimore et al. (1950), S.106. Aufgrund unveröffentlicher Daten in Händen von Zhang Zhiyi. Zahlen in [ ] ergänzt aus Volkszählungsdaten von 1946, zit. nach Benson/Svanberg (1988), S.34; vgl. auch Benson (1990), Gesamtbevölkerng 1949 nach Yang Lipu (1987), S.21 - 4,33 Mio.

Die Zahl der Uyğuren, Mongolen, Kirğizen und Uzbeken hat sich bei Zugrunde-
legung der Zahlen von 1940/41 etwa verdoppelt, die der Kazaken verdreifacht,
die der Han-Chinesen jedoch verachtzehnfacht.[2]

In der heutigen Statistik werden für Xinjiang über 40 ethnische Gruppen erfaßt.
In der Statistik tauchen jedoch nur Ethnien auf, die als *minzu* (Ethnien) von
der chinesischen Regierung anerkannt sind. Innerhalb dieser *minzu* gibt es
jedoch auch weitere ethnographische Untergruppen, die früher als selbständig
galten. Aus der Literatur bekannt sind in Xinjiang die Abdal, Dolanen (Dula-
nen), Pakhpo und Shiksho, alle im südwestlichen, westlichen und nördlichen
Tarim-Becken, und die Lopliks am Tarim-Unterlauf und in der Lop-Nur-Sen-
ke.[3] Speziell diese Ethnien dürften in den Gruppen Kirğizen und Uyğuren
mitgezählt worden sein.

Die übrigen Minderheiten, die in Tabelle 2 nicht aufgeführt sind, sollen hier
angeführt werden:

Koreaner	438	
Dongxiang	40.319	(Hauptsiedlungsgebiet Gansu)
Tu (Monguor)	452	(Hauptsiedlungsgebiet Qinghai)
Sala	2.945	(Hauptsiedlungsgebiet Qinghai)
Bao'an (Bonan)	286	(Hauptsiedlungsgebiet Gansu)
Yögur	185	(Hauptsiedlungsgebiet Gansu)
Tibeter	1.990	(Hauptsiedlungsgebiete Tibet, Qinghai, Sichuan, Gansu)

---

2) Vgl. Weggel (1984), S.144, Uyğuren betonen in privaten Gesprächen,
   daß sie den statistisch ausgewiesenen Zuwachs ihrer Ethnie für zu niedrig
   ansehen, er sei in Wirklichkeit höher. In Emigrantenkreisen kursieren für
   den aktuellen Umfang der uyğurischen Bevölkerung Zahlen von 15 Mio.
   und weit darüber. Für 1988 werden für Xinjiang folgende Zahlen genannt:
   Uyğuren 6.675.225, Han-Chinesen 5.470.060, Kazaken 1.055.878, Kirğizen
   134.902, Mongolen 133.338, Russen 6.325, Manzhou 13.455, Uzbeken 10.393,
   Tataren 3.608, Dauren 5.157, Hui 640.352, Xibe 31.925, Tajiken 31.607,
   Dongxiang 36.552; XJTJNJ (1989), S.60-61.
3) Vgl. Mannerheim (1940) Vol.1, S.109-110, sowie in Vol.2: K. Hildén
   (1940), S.3-47, Svanberg (1987), Svanberg (1989), Benson/Svanberg (1988),
   S.22.

Qolden 1, Ewenken 11, Oroqen 2, Hani 5, Dai 2, Lisu 5, Naxi 25, Jingpo 6, Luoba 4, Qiang 25, Yi 168, Bai 169, Pumi 6, Drung (Dulong) 1, Miao 983, Bouyei 325, Dong 429, Shui 33, Zhuang 4.495, Yao 160, Mulam 29, Maohan 11, Jing 14, Tujia 477, Li 12, She 48, Gaoshan 34, andere nicht identifizierte Nationalitäten-angehörige 138 und Ausländer mit chinesischer Staatsangehörigkeit 102.[4]

Neben ihrer sprachlich-ethnischen Vielfalt zeichnet sich die Bevölkerung Xinjiangs durch folgende Charakteristika aus:

1. Der Anteil der "nichtlandwirtschaftlichen" Bevölkerung ist mit 33% (1987) relativ hoch.[5]

2. Die Sterbe- und Geburtenraten sind hoch. Dies gilt in besonderem Maße für die Minderheitengebiete in Süd-Xinjiang. Geburtenrate 1981 im nördlichen Tarim-Becken: 35,0/pro 1.000 der Bevölkerung, außer in Staatsfarmgebieten (dort 20,0-24,9/pro 1.000).[6] Die Kindersterblichkeit lag im nördlichen Tarim-Becken 1981 bei 55,0/pro 1.000. Sie gehört zu den höchsten in ganz China. Der nationale Durchschnitt liegt bei 34,68. Todesrate im nördlichen Tarim-Becken 1981: 9,0/pro 1.000 der Bevölkerung. Gesamtchinesischer Durchschnitt: 6,36. Diese Zahl wird nur in den uygurisch besiedelten Gebieten erreicht. In den überwiegend von Chinesen besiedelten Gebieten erreicht sie 5,0 bis 5,9/pro 1.000 der Bevölkerung.[7]

3. Die Oasen-Territorien Süd-Xinjiangs sind dicht besiedelt, es leben dort 6,7 Mio. (1988) Menschen (3,04 Mio. 1949); in den Oasengebieten erreicht die Bevölkerungsdichte 265 E./qkm Oasenfläche, z.T. sogar über 300 E./qkm. Der mittlere Anteil an Ackerfläche pro Kopf der Bevölkerung beträgt 2,88 mu (1985) Fläche in Acker- und Dauerkulturen.[8] Etwas verläßlicher als

---

4) *Minzu Yanjiu* (1984, 6), S.70-77.

5) *Xinjiang Ribao*, 2.4.88, S.4. Die "nichtlandwirtschaftliche" Bevölkerung umfaßt neben der Stadtbevölkerung die nichtbäuerlichen Bevölkerungsanteile in den ländlichen Gebieten. Zum Vergleich (1980): Xinjiang - 29,1, Qinghai - 25,6, Innere Mongolei - 26,4, Ningxia - 18,0, Shandong - 9,5, Dürr/Widmer (1983), S.15.

6) *The Population Atlas of China* (1987), S.62-63.

7) *The Population Atlas of China* (1987), S.64-65.

8) Ji Guansheng (1989, 1 und 2). Unterschiedliche Angaben bei Yang Lipu, (1987), S.24: 80 E./qkm Oasenfläche sowohl in Nord- wie in Süd-Xinjiang. Vermutlich liegt hier eine unterschiedliche Definition für Oasenfläche vor.

diese Angaben für die Bevölkerungsdichte ist die Angabe für die Bevölkerungsdichte pro qkm Ackerfläche: Sie liegt für Süd-Xinjiang bei 465, für Nord-Xinjiang bei 366 Einwohnern (ca. 1982).[9] Diese Bevökerungsdichte entspricht etwa der Shandongs. In den Weidegebieten liegt die Bevölkerungsdichte bei nur 10 Personen/qkm oder darunter.

4. Die mittelfristig erwartete Bevölkerungszahl für ganz Xinjiang liegt bei 20 Mio., innerhalb der nächsten Jahrzehnte könnte die Bevölkerung auf 30-40 Mio. zunehmen (siehe unten).

5. Auffällig ist die klare Trennung in Siedlungsgebiete der Han (Staatsfarmregionen) einerseits und die traditionellen Siedlungsgebiete der Minderheiten.

6. In vielen Gebieten bilden die Han die Mehrheit der Bevölkerung.

Tabelle 3:
Städte (*shi*), Gebiete (*diqu*) und autonome Bezirke (*zhou*), in denen die Han 1982 die größte Bevölkerungsgruppe stellten

Ürümqi	75,62%
Karamay shi	78,83%
Shihezi shi	96,17%
Komul (Hami)-diqu	68,09%
Autonomer Zhou Changji der Hui	76,28%
Autonomer Zhou Yili der Kazaken	42,91%
Qöqek (Tacheng)-diqu	59,24%
Altay-diqu	47,74%
Autonomer Zhou Bortala der Mongolen	65,01%
Autonomer Zhou Bayangol der Mongolen	54,23%

Quelle: Mao Baodi (1988).

---

9)   Yang Lipu, ebd., ungefähres Bezugsjahr hier wie an anderer Stelle, da chinesische Autoren häufig kein Bezugsjahr angeben.

Der Zustrom chinesischer Siedler hatte eine doppelte Wirkung: Zum einen wurde bislang extensiv genutztes Land, meist Weideland, besetzt und landwirtschaftlich erschlossen, zum anderen der wachsenden autochthonen Bevölkerung Reserveraum entzogen, in den sie sich nach 1949 hätte ausdehnen können. Im Tarim-Becken kam es neben der Belastung des Raumes durch die zugezogenen chinesischen Siedler zu einem gestiegenen Bevölkerungsdruck innerhalb der von Uyguren bewohnten Teilgebiete.[10]

Die Bevölkerungsentwicklung Gesamt-Xingjiangs läßt sich in folgende Perioden einteilen:

1949-1952: Mäßiger Zuwachs, ca. die Hälfte durch Zuwanderung.
1953-1958: Natürliches Wachstum 16,9 pro 1000, Nettozunahme um 1,04 Mio. Der Anteil der städtischen Bevölkerung steigt von 13,4% (1953) auf 19,64% (1958).
1959-1961: Natürliches Wachstum 13,4 pro 1000 (1961), Zustrom nach Xinjiang aus Notstandsgebieten des Kernlandes und absoluter Zuwachs von 5,82 Mio. (1958) auf 7,1 Mio. (1961).
1962-1966: Starkes natürliches Wachstum und Zuwanderung, vor allem von Jugendlichen aus dem Kernland, absolutes Wachstum: von 6,90 Mio. (1962) auf 8,38 Mio. (1966).
1967-1976: Hohes natürliches Wachstum mit zwei Höchstwerten: 31,5 pro 1000 (1968) und 30,44 pro 1000 (1972), Rückgang der Zuwanderung.
1976-1984: Beginnende Geburtenplanung für die Chinesen. Absinken der Geburtenrate (Mittel aller Ethnien) von 29 auf 21 pro 1.000 (1976-1982). Absolute Zunahme der Bevölkerung um 1,3 Mio.[11]

Seit Beginn der 50er Jahre bildet der wellenförmig verlaufende Zustrom chinesischer Siedler den Hauptgrund für das rapide Bevölkerungswachstum. Der Zustrom ist bis heute nicht zum Stillstand gekommen.

Die hier für das gesamte Autonome Gebiet angedeutete Tendenz soll anhand einiger Daten über den Autonomen Zhou Bayangol der Mongolen, den östlichen Teil unseres Untersuchungsgebietes, spezifiziert werden.

Daten über den Autonomen Zhou Bayangol der Mongolen als Ganzes, dessen Hauptstadt Korla ist:

---

10) Vgl. Hoppe (1987), S.243-246 zu Turpan. Die Uyguren stellen jedoch im Tarim-Becken noch immer 81,2% der Gesamtbevölkerung (1988), Ji Guansheng (1989, 2).
11) Dong Yongmao (1984), S.9.

Bevölkerungswachstum (absolut)   Zuwachs

1949:   146.000 (=100%)   1982:   775.000   530,8%

Zunahme der Beschäftigten in Landwirtschaft und Industrie

1958:   39.278 (=100%)   1968:   99.962   254,5%

Zunahme der in der Landwirtschaft (Feldbau) abhängig Beschäftigten[12]

1958:   27.096 (=100%)   1968:   88.493   326,6%

Dem Bevölkerungszuwachs entsprach eine Ausweitung des Ackerlandes:

1953:   982.700 mu (=100%)   1966:   2.546.200 mu[13]   259,1%

Auch hier ist der größte Teil des Bevölkerungszuwachses auf die Zuwanderung von Han-Chinesen zurückzuführen. Insbesondere wurden im Yanqi-Becken, westlich von Korla und südlich von Korla im Kreis Lopnur (Yuli) chinesische Staatsfarmen angelegt. Anfang der 50er Jahre hatte dieser Kreis südlich von Korla nur 11.716 Einwohner, 1980 jedoch 77.903 (74.325 Personen 1988). Die Bevölkerung der fünf chinesischen Farmen des Produktions- und Aufbaukorps (im folgenden "Korpsfarmen") Nr.31, 32, 33, 34, 35 im Erschließungsgebiet zwischen Kala und Tikanlik betrug annähernd 40.000 Menschen (1980). 34.849 Personen bestellten 1988 200.000 mu Ackerland. Der Zuzug der dort neu ange- siedelten Menschen sowie ihr später folgendes natürliches Wachstum bilden insgesamt den Hauptbevölkerungszuwachs in diesem Kreis.[14]

Typisch für ein stark mit Staatsfarmen durchsetztes Gebiet ist die Bevölkerungs- zusammensetzung des Autonomen Kreises Yanqi der Hui.[15]

---

12) Der Begriff *nongye bumen zhigong* meint nicht die genossenschaftlich organisierten Bauern, sondern die Beschäftigten der Staatsfarmen.
13) Wang Ning (1984), S.45.
14) Zhou Xingjia (1983), S.28; XJTJNJ (1989), S.55, 74; den jüngeren Daten aus XJTJNJ (1989) zufolge ist eine Abwanderung aus dem Kreis und aus den Korpsfarmen zu verzeichnen.
15) Persönl. Mitteilg. der Kreisverwaltung, Juli 1989.

Tabelle 4:
Ethnische Zusammensetzung der Bevölkerung und Bevölkerungswachstum im Autonomen Kreis Yanqi der Hui, Aut. Zhou Bayangol der Mongolen

	1949	1988	
Gesamtbevölkerung	26.369	113.500	inkl. Korpsfarmen, Arbeitslager und sonstige staatliche Einheiten
Bevölkerung unter der Jurisdiktion des Kreises		77.054	(ohne Korpsfarmen, Arbeitslager etc.)

Ethnische Zusammensetzung der Bevölkerung (1988) (inkl. Staatsfarmbevölkerung, Arbeitslager etc.)

Hui	22.500
Han	55.300
Uyġuren	28.060
Mongolen	2.870
Kazaken	103
Ķirġizen	82
Russen	12
Uzbeken	7
Manzhu	51
Xibe	1
Sonstige	271

Quelle: Persönl. Mitteilg. der Kreisverwaltung Yanqi, Juli 1989. Neben den beiden Korpsfarmen, die als exterritoriale Einheiten vom Kreis administrativ losgelöst sind, sind wahrscheinlich auch die Umerziehungsgefängnisse/-lager in diesen Bevölkerungsdaten für 1988 erfaßt. Nach XJNJ (1988), S.626 und Mitteilung der Kreisverwaltung gibt es im Kreis zwei landwirtschaftliche Korpsfarmen, Nr.21 und Nr.27, insgesamt jedoch 13 dem Produktions- und Aufbaukorps unterstellte staatliche Einheiten; diese Angabe könnte auch die Arbeitslager, z.B. "Staatsfarm für Umerziehung durch Arbeit" in Sishilichengzi sowie Pioniereinheiten, so das "Industrieaufbaukorps Nr.1", umfassen. Seltsamerweise gibt XJTJNJ (1989), S.74, für den Kreis Yanqi nur eine Staatsfarm, nämlich Nr. 27 mit 10.032 Angehörigen an, während mir gegenüber die Kreisverwaltung die exterritoriale Bevölkerung mit ca. 36.000 Personen bezifferte. Auch sonst weichen die Angaben in XJTJNJ (1989), S.62, für das Bezugsjahr 1988 von den Angaben der Kreisverwaltung ab. Ich gebe hier die Angaben der Kreisverwaltung wieder.

Futterer (1901) schätzte die Bevölkerung der Stadt Yanqi (uyg. Karashar/Karaxähär) auf 5.000 Personen mit Uyguren und Hui als dominierendem Element sowie einem chinesischen Bevölkerungsanteil. Die Weideländer des Yanqi-Beckens wurden von Mongolen nomadisch genutzt. Mannerheim, der Karaxähär 1907 besuchte, gibt die Zahl der in der Umgebung nomadisierenden Torgut-Mongolen mit 3.000 Yurten, das sind etwa 10.000 Personen, an.[16]

Yanqi/Karaxähär war somit seit langem eine Stadt mit gemischter Bevölkerung, doch ist die Verdrängung der Mongolen und ihrer Weidewirtschaft aus dem Yanqi-Becken u.a. Resultat der Ansiedlung zahlreicher Korpsfarmen und anderer staatlicher Einheiten.

Die Zuwanderung der Han in den Autonomen Zhou spiegelt sich in den Zu- und Abwanderungsdaten des Bezirkes wider. Es lassen sich drei Etappen unterscheiden:

- Erste Periode 1954-1961:
  Hohe jährliche Zuwachsraten durch Zuwanderung im Durchschnitt +45 pro 1000 der Bevölkerung (ohne 1957). Die Zuwanderung war höher als das natürliche Wachstum der Bevölkerung.
- Zweite Periode 1962-1968:
  Sie ist zunächst durch ein Absinken der Bevölkerungszahl infolge Abwanderung gekennzeichnet, so im Jahre 1962 mit -55,78 pro 1.000 der Bevölkerung; in den Jahren 1963-1968 kommt es jedoch zu einem starken Wiederanstieg der Zuwanderung, so im Jahre 1966 mit +102,37 pro 1.000 der Bevölkerung durch Zuwanderung.
- Dritte Periode 1969-1982:
  Es gibt Zu- und Abwanderungen. Im gesamten Zeitraum ist eine Nettoabwanderung von -1,1 pro 1.000 der Bevölkerung (ohne die Jahre 1971 und 1979) zu verzeichnen.[17]

---

16) Futterer (1901), S.149-152; Mannerheim (1940) Vol.1, S.289-290; vgl. auch Bell (1890).
17) Wang Ning (1984), S.44-45. Da Wang ihre Angaben nicht nach Ethnien spezifiziert, bleibt die Aussagekraft hinsichtlich der Zu-und Abwanderung der Han vage. Der Bevölkerungsrückgang 1962 kann mit der Verschärfung der Minderheitenpolitik (kazakischer u. uygurischer Exodus in die Sowjetunion) und mit Naturkatastrophen bzw. Mißernten (Rückgang der Getreideproduktion ab 1961) in Verbindung gebracht werden.

Die gemittelte Bevölkerungszunahme durch Zuwanderung und natürliches Wachstum belief sich für den Zeitraum 1949-1980 auf ca. 20.000 Personen/ Jahr.[18]

Infolge des chinesischen Bevölkerungszustromes kommt es auch zu einem steilen Anstieg des natürlichen Bevölkerungswachstums, da die Zuwanderer selbst Kinder bekommen. 1982 stellten die Han im Autonomen Zhou Bayangol einen Anteil von 54,23% der Gesamtbevölkerung, die Uyǧuren nur 35,03% und die Mongolen 7,43%. Im Aksu-diqu haben die Uyǧuren 1982 einen Anteil von 76,28%, die Han von 22,01%. Der Kreis Aksu (Aksu-shi) ist jedoch wegen der dort konzentrierten 12 Korpsfarmen (Nr.1, 2, 7, 8, 9, 10, 11, 12, 13, 14, 15, 16 mit 1988 etwa 110.000 Bewohnern) in den Gebieten Aral und Shajingzi durch ein Übergewicht der chinesischen Bevölkerung gekennzeichnet.[19]

In den offiziellen Dokumenten der jüngeren Zeit wird nicht oder nur in Andeutungen von einer weiteren Zuwanderung chinesischer Siedler nach Xinjiang gesprochen. In der programmatischen Rede Zhao Ziyangs von 1983 hieß es lapidar: "Die Bevölkerung Xinjiangs wird weiter wachsen."[20]

1991 wurden in Hongkong Pläne der Zentralregierung in Beijing bekannt, die von einer offiziellen Umsiedlung weiterer 5 Mio. Han-Chinesen bis zum Jahr 2000 ausgehen.[21]

Aber auch ohne Zuwanderungsförderung seitens der Regierung dürfte die weiter wachsende chinesische Bevölkerung in die noch immer als "leer" empfundenen Räume des Nordwestens und damit auch Xinjiangs drängen.

Seit 1985 bemüht sich die Regierung verstärkt darum, die Geburtenrate der Minderheitenbevölkerung in Xinjiang zu beschränken, den Minderheiten werden in den Städten inzwischen nur noch zwei Kinder pro Ehepaar, in den ländlichen Gebieten drei und in Ausnahmefällen vier Kinder zugestanden.[22]

---

18) Xie Xiangfang (1984), S.3.
19) Mao Baodi (1988); *Population Atlas of China* (1987), S.30; XJTJNJ (1989), S.74.
20) Zhao Ziyang (1983), S.1.
21) Yue Shan (1991), S.22-23.
22) Vgl. im einzelnen "Vorläufige Regelung zur Geburtenplanung der Minderheiten im Auton. Gebiet Xinjiang der Uyǧuren", in: XJNJ (1989), S.536-537.

Offensichtlich steht bei diesen Entscheidungen jedoch weniger die Sorge um die Tragfähigkeit des Territoriums im Vordergrund, denn dann müßte auch der Zustrom chinesischer Siedler nach Xinjiang geregelt oder unterbunden werden. Eine weitere Durchdringung Xinjiangs mit chinesischen Bevölkerungsanteilen ist offensichtlich ein wichtiges Motiv für die Beschränkung der Geburtenanzahl bei Minderheitenangehörigen,[23] vor allem dann, wenn ein langfristiger Bevölkerungszuwachs auf 30 oder 40 Mio. (innerhalb von 30-50 Jahren) erwartet wird.[24]

Der bestehende koloniale Kontext und der weitere Zustrom chinesischer Siedler verhindert eine rationale Betrachtung dieser Fragen vom Standpunkt der Tragfähigkeit des Territoriums. Es muß hinzugefügt werden, daß der heutige hohe Bestand an chinesischer Bevölkerung nur gewaltsam mit Hilfe der fast völlig eingeschränkten Freizügigkeit vor allem der hanchinesischen Bevölkerung aufrecht erhalten wird. Sie wird gehindert, in ihre Heimatregionen zurückzukehren.

1.2 Gesamtstaatlicher und hanchinesischer Bedarf an Ackerland

Chinesische Zuwanderung, Besetzung von Land durch - meist chinesisch dominierte - Staatsfarmen, Landerschließungsdruck auch in den traditionellen Oasengebieten und ursprünglich nomadisch genutzten Weidegebieten und gesteigerte Erwartungen an die Landwirtschaft als Versorger der wachsenden Bevölkerung des Autonomen Gebietes gehen Hand in Hand.

Wenn wir die gesamtstaatlichen Ansprüche an die Böden Xinjiangs analysieren, müssen wir unterscheiden:

---

23) Bao/Xu (1985), auch Fang Junxiong (1982), S.33; weiter Hu/Bei (1982). Hu Huanyong spricht sich mal gegen eine übermäßige Beschränkung des Wachstums der Minderheitenbevölkerung aus (ders. 1983), mal betont er die Notwendigkeit strikterer Durchführung der Geburtenplanung für die Minderheiten (1988), S.12.

24) So Hu Huanyong (1984), S.5 - 30 Mio. nach oben korrigiert; (1988), S.12, - 40 Mio.; Hu (1983), S.29 rechnete mit einer Gesamtbevölkerungszahl von 20 Mio. bis zum Jahr 2000. - Es muß jedem Minderheitenangehörigen als höchst widersprüchlich erscheinen, daß einerseits die nationale Bevölkerungsexplosion (der Han) eines Milliardenvolkes und die damit einhergehende Zuwanderung nach Xinjiang nicht zum Stillstand gebracht werden können, während andererseits die vergleichsweise kleinen ethnischen Gruppen Xinjiangs Beschränkungen ihrer Kinderzahl erfahren.

- Die zwischen 1949 und 1982 bereits erschlossenen Flächen (Zunahme der Ackerflächen von 1,2 auf 3,2 Mio.ha);
- die im Verlauf der Neulandgewinnung entstehenden Landverluste, insbesondere die an Weideland, und
- die heute in der Literatur oder in offiziellen Äußerungen zu findenden Zahlen über potentielle, zusätzlich erschließbare Areale, welche die von offizieller chinesischer Seite erwartete kontinuierliche Erweiterung der Ackerflächen zum Ausdruck bringen.

Wir versuchen hier den Nordteil des Tarim-Beckens in den Vordergrund zu stellen, doch ist auch die Gesamtsituation Xinjiangs zu berücksichtigen.

1.2.1   Bereits erschlossene Flächen

Laut Chen Hua (1983, 1) haben allein die 169 Korpsfarmen (d.h. die zentral von Beijing und Ürümqi verwalteten Staatsfarmen des Produktions- und Aufbaukorps)[25] 0,9 Mio.ha Land in Xinjiang erschlossen;[26] weitere Erschließungen, ca. 1,1 Mio.ha, nahmen kleinere, lokal verwaltete Farmen vor,[27] die teilweise auch von Minderheiten geführt werden, sowie Bauern in den ursprünglichen uygurischen Oasenterritorien (meist Uyguren, z.T. aber auch neuangesiedelte Han-Chinesen, wie z.B. in den Kreisen Toksu und Xayar, oder Hirten in den

---

25) Die Korpsfarmen stellen für die Kreisverwaltungen exterritoriale Einheiten dar. Ihre Ackerflächen zählen nicht zum Kreisgebiet. Die Kreisverwaltung hat keinen Einfluß auf die Korpsfarmen; meist ist der Kreisverwaltung nur die Bevölkerungszahl der Korpsfarmen bekannt. Umgekehrt wirkt sich jedoch die Existenz der Korpsfarmen durch Kanalbauten, durch den Verbrauch von Wasserressourcen, die Hebung von Grundwasserspiegeln infolge Bewässerung sowie Verlusten an Weideflächen durch die Landbesetzung einschneidend auf den Kreis und seine Bevölkerung aus. Vgl. Hoppe (1991).

26) Chen Hua (1983, 1), in: Hoppe (1984), S.141, XJTDZY (1989), S.47; Zhang Youde (1987), S.199. - Die Ackerflächen (*gengdi*) der Korpsfarmen beliefen sich (1987) auf 918.466 ha, XJNJ (1988), S.665.

27) Sie unterstehen den Bezirken (*diqu, zhou*), Sondergebieten (*zhuanqu*) oder Kreisen (*xian*), ursprünglich unterstanden einige dieser Farmen dem Landwirtschaftsamt des Autonomen Gebietes, Xie Xiangfang, persönl. Mitteilg. 1988.

Weidegebieten der Kazaken, Mongolen und Kirgizen.[28]

Die bisher entscheidende Phase der Ausdehnung der Ackerflächen in Xinjiang war die Zeit von 1950-1960 mit einem jährlichen Durchschnitt von 2,64 Mio. mu (180.000 ha) Nettoerweiterung der Ackerflächen. Während des "Großen Sprungs" 1958-1959 wurden allein 8 Mio. mu (533.000 ha) Land erschlossen und 102 neue Staatsfarmen errichtet.[29]

Zwischen 1961 und 1978 wurde weiter Land in Kultur genommen, aber auch Land aufgegeben. In Staatsfarmen, aber auch in uygurischen Oasengebieten ist eine permanente Fluktuation von Erschließung und Auflassung, Wiedernutzung aufgelassener Flächen und Wiederbrachfallen festzustellen.[30]

1979 setzte eine statistische Verringerung der Ackerflächen um ca. 500.000 mu (33.000 ha) pro Jahr ein. Dies bedeutet jedoch nur, daß der Anteil der neu erschlossenen Flächen von diesem Jahr an hinter dem Umfang der aufgegebenen Flächen zurückblieb (Abnahme der Ackerflächen von 1979-1985 von 48 Mio. mu auf 46,24 Mio. mu).[31]

Die Gesamtzahl staatlicher (in sog. Volkseigentum befindlicher) land-, forst- und viehwirtschaftlicher Einheiten schwankt von Jahr zu Jahr. 1988 gab es insgesamt 568 Einheiten, davon waren 287 Feldbau-Einheiten, 40 Forsteinheiten, 220 Viehzuchteinheiten und 21 Fischzuchteinheiten. Hinzu kommen kleinere hier nicht aufgezählte Betriebe wie Zuchtverbesserungsstationen, Saatzuchtbetriebe, tier-

---

28) Eigene Schätzung aus: Ackerland Anfang der 80er Jahre: 3,2 Mio.ha, minus 1,2 Mio.ha (1950) = Zuwachs insgesamt 2 Mio.ha durch Korpsfarmen erschlossen 0,9 Mio.ha, Rest 1,1 Mio.ha.
29) Betke/Küchler/Obenauf (1987), S.106.
30) Für die von Betke/Küchler/Obenauf/Lichtenfeld u.a. untersuchte Korpsfarm 147 im Manas-Gebiet gilt, daß nach der eigentlichen Flächenerweiterungsphase bis 1960 die Aufgabe und Wiederbestellung von Flächen innerhalb eines sich kaum noch erweiternden Gesamtareals abwechselt. Die Gründe hierfür sind Ertragsdepressionen durch Wassermangel und Bodenversalzung. Politische Rückwirkungen sind ebenfalls erkennbar. Der "Große Sprung" und die Anfangsphase der Kulturrevolution sind in Erschließungsaktivitäten erkennbar, oft verbunden mit einer Flächenertragsminderung. Betke (1990), S.56-64.
31) Xie Xiangfang (1988, 1); zu neueren Daten sowie zum Prozeß der "Neulanderschließung" bei gleichzeitiger Rückverwandlung von Ackerflächen in Forst- oder Weideland vgl. XJTJNJ (1989), S.110-116.

ärztliche Stationen, Saatgutgesellschaften und agrartechnische Stationen.[32]

Die Ackerflächen im Aksu-diqu (Bezirk Aksu) wuchsen durch Ausweitung der uyġurischen Oasen einerseits und durch Landnahmen seitens der Chinesen andererseits bis zum Beginn der 80er Jahre um 2,2 Mio.mu (ca. 146.600 ha).[33]

Im Aksu-diqu werden 1,19 Mio. mu (79.600 ha) durch 17 Staatsfarmen der 1. Agrardivision genutzt, in denen 151.665 Menschen leben (1988). Der Gesamtpersonenbestand der 1. Agrardivision im Gebiet von Aksu beläuft sich auf 190.000 Menschen.[34] Im Autonomen Bezirk Bayangol der Mongolen mit Korla als Zentrum sind, einschließlich des Yanqi-Beckens, 16 Staatsfarmen der 2. Agrardivision mit 854.000 mu (57.600 ha) kultivierter Fläche entstanden, in denen 144.805 Personen (1988) leben, der Gesamtpersonenbestand der 2. Agrardivision beläuft sich auf 193.000 Menschen. Es handelt sich um weitgehend hanchinesische oder zumindest chinesisch dominierte Staatsfarmen.[35]

Annähernd ein Viertel der derzeitigen landwirtschaftlichen Nutzflächen des nördlichen Tarim-Beckens ist von Chinesen besetzt. Diese zusätzliche, überwiegend landwirtschaftliche Bevölkerung von 383.000 Menschen (Gesamtpersonalbestand) stellt von den insgesamt 2,4 Mio. Einwohnern (1988) des nördlichen Tarim-Beckens einen Anteil von 16%.[36] Diese chinesische Bevölkerung tritt konzentriert in den Korpsfarmgebieten auf; hinzu kommen die chinesischen Bevölkerungsanteile in den Städten Korla, Kuqar, Aksu etc. sowie vereinzelte chinesische Brigaden in uyġurischen Agrargebieten, wie z.B. in den Kreisen

32) XJTJNJ (1989), S.93; vgl auch Luo Zhenzhi (1984): Der Autor spricht von insgesamt 318 Staatsfarmbetrieben in Xinjiang.
33) Qu/Chen/Han/Li (1982), S.18.
34) Vermutlich inkl. Arbeitslagerinsassen und städtischem bzw. technischem Personal mit ihren Familienangehörigen. Gesamtzahl der Chinesen im Aksu-diqu 321.442.
35) XJTJNJ (1989), S.70, 73-74, 62. Gesamtzahl der Chinesen in Bayangol 430.266.
36) Unterstellt, daß in den 2,4 Mio. Gesamteinwohnern die Bewohner der Staatsfarmen mit berücksichtigt sind. Dies ist meinen Unterlagen aus Yanqi zufolge nicht unbedingt der Fall. Militär und Bewaffnete Polizei sind in den Bevölkerungsangaben generell nicht enthalten. Nach XJTJNJ (1989), S.54-55.

Xayar und Toksu.[37]

Die derzeit genutzte Gesamtackerfläche im nördlichen Tarim-Becken, inkl. der intramontanen Becken, beträgt (1980) 570.000 ha[38] (*gengdi*); oft werden unter diesem Begriff neben dem eigentlichen Pflugland auch Gärten, Privatparzellen und Schutzwaldstreifen subsumiert).

1.2.2   Landverluste[39]

In ganz Xinjiang: Wenn wir die ursprünglich (1950) vorhandenen 1,2 Mio.ha Ackerland und die bis 1979 zusätzlich erschlossenen 3,4 Mio.ha addieren, erhalten wir eine Gesamtmasse erschlossenen Ackerlandes von 4,6 Mio.ha. Effektiv genutzt wurden jedoch Anfang der 80er Jahre nur 3,2 Mio.ha. Es ist hier also ein Landverlust von 1,4 Mio.ha eingetreten, d.h. 1,4 Mio.ha erschlossenen Ackerlandes fielen wieder brach oder wurden wegen Versalzung, Übersandung oder aus anderen Gründen außer Kultur genommen.[40]

Ländereien werden nach einigen Jahren mehr oder weniger intensiver Bewirtschaftung wieder aufgegeben. Zhou Lisan beschreibt dieses Phänomen als "Umziehen ganzer Staatsfarmen", bei denen Böden, z.B. infolge zunehmender Versalzung, aufgegeben werden mußten.[41]

Diese Methode hat Vorbilder in der Aufgabe verbrauchter Böden durch uygurische Bauern. Wenn diese Flächen nicht irreversibel geschädigt sind, werden sie nach einigen Jahren der Brachhaltung als Reserveflächen wieder in Kultur genommen. Oft handelt es sich jedoch (wie ich im Kreis Xayar sehen konnte) um

---

37)   Anteile der einzelnen ethnischen Gruppen im nördlichen Tarim-Becken 1980, Uyguren: 62,5%, Han 34,6%, Hui 2,5%, Mongolen 1,6%, XJZDDQ (1986), S.121-122.

38)   Zhao Songqiao; Han Qing (1981), S.113, XJZDDQ (1986), S.122. Ackerflächen 1949 255.000 ha. Unwahrscheinlich scheint mir ein Rückgang der Ackerflächen bis 1988 auf 413.000 ha (um 28%) zu sein, wie ihn XJTJNJ (1989), S.112 angibt; vgl. Anm. zur Tabelle 1.

39)   Mit "Landverlust" ist hier das langfristige Wieder-aus-der-Kultur-Nehmen von bestellten oder neuerschlossenen Flächen gemeint. Der Begriff bezeichnet den zumindest vorläufigen Verlust produktiver Kulturflächen, vgl. Anmerkung 2 und Vorwort 5.

40)   Yang Lipu (1983, 1), S.2 (Zahlen von mir gerundet).

41)   Zhou Lisan (1983), S.4.

Böden, die durch überstürzte und unsachgemäße Erschließung mit nachfolgender Versalzung langfristig keiner Nutzung mehr zugeführt werden können. (Vgl. Landverbrauch im Kreis Xayar, Kap 3.6, Tabelle 27.) Chen Hua spricht (1983, 2) von der anstehenden Verlagerung einer ganzen Kreisstadt, Yopurga südöstlich von Käxkär, infolge von Versalzungen.[42]

Tabelle 5:
Daten zur Entwicklung der Landnutzung in Gesamt-Xinjiang (Mio.ha)

Ackerland 1950	1,2
Ackerland Anfang der 80er Jahre	3,2
Insgesamt zwischen 1949 und 1979 neu erschlossenes Ackerland	3,4
Durch Korpsfarmen genutztes Ackerland (Anfang der 80er Jahre)	0,9
Durch Korpsfarmen genutztes Weideland	0,95
Durch lokale Staatsfarmen, Ausweitung der Oasenterritorien und Landerschließungen (überwiegend in Weidegebieten) urbar gemacht (eigene Schätzung)	1,1
Aufgelassenes Ackerland	1,33-1,4
Versalztes, alkalisiertes Ackerland (weiter produktiv genutzt)	über 1,0
Degradierte, versalzte, versandete Steppen und Weiden	4,7
Bis 1995 neu zu erschließen (Beschluß 1988)	0,53
Bis 2000 neu zu erschließen	1,0

Quelle: Yang Lipu (1983, 1), S.2; Weggel (1984), S.79; Chen Hua (1983, 1), S.141, Bai Huiying (1983), S.3; Dan Shangzhi (1989), S.22; Zhang Youde (1987), S.199; Fan Zili (1987), S.23; Lei/Xu/Jiang (1988), S.165).

---

42)   Chen Hua (1983, 2), S.3.

Zum Teil wurden während der großen Landerschließungskampagnen der 50er
Jahre Flächen auch nur gerodet und nur rudimentär bearbeitet, da es für die
Erschließung von Flächen staatliche Subventionen gab.

In den großen Produktionskampagnen waren trotz grundlegender Nichteignung
Böden, z.B. Niederungsböden mit hohem Grundwasserstand, überhastet erschlossen worden, um "von oben" geforderte Planziffern hinsichtlich Landerschließung oder Getreideproduktion zu erfüllen. Nach einer kurzen Nutzungspe-
riode wurden solche Böden wieder aufgelassen.

1.2.3   Unproduktive Landbesetzung und daraus resultierende Landverluste

Die Autoren der 1965 veröffentlichten "Bodengeographie Xinjiangs" (XJTRDL)
gingen davon aus, daß "die noch erschließbare Gesamtfläche, zusätzlich zu den
damals bereits vorhandenen Ackerflächen, etwa 20 Mio.ha beträgt, davon 10,6
Mio.ha Böden mittelguter und guter Qualität".[43] Bei Berücksichtigung des
Flächennutzungskoeffizienten des neuerschlossenen Landes (Anteil der effektiv
als "Ackerland" (*gengdi*) genutzten Flächen an der insgesamt besetzten und erschlossenen Fläche einer landwirtschaftlichen Produktionseinheit) wäre es
jedoch nur zu einer tatsächlichen (Netto-)Erweiterung der pflanzenbaulich
nutzbaren Fläche von etwa 50% gekommen, da 50% der zu erschließenden
Böden durch Infrastruktur (Siedlungen, Kanäle, Straßen, Wasserspeicher),
Brach-, Weide- oder Forstflächen für den eigentlichen Feld- und Gartenbau, vor
allem aber auch den früheren Nutzern "verloren" gehen. Im Falle einer Erschließung von salzhaltigen Böden lag die Netto-Flächenerweiterung bei nur 20-40%.
Dies bedeutet zweierlei:

1. Die tatsächliche Flächenerweiterung, der Nettozuwachs an Ackerfläche, fällt
   sehr viel geringer aus, als es die großen Zahlen über verfügbares "Ödland"
   erscheinen   lassen.
2. Die durch Landerschließungen insgesamt bewirkte Besetzung von Landflä-
   chen ist um vieles größer, als es die relativ niedrigen Daten über die Erweiterung der Ackerflächen seit 1949 (vgl. Tabelle 5) nahelegen. Wenn wir einen
   mittleren Nutzungskoeffizienten von etwa 35% zugrunde legen,[44] wären seit

---

43)   XJTRDL (1965), S.454-455.
44)   Dies bezogen auf die unmittelbare Besetzung von sog. *yi'nong huangdi* (für
      den Ackerbau geeigneten Ödlandflächen) für die Anlage einer Staatsfarm.
      XJTRDL (1965) gibt einen Wert von 50-20% an, 35% scheint mir noch

1949 bei insgesamt 3,4 Mio.ha zusätzlich erschlossenem Ackerland insgesamt rund 10 Mio.ha besetzt worden. Wu Shuo (1983) gibt ein Verhältnis von 5 : 1 an, wobei 3/5 auf die Infrastruktur (Häuser, Bauten, Straßen, Forst- und Weideflächen) entfallen, während von den verbleibenden 2/5 wiederum nur 1/5 effektiv als Anbaufläche zur Verfügung steht.[45]

Legt man diese Relation von 5:1 zugrunde, wäre die seit 1949 insgesamt allein durch Neulanderschließungen besetzte Fläche in Xinjiang mit etwa 17 Mio.ha zu veranschlagen.[46]

Als beispielhaft für die Gesamtauswirkung solcher Landerschließungen kann das Manas-Shihezi-Gebiet in Nord-Xinjiang angesehen werden. Die erschlossene Ackerfläche beträgt 300.000 ha; 250.000 ha werden effektiv bestellt, während das Gesamtgebiet, auf das sich diese Landerschließung ausgewirkt hat, 2 Mio.ha umfaßt, das Achtfache der effektiv genutzten Ackerfäche. Nur 12,5% dieser Gesamtfläche werden also produktiv im Feldbau genutzt. Die früher in diesem Gebiet dominierende kazakische Weidewirtschaft ist in eine marginalisierte Position gedrängt worden. Manas-Unterlauf und -Endsee mit ihrem Fischreichtum, ihrer Wildfauna und natürlichen Vegetation sind desertifiziert bzw. völlig verschwunden, da die lebenspendenden Wasserressourcen in der Staatsfarm-Landwirtschaft verbraucht werden. Das heutige Staatsfarmgebiet von Manas-Shihezi ist kein reines Agrargebiet mehr, sondern es gibt dort Industriebetriebe, Fischteichwirtschaften und Obstbau.[47]

Noch stärker gehen effektiv bestellte Flächen und besetzte Flächen im Falle einer Staatsfarm im Kreis Xayar auseinander: Die direkt dem Ministerium für Staatssicherheit unterstehende Farm (*gongan nongchang*) im Süden der Kreisstadt wurde 1965 errichtet, dem Kreis wurde die Jurisdiktion über 350.000 - 400.000 mu entzogen, während die bestellte Fläche lediglich 30.000 mu umfaßt; hier liegt das Verhältnis von effektiv genutzter zu besetzter Fläche unter 1:10.[48]

Aus diesen Zahlen wird ersichtlich, wie groß die kulturelle Gesamtauswirkung der Landerschließungen auf frühere "Ödlandgebiete", vorwiegend Weidegebiete, gewesen ist. Der tatsächliche Flächenverlust für die Viehwirtschaft bzw. die

Forts. von letzter Seite
eine recht optimistische Annahme zu sein.
45) Wu Shuo (1983), S.3.
46) 3,4 Mio.ha bis ca. 1980 erschlossener Fläche mal 5.
47) Xie Xiangfang (1988, 1); Betke/Küchler/Obenauf (1987), S.104-118.
48) Persönl. Mitteilg. der Kreisleitung Xayar, Mai 1989.

nomadisierenden Minderheiten Xinjiangs wäre mit 255 Mio. mu (17 Mio.ha) anzusetzen. Die Angaben über den Rückgang der Gesamtweidefläche Xinjiangs von 65 - 60 Mio.ha auf etwa 50 Mio.ha (Tabelle 1) stützen diese Annahme.

Einige weitere Angaben sollen dies illustrieren: Von 2 Mio.ha bester Talauenweiden, die für die Rinderhaltung und als Mähwiesen genutzt wurden, sind nach Yang Lipu (1987) in ganz Xinjiang zwei Drittel unter den Pflug genommen oder besetzt worden, was den Mangel an Winterweiden und Heuvorräten verschärfte. In den Kreisen Qöqek/Tacheng, Toli und Dörbiljin/Emin (Nord-Xinjiang) wurden 40% der Frühjahrs- und Herbstweiden umgebrochen und damit die jahreszeitliche Weideverfügbarkeit erheblich beeinträchtigt. Der Teufelskreis der Überweidung ist in vielen Gebieten beschritten, da die überweideten Winter- und Frühjahrsweiden weniger Grasertrag liefern.[49]

Wangs Angaben zufolge gelten um 1990 "aufgrund vorläufiger Schätzungen" etwa 19% oder 9 Mio.ha der noch "nutzbaren Weideflächen" als überweidet. "Nutzbar" sind von den insgesamt verfügbaren 57,2 Mio.ha natürlicher Weideflächen nur 48,0 Mio.ha, wovon wiederum nur 46,4 Mio.ha tatsächlich beweidet werden. 16,7 Mio.ha sind durch Nagetierfraß und Insektenbefall geschädigt.[50]

Im gesamten Autonomen Gebiet sollten keine weiteren Weideflächen erschlossen oder auf andere Weise zerstört werden. Insgesamt wurden in Xinjiang seit der Befreiung kumuliert 51 Mio. mu (3,4 Mio.ha) erschlossen. Allein in den letzten Jahren wurde in ganz Xinjiang durch den Abbau von Süßholzwurzeln und ihren Verkauf als Exportware eine zerstörte Weidefläche von 23 Mio. mu (1,53 Mio.ha) zurückgelassen. Weiter wurden auf salzigen bzw. alkalischen Böden Reetpflanzen und in der Wüste Tamarisken abgeholzt und als Brennstoff verwendet; an Stellen, wo zuvor Wasser und Gräser im Überfluß vorhanden waren, hat man Wasserspeicher angelegt; all dies sind wichtige Ursachen für die Zerstörung von Weideland.[51]

---

49) Yang Lipu (1987), S.90. Nach Wang Zhongjian (1991), S.52, gingen im Lauf der Landerschließungen 1,2 Mio.ha Mähwiesen, meist der nomadischen Weidewirtschaft, verloren.

50) Wang Zhongjian (1991), ebd. Vgl. auch Yan Dichen/Fen Huilan (1985), zit. in Hoppe (1988), S.238; sie kommen auf eine nach Jahreszeiten unterschiedene Gesamtweidefläche von 50,9 Mio.ha.

51) Hou Xueyu (1984), S.3. Vgl. Wang Biqiang (1980), S.114-115.

In den 50er Jahren bildeten in der Tarim- und Yäkän-Aue die unter *Populus pruinosa-* und *Populus diversifolia-*Wäldern sich entwickelnden Böden das wichtigste Objekt für Landerschließungen durch Staatsfarmen. Die Abholzung bzw. Austrocknung dieser Auenwälder - chinesische Angaben über die zerstörte Pappelwaldfläche längs des Tarim bewegen sich zwischen 174.000 - 285.000 ha (1958-1978)[52] - können ebenfalls als Zerstörung von Weiden angesehen werden, denn die Pappelbestände selbst und die unter den Bäumen gedeihende Krautschicht dienten sowohl im Sommer als auch im Winter als Waldweide.[53]

Die Zerstörung von Niederwald- und Gehölzflächen (Saxaul, Ulmen) im Zongarischen Becken wird heute mit insgesamt 5,13 Mio.ha beziffert.[54]

Ich schätze den unmittelbaren Verlust an Weide- und Forstland (wie in der Tarim-Aue oder im Zongarischen Becken) durch Landerschließungen auf 10 - 12 Mio.ha. Nicht erfaßt ist damit der Weidelandverlust durch Straßenbau, Ausweitung städtischer Siedlungen, Industrieanlagen, militärische Anlagen oder Anlage von Flachlandspeichern. Die Auswirkungen dieser "Entwicklungsprozesse" sowie die Fernwirkungen der Landerschließungen durch Eingriffe in die hydrologischen Systeme (Anlage von Flachlandspeichern, Austrocknung von Endseen und Flußunterläufen), durch die Abholzung und Austrocknung von Auenwäldern und Buschland, durch Süßholzabbau macht einen Gesamtverlust von 17 Mio.ha mehr als wahrscheinlich.[55]

1.2.4   *Inventarisierung noch erschließbarer Böden*

In den Veröffentlichungen aus jüngerer Zeit werden für noch erschließbare Böden folgende Größenordnungen genannt (die angegebenen Zahlen sind um so kleiner, je genauer die Autoren die Nutzungsmöglichkeiten vor Ort, insbesondere die Wasserversorgung berücksichtigen):

---

52) Hoppe (1986), S.63.
53) XJTRDL (1965), S.257.
54) Xie Xiangfang (1988, 1).
55) Vgl. Hoppe (1986, 1988, 1991).

48 Entwicklungsstrategien für Xinjiang

Jahr der Veröffentlichung **Erschließbares "Ödland"**

1965	20 Mio.ha (XJTRDL)
1988	13 Mio.ha (Xie Xiangfang (1988, 1)
1980	10 Mio.ha (*Zhongguo nongye dili zonglun*)
1986	3,7 Mio.ha (allein in den Schwerpunktgebieten Altay, Yili, Nördliches und Südliches Tarim-Becken, XJZDDQ)
1989	4,9 Mio.ha (Gesamt-Xinjiang, Flachland, erwarteter Nutzungskoeffizient 50%; XJTDZY (1989).[56]

Die letzte Zahl ist sicherlich die realistischste von allen, aber selbst sie ist noch, wenn damit ein weiterer Verlust von weit über 5 Mio.ha Weideland verbunden ist, sehr hoch. Nur 20-30% dieser Flächen würden effektiv als Ackerflächen genutzt werden.

Der hier zitierten Studie von 1980 zufolge entfallen 56,8% aller Ödlandressourcen des nördlichen und nordwestlichen Chinas auf Xinjiang (vgl. Anhang, Tabelle 1).

Flußauen und Talungen mit ihren Weideflächen weisen mit etwa 8 Mio.ha (= 62% der verfügbaren "Ödlandflächen" in Xinjiang) die größten Ballungen von "Ödlandflächen" aus (vgl. Anhang, Tabelle 2).[57]

Die scharfe Konkurrenz zwischen einer Weide- und Feldbaunutzung ergibt sich allein schon aus der Konkurrenz um die für beide Nutzungsarten benötigten Oberflächen- bzw. Grundwasserressourcen.

Die folgende Tabelle zeigt die Relation zwischen bereits genutzten Ackerflächen und den für die landwirtschaftliche Erschließung vorgesehenen Flächen sowie forstwirtschaftlichen und viehzüchterisch nutzbaren Weideflächen im nördlichen Teil des Tarim-Beckens:

---

56) XJTDZY (1989), S.93; davon 77,6% mit Böden mäßiger Qualität.
57) *Zhongguo nongye dili zonglun* (1980), S.96.

Tabelle 6:
**Projektierte Anteile verschiedener Nutzungsformen an der potentiellen Land-
nutzungsfläche des nördlichen Tarim-Beckens (mit Yanqi-Becken) (in %)**

Flächentyp	Yanqi-Becken	Konqe-/Ögän-/Aksu-/Tarim- Flußgebiet				Mittel
derzeitige Feld- bauflächen mit Infrastruktur- flächen (*nongdi*)	48,00	16,56	24,88	35,30	6,1	19,09
für landwirtschaftl. Nutzung geeignete Ödlandflächen (*yi nong huangdi*)	5,69	23,37	58,43	18,10	49,88	40,94
forstlich zu nutzende Böden	3,56	12,18	4,97	1,51	22,70	12,47
Weideland	42,75	47,89	11,72	45,09	21,30	27,50

Quelle: XJZDDQ (1986), S.117. Vgl. auch XJTDZY (1989), S.93. Der Begriff
nongdi umfaßt neben den kultivierten Flächen Kanäle, Wege, Gebäu-
deflächen, Windschutzgürtel, aber auch industriell oder bergbaulich
genutzte Flächen innerhalb ländlicher Siedlungen.

Große Flächenanteile werden im Bereich des Ögän (58%) oder des Tarim
(50%) als künftige Feldbau- und Infrastrukturflächen ausgewiesen. Sie dürften
heutzutage noch extensiv genutzte Weideflächen sein. Sehr geringe Erweite-
rungsmöglichkeiten für Feldbauflächen werden im Yanqi-Becken gesehen; dort
ist bereits etwa die Hälfte der potentiellen Landnutzungsfläche einer ackerbauli-
chen Nutzung zugeführt. Im Mittel sind im nördlichen Tarim-Becken weitere
40% der potentiellen Landnutzungsfläche für den Feldbau vorgesehen und nur
etwa 27% als Weideland reserviert. Die hanchinesischen Entwicklungsvorstellungen geschuldete Orientierung auf den Feldbau kommt hier sehr klar zum
Ausdruck.

Gründe für diese Ausweisung großer zusätzlich nutzbarer Ackerflächenreserven
sind:

1. Der Anteil an aufgelassenen landwirtschaftlichen Flächen in Xinjiang ist
   groß, d.h. es herrscht auch in funktionierenden landwirtschaftlichen Einheiten
   ein großer Landschaftsverbrauch vor. Es werden Flächen für eine Art Wan-
   derbauerntum benötigt, für die Verlegung von ganzen Oasen, Staatsfarmen
   oder Teilen von Staatsfarmen, Hofstellen. Große Flächenanteile sind keiner
   nachhaltigen Nutzung zugeführt. Die hohen Zahlen für erschließbare Flächen
   deuten an, daß dieser Flächentausch bzw. Flächenverschleiß weitergehen
   kann.[58]

2. Die Notwendigkeit einer Erweiterung der ackerfähigen Flächen bleibt in den
   Augen der Zentralregierung in Beijing weiterhin vordringliche Aufgabe. Eine
   weitere Steigerung der Getreide- und Wirtschaftspflanzenproduktion wird für
   die wachsende städtische Bevölkerung Xinjiangs als wichtiger angesehen als
   die ökologisch angepaßtere Weidenutzung. Für das Tarim-Becken wird die
   Ansiedlung von Industrien (Kohleförderung, Baumwollverarbeitung, petro-
   chemische Industrie), vor allem aber zunächst die Erweiterung der Ölförderung einen neuen Bevölkerungsschub und zusätzliche ökologische Belastun-
   gen bringen.

3. Die hier ausgewiesenen erschließbaren Flächen bilden ein Reservoir für die
   künftige Ausweitung chinesisch besetzter Landbaueinheiten, insbesondere
   der bereits bestehenden, aber es ist auch denkbar, daß es zu Neugründungen
   von chinesischen Staatsfarmen kommt.

4. Anthropologisch gesprochen, drücken diese Zahlen aus, daß die Chinesen
   Gefangene ihres Ödlandbegriffes (*huangdi*, das Schriftzeichen *huang* ist
   etymologisch die Abbildung eines von kleinen Strömen durchzogenen Gras-
   landes) und ihrer verengten Vorstellung von Landwirtschaft (*nongye* - eigentlich "Feldbau", "Pflugbau") sind und daß sie noch immer den der Landbestellung vorhergehenden Prozeß des Umbrechens und Pflügens von Land - die
   Mongolen nennen es umgekehrt negativ bewertet "das Gelbmachen der Erde"
   (im Gegensatz zum Grün der Gräser) - als eine Art "kulturbringenden" Pro-

---

58) Die hier wirksame "Denkweise" beschreibt eindringlich XJTDZY (1989),
    S.51.

zeß begreifen.[59] Zum Wesenszug ihrer "Landwirtschaft" gehört die intensiv bearbeitete, umgebrochene Fläche. Sie kennen keine Kombination von Weide- und Ackerflächen. Eine Großtierhaltung ist bei ihnen kaum verbreitet. Hartnäckig äußert sich daher das Bedürfnis, Natur umzugestalten. Der erste Schritt in diese Richtung ist immer die Zerstörung der vorgefundenen Pflanzendecke und das Umbrechen des Bodens bzw. die Zerstörung der natürlichen Wurzelsysteme. Der chinesische "Ödlandbegriff" dient dazu, Flächen auszuweisen, welche einer künftigen Nutzung in diesem Sinne gerecht werden können und sie - meist Weidefläche - als ("barbarisch") extensiv genutzte bzw. im chinesischen Sinne unproduktive abzuwerten. Einer der wenigen chinesischen Kritiker des Ödlandbegriffes schreibt:

Das Wort "Ödland" (*huangdi*) müßte, korrekter bestimmt, enger als "aufgegebenes Ackerland" (*qi-gengdi*) gefaßt werden, d.h. als Land, auf dem zuvor Ackerbau betrieben und dessen Bearbeitung nunmehr aufgegeben wurde. Aber seit jeher gilt jegliches Land, das kein Ackerland ist, als Ödland. Natürliche Wälder und Weiden mit ebener Topographie, mächtigen Bodenhorizonten und leicht zugänglichen Wasserressourcen werden alle als Ödland bzw. erschließbares Ödland betrachtet. Hier liegt eine Einseitigkeit in der Bewertung von Bodenressourcen vor. Das Resultat sind Zerstörungen von Wäldern und Weiden, Degradierungen der natürlichen Umwelt oder gar Übersandungen und Versalzungen der Böden.[60]

5.   Der Ödlandbegriff ignoriert die auf den so bezeichneten Flächen bereits bestehende Weidenutzung und den kulturellen Kontext, in dem bestimmte Ethnien zu diesem "Ödland" als ihrer Lebensgrundlage stehen und standen. So ist diesem Ödlandbegriff eine Kampfansage an traditionelle, meist extensive, aber ökologisch angepaßte Landnutzungsformen der Minderheiten immanent.

1.3   Schwierigkeiten bei der Selbstversorgung Xinjiangs mit Getreide

Für die Zeit um 1949 liegen verschiedene Aussagen über den Grad der Selbstversorgung Xinjiangs mit Getreide vor. Zhang Zhiyi (1946) führt aus, daß die

---

59)   Wie das jede sedentäre Kultur einer nomadischen gegenüber zu tun pflegt; vgl. die europäische Besiedlung Australiens, die Erschließung des Mittelwestens Nordamerikas, die russische Eroberung Zentralasiens. Dankenswerter Hinweis von J. Küchler.

60)   Yang Lipu (1983, 1) S.1.

ganze Provinz in der Getreideproduktion und -konsumtion autark sei und keine
Tabelle 7:
Getreidestatistik und Bevölkerungsentwicklung des Autonomen Gebietes Xinjiang der Uyguren

Jahr	Getreideproduktion Dürr/Widmer	McMillen	chin.Quellen (in 1.000 t)	Bevölkerung Mio.	Prod. p.Kopf (in t)
1935				2,57[a]	
1949	870	1.100	850[b]	4,33[c]	0,20-0,26
1950		1.300	1.700		
1951		1.500			
1952	1.607	1.600			
1953	1.720	1.600		4,78[d]-4,87[e]	0,36-0,33[f]
1954	1.820	1.820		5,14	0,35
1955	1.913	1.910		5,20	0,37
1956	1.934	1.930		5,30	0,37-0,36
1957	2.034	2.030		5,64	0,36-0,36
1958		3.070		5,8-5,82[g]	0,53*
1959		3.480		6,00	0,58
1960		3.300			
1961		2.200		7,1[h]	0,31
1962		-		6,9[i]-7,0	
1964		2.500			
1965		3.300-3.400			
1966			3.348	8,38[j]	0,40[k]
1979	3.940		3.935[l]	12,56[m]	0,31-0,31
1980	3.890		3.890[n]	12,83	0,30-0,30
1981	3.900		3.850-4.000[o]		0,31
1982			4.075[p]	13,16	
1983			4.535[q]-4.64[r]	13,33[s]	0,34**
1984			4.951[t]	13,44[u]	0,37
1985			4.967[v]	13,61	0,37
1986			5.447[w]	13,84[x]	0,39
1987			5.843[y]		
1988			6.050[z]		

* Bevölkerungsangabe gemittelt
** Getreideproduktion gemittelt
Quelle: Dürr/Widmer (1983), S.99-100; McMillen (1979), S.135 (bei McMillen: "Foodgrain", also ohne Saatgut und Viehfutter). Bei Dürr/Widmer: "Getreide" (d.h. Getreide und Bohnen in der chin. Statistik).

Anmerkungen zu Tabelle 7:

a) Hu Huanyong (1984), S.2.
b) Yang Lipu (1987), S.81.
c) Ebd.
d) Dong Yongmao (1984), S.9.
e) Hu Huanyong, ebd. S.2.
f) Die verschiedenen Daten ergeben eine Schwankungsbreite von 0,36-0,33.
g) Dong Yongmao (1984), ebd.
h) Ebd.
i) Ebd.
j) Ebd.
k) Produktion errechnet aus Shen/Jia (1983): Pro-Kopf-Produktion 793 jin und Bevölkerungsangabe.
l) *Zhongguo Nongye Nianjian* (1980), S.101.
m) *Zhongguo Baike Nianjian* (1987), S.65.
n) Ebd.
o) Huang/Gao/Zhao/Ma (1985), S.3.
p) *Zhongguo Nongye Nianjian* (1983), S.37.
q) *Zhongguo Nongye Nianjian* (1984), S.58.
r) Huang/Gao/Zhao/Ma (1985), S.3.
s) *Zhongguo Jingji Nianjian* (1985), S.VI-141.
t) Ebd.
u) Ebd.
v) *Zhongguo Jingji Nianjian* (1987), S.VII-324.
w) *Zhongguo Jingji Nianjian* (1987), S.VII-324.
x) Ebd.
y) *Xinjiang Ribao*, 2.4.1988, S.4.
z) Dan Shangzhi (1989), S.19.

Überschüsse produziere. Die Oasen Süd-Xinjiangs bezeichnete er ebenfalls als autark, Überschüsse würden dort zwischen den einzelnen Oasenterritorien über kurze Entfernungen ausgetauscht. So wurden Überschüsse aus Qira (Cele) nach Hotän gebracht, Überschüsse aus Karakax (Moyu) und Yäkän (Shache) nach Käxkär. Komul (Hami) litt an einem leichten Getreidedefizit, während das Defizit der Oase Turpan vom benachbarten Tohsun ausgeglichen wurde. Überschüsse aus der Yili-Region wurden nach Ürümqi verbracht.[61]

---

61) Zhang Zhiyi (1946), S.32-33.

Diesen Angaben widerspricht Berger (1959), der behauptet, daß vor der Befreiung nicht genügend Getreide in Xinjiang zur Verfügung stand, und jedes Jahr beträchtliche Mengen aus der Provinz Gansu nach Ürümqi und Hami transportiert werden mußten. Seinen Angaben zufolge war Xinjiang erst 1952 'basically selfsufficient' in der Getreideversorgung.[62]

Ein markanter Unterschied gegenüber dem inneren China bestand insofern als

Chinese historical records testify that during the past 70 to 80 years no famine has occurred in Sinkiang. In this respect there is a marked contrast with China proper, which has been under constant threat of droughts, floods and famines.[63]

Die im Laufe der 50er und 60er Jahre zuwandernde und dann sich in Xinjiang vermehrende chinesische Bevölkerung bildete einen zusätzlichen Konsumtionsfaktor, der - wenn wir eine schematische Trennung der Ethnien hypothetisch annehmen - vorwiegend durch die in Staatsfarmen neu angesiedelte chinesische Bauernbevölkerung ernährt werden mußte. Die bäuerliche Staatsfarmbevölkerung - sie bestand (1987) zu ca. 90% aus Han - hatte mit einem Anteil von 1,14 Millionen[64] die restliche Han-Bevölkerung Xinjiangs von 4,34 Millionen (1988)[65] zu versorgen. Die Staatsfarmen waren also gefordert, hohe absolute Getreideerträge zur Selbstversorgung des Autonomen Gebietes zu erwirtschaften. Dieselbe Forderung richtete sich an die anderen Zweige der Landwirtschaft, den autochthonen Feldbau, die Viehzucht und den Obstbau. Die Zuwanderung von Millionen neuer Siedler stellte eine große Belastung für das Autonome Gebiet dar. Hinzu kamen einschneidende politische Umwälzungen, die zur Destabilisierung des tradierten Produktions- und Konsumtionsgefüges beitrugen.

Mir geht es in diesem Abschnitt, wenngleich statistische Daten umfänglich zitiert werden müssen, nicht um eine abgeschlossene statistische Analyse der Entwicklung von Getreideproduktion und -verbrauch, sondern darum, die auf verschiedensten Ebenen angreifenden Irritationen des autochthonen Produktions- und Konsumtionsgefüges in einem Ausschnitt darzustellen.

---

62) Berger (1959), S.125.
63) Zhang Zhiyi (1949), S.67.
64) Das waren 52,7% der gesamten Staatsfarmbevölkerung. Gesamtbevölkerung der Korpsfarmen (1988) 2,16 Mio.
65) 5,47 Mio. Han (1988) - 1,14 Mio. = 4,33 Mio. XJTJNJ (1989), S.60-61, 69. XJNJ (1988), S.665.

Aus Tabelle 7 läßt sich erkennen, daß dem starken Bevölkerungswachstum in Xinjiang seit dem Beginn der 60er Jahre von 7 Mio. im Jahr 1962 auf 13 Mio. bis 1980 eine entsprechende Steigerung der Getreideproduktion nicht gefolgt war (3,3 Mio.t 1960 auf 3,9 Mio.t 1981).

Das recht gute Ertragsniveau der 50er Jahre (pro Kopf = 0,35 t) wird erst ab 1984-85 wieder erreicht. 1965 und 1966 scheinen noch mit 0,40 t/pro Kopf sehr gute Jahre in der Getreideversorgung gewesen zu sein. Über die Zeit der Kulturrevolution (1966-1977) können wir keine Angaben machen: Doch ist zu Beginn der Dengschen Reformperiode (1979-1981) die Pro-Kopf-Produktion mit 0,31-0,30 t/a sehr niedrig; sie dürfte während der Kulturrevolution noch niedriger gewesen sein.[66]

Der geringe Anstieg der absoluten und der Flächenerträge seit Mitte der 60er Jahre bis Ende der 70er Jahre (vgl. Abb.1) mag auch damit zusammenhängen, daß in den 50er und 60er Jahren unverbrauchte Bodenreserven angegriffen wurden und die ökologischen Schäden, wie sie Ende der 70er Jahre/Anfang der 80er Jahre dokumentiert sind, in den ersten Jahren der Landerschließungen noch nicht spürbar waren. Ein weiterer Grund für die niedrige Produktivität waren die staatlichen Maßnahmen zur Abschöpfung landwirtschaftlichen Mehrprodukts (vgl. Kap. 1.3.6.).

1.3.1   Flächenproduktivität[67]

Getreide (Weizen, Mais, Reis, Gaoliang und Hirse, statistisch auch Bohnen, nur im übrigen China auch Kartoffeln) ist in Xinjiang wie in ganz China nach 1949 das strategisch wichtigste Agrarprodukt gewesen. Es sicherte die Grundbedürfnisse des Autonomen Gebietes, d.h. der autochthonen wie der zugewanderten

---

66) Vgl. Anm.30, Betke (1990): Auf der Korpsfarm Nr.147 spiegelte sich die positive Entwicklung der Jahre 1965-66 in hohen Flächenerträgen bei Getreide wider, das Niveau dieser Jahre wird erst wieder dauerhaft Ende der 70er Jahre, Anfang der 80er Jahre erreicht.

67) Flächenerträge müssen, da Korrelat aus zwei Faktoren (statist. erfaßter Flächengröße und statist. Ertragserfassung) als besonders unsicher gelten. Wenn sämtliche Erträge, d.h. auch die der in der Flächenstatistik nicht erfaßten, real aber genutzten Flächen miterfaßt sind, müssen die statistisch errechneten Flächenerträge insbesondere nach 1983 als zu hoch angesehen werden.

chinesischen Bevölkerung. Dies wird deutlich am hohen Anteil, den die Getreideanbauflächen mit ca. 80% aller kultivierten Flächen zwischen 1949 und 1977 innehatten. Bei einer zögerlichen Steigerung der mittleren Flächenerträge in jin pro mu, in ( ) dz/ha

1949	130	jin	(9,75)
1966	186,3	jin	(14,0)
1979	231	jin	(17,33)[68]
1983	304	jin	(22,8)[69]
1984	332	jin	(24,9)[70]
1988	452	jin	(33,9)[71]

und dem geforderten Anstieg der absoluten Erntemengen kam es zwangsläufig zu einer kontinuierlichen Ausweitung der Anbauflächen: Die Steigerung der absoluten Getreideerträge zwischen 1949 (=100%) und 1966 auf ca. 300% beruhte zum überwiegenden Teil auf einer Vergrößerung der Anbauflächen.

Tabelle 8:
Xinjiang: Pro-mu-Erträge in der Getreideproduktion insgesamt sowie für einzelne Getreidearten 1980-1986 jin/mu, in ( ) dz/ha

Jahr	Getreide insgesamt	Reis	Weizen	Mais*
1980	238 (17,85)	348 (26,1)	210 (15,75)	304 (22,8)
1985	358 (26,85)	548 (41,1)	328 (24,6)	444 (33,3)
1986	404 (30,3)	608 (45,6)	370 (27,75)	492 (36,9)

*   (1976) 266 jin im Mittel, im Zweitfruchtanbau nur ca. 100 jin.
Quelle: *Minzu Yanjiu* (1988, 6), S.96-97.

---

68)   Yang Lipu (1987), S.82.
69)   Huang/Gao/Zhao/Ma (1985), S.2.
70)   Yang Lipu (1987), ebd.
71)   Dan Shangzhi (1989), S.21.

Die immer wiederkehrende Destabilisierung der Getreideproduktion durch politische Eingriffe und Umwälzungen ist an der Entwicklung der Flächenerträge erkennbar.[72]

Abbildung 1:
Mittlere Flächenerträge in der Getreideproduktion Xinjiangs 1949-1976 inkl. Mehrfruchtanbau

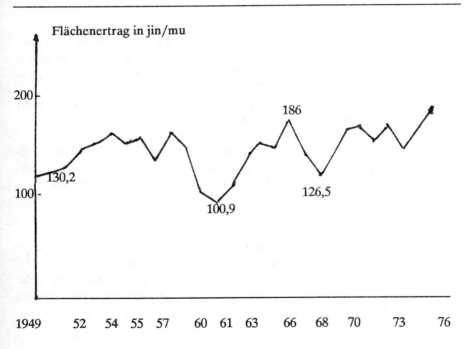

Quelle: XJNYDL (1980), S.54.

Die spürbarsten Ertragseinbrüche entstanden durch die Genossenschaftsbewegung Mitte der 50er Jahre, den "Großen Sprung" (1958-1959) [Ausnahme 1958!] und die Folgejahre 1959-1961 [Bildung der Volkskommunen] sowie die Kulturre-

---

72)   XJNYDL (1979), S.53.

volution 1967-1976.[73] Mit der Steigerung der Flächenerträge seit dem Ende der Kulturrevolution (1976) geht der Umfang der Getreideanbauflächen zurück. Zwischen 1978-1983 ging die Gesamtaussaatfläche um 2,74 Mio. mu zurück, die Getreideaussaatfläche sogar um 4,97 Mio. mu.[74] Die Getreideproduktion des Jahres 1985 hatte denselben Umfang wie die des Jahres 1984, bei einem Rückgang der Getreideanbauflächen um 2,2 Mio. mu.[75] Der Anteil des Getreides an den Aussaatflächen ging im Zeitraum 1978-1985 von 76,5% auf 68,1% zurück.[76] Die Zuteilung privater Landnutzungsrechte schlug sich in einer Intensivierung der Landnutzung nieder.

Der Getreidemangel und die Instabilität des gesamten Produktions- und Konsumtionsgefüges erzeugten einen stetigen Nutzungs- und Erschließungsdruck auf Wasser- und Bodenressourcen. Die Schwierigkeiten, Xinjiang in Getreide selbstversorgend zu machen, dauerten fort bis in die Mitte der 80er Jahre.

So heißt es noch im September 1983 in den veröffentlichten Auszügen einer Rede des damaligen Ministerpräsidenten Zhao Ziyang:

> In Getreide muß (Xinjiang) selbstversorgend werden und Überschüsse produzieren. Außerdem müssen Futtermaterialien in großem Umfang produziert werden; daher ist der Getreideproduktion große Bedeutung beizumessen.

Und weiter:

> Das zur Zeit in ganz Xinjiang verfügbare Ackerland beträgt 3,7 mu pro Kopf, der durchschnittliche Flächenertrag 200 jin/mu. [Vgl. oben 1983 - 304 jin !] Man braucht lediglich den Düngereinsatz zu steigern und wissenschaftliche Anbaumethoden anzuwenden, dann können die Erträge in großem Umfang zunehmen.[77]

---

73) XJNYDL (1979), S.52-54.
74) Huang/Gao/Zhao/Ma (1985), S.2, d.h. es wurden nicht nur unproduktive Getreideanbauflächen aus der Kultur genommen, sondern ein Teil der früheren Getreideanbauflächen mit Wirtschaftspflanzen (Baumwolle), Gemüse und im Obstbau bestellt.
75) Tömür Dawamat (1986), S.1.
76) Huang/Gao/Zhao/Ma (1985), S.2.
77) Zhao Ziyang (1983), S.1, 2. Zhaos Schätzung des mittleren Flächenertrages wurde durch die Ernte 1983 entweder weit übertroffen, oder sie ist eine angesichts der statistischen Ungenauigkeiten realistischere Ziffer als die

Drei Hauptcharakteristika des Getreidemarktes in Xinjiang lassen sich bestimmen:

- Die Selbstversorgung Xinjiangs mit Getreide war offensichtlich 1983 noch nicht wieder gesichert. Sie ist seit 1986 realisiert, und es werden Überschüsse für die Viehhaltung produziert.

- Die Flächenproduktivität ist gesteigert worden, und es können inzwischen bei statistisch verringerter Anbaufläche höhere Getreideerträge erzielt werden. Zwischen 1979 und 1985 ging der Anteil der Getreideanbauflächen an der Gesamtaussaatfläche - bei zunehmender absoluter Getreideproduktion - um über 10% zurück.

- Wenn Produktionssteigerungen in der Viehhaltung bei weiterer Schrumpfung der Weideflächen angestrebt werden, besteht der einzige Ausweg, wie er von der Regierung gewiesen wird, in einer zunehmenden Stallhaltung und Fütterung des Viehs mit Ackerbaunebenprodukten, Getreide und Getreideabfällen.[78]

1.3.2   Getreidemangel und Getreideeinfuhr nach Xinjiang

Im Jahre 1964 überstellte die Zentralregierung in Beijing insgesamt 900 Mio.jin (450.000 t) Getreide nach Xinjiang. Während der 70er Jahre galt eine Überstellung von jährlich 700 Mio.jin (350.000 t) nach Xinjiang als die Regel. Hierdurch wurden gewaltige Transportkapazitäten gebunden. Im Falle von Naturkatastrophen oder Krieg befürchtete man, die Provinz nur sehr schwer versorgen zu können.[79] Zhou Lisan (1983, S.4) spricht - undeutlicher - von "einigen 100 Mio. jin", die jährlich aus anderen Provinzen herangeschafft werden mußten, XJNYDL (1980) von 300 Mio.jin (150.000 t),[80] die für die "grundlegende Selbstversorgung" fehlten (1976).

Forts. von letzter Seite
        sonst veröffentlichten Zahlen!
78)   Zhu Maoshun et al. (1981), S.29.
79)   Ebd.
80)   XJNYDL (1980), S.59.

1.3.3   Getreideüberschuß- und -mangelgebiete

Der Getreidemangel vor allem während und nach der Kulturrevolution war ein
lokal bedingtes Phänomen: Es gab Getreideüberschuß- und Getreidemangelge-
biete. Daten aus dem Jahre 1976 (Ende der Kulturrevolution) besagen, daß die
Gebiete Yili (Gulja), Qöqek (Tacheng) und Bortala Überschußgebiete mit einer
Pro-Kopf-Produktion von über 1.000 jin waren. Die Gebiete Shihezi, Kuytun und
Changji produzierten mit 900 jin/Kopf zwar auch Überschüsse, diese wurden
jedoch in den nahegelegenen Städten und Industriezentren verbraucht.

Das Aksu-diqu hatte geringe Überschüsse. Das Käxkär-diqu war nicht selbstversorgend. Die Gebiete Hotän, Kizilsu, Altay, Turpan, Qarqan-Qarkilik (Qiemo-
Ruoqiang), Komul (Hami) und Ürümqi-Changji litten unter Getreidemangel.

Von den 86 Kreisen und Städten hatten
22   -->   große Überschüsse,
6   -->   leichte Überschüsse,
9   -->   geringe Überschüsse,
6   -->   waren selbstversorgend;
dagegen gab es
4   -->   mit unzureichender Selbstversorgung,
8   -->   mit Getreidemangel,
31   -->   mit ernstem Getreidemangel.

Das heißt,
28   -->   Kreise und Städte erzeugten Überschüsse,
15   -->   waren im wesentlichen selbstversorgend, und
43   -->   litten unter leichtem bis schwerem Getreidemangel.

Mangelgebiete waren:
a) Industrie- und Bergbauzentren wie Karamay, Ürümqi, Komul;
b) Viehzuchtgebiete wie das Altay-Gebiet und der Autonome Zhou Kizilsu der
   Kirgizen (dies durch die viehzüchterische Ausrichtung bedingt);
c) auf Wirtschaftspflanzen ausgerichtete Anbaugebiete bzw. Obst- und Gemü-
   seanbaugebiete wie Turpan, Ürümqi;
d) aus 'politischen Gründen', angeblich durch die Sabotage der "Viererbande"
   verarmte Gebiete wie das Hotän-diqu.

Die Warengetreideströme verliefen (bis zum Ende der Kulturrevolution)
      von   nach

Yili, Bortala, Qöqek	--> Karamay, Altay, Ürümqi, Korla
Aksu	--> Käxkär, Hotän, Tibet-Ali
Barköl	--> Hami

Aus anderen Provinzen eingeführtes Getreide gelangte per Eisenbahn nach Turpan, Ürümqi und Hami; die Gebiete Süd-Xinjiangs wurden von Turpan aus per Lkw versorgt.[81] Bemerkenswert ist, daß aus früher rein kazakischen bzw. mongolischen Weidegebieten wie Bortala, Qöqek und Barköl Getreideüberschüsse für die Mangelgebiete erwirtschaftet wurden. Dies dürfte auf die dortige Landerschließung (und großflächige Weidelandzerstörung) durch Korpsfarmen zurückzuführen sein.

Als besonders besorgniserregend schilderten einige Autoren die Getreidemangelsituation in Süd-Xinjiang um 1980: Dort gab es in den damaligen Volkskommunen der uygurischen Oasen 5.700 Grundrechnungseinheiten, d.h. Produktionsgruppen (22,8% aller Grundrechnungseinheiten), die nur eine Jahresration von weniger als 300 jin pro Kopf zur Verfügung hatten.[82]

1.3.4   Veränderungen im Getreideverbrauchsmuster

Zum Getreideverbrauchsmuster der Bauernfamilien seien folgende Zahlen zitiert: Die Getreiderationen in der Volkskommune Taiho (Taihe), Kreis Bügür (Luntai), einer Modellfarm des "Großen Sprungs" (sie existiert heute angeblich nicht mehr), betrugen während des "Großen Sprungs" 15 kg Reis, 17,5 kg Mehl

---

81) XJNYDL (1980), S.59. Daß Getreidekonsumtionsgebiete wie die Industriezentren Karamay und Ürümqi sich nicht selbst mit Getreide versorgen konnten, ist selbstverständlich. Der obigen Auflistung liegt das überzogene Autarkieverständnis der chinesischen Wirtschaftsplanung zugrunde: Jeder Kreis soll grundsätzlich in Getreide selbstversorgend sein und möglichst noch Überschüsse für die städtischen Gebiete abführen.

82) Zhu Maoshun et al. (1981), S.29; Zhou Lisan (1983), S.5; hiermit konnte die Grundbedürfnissicherung nicht gewährleistet werden. 1979 stand Xinjiang als Ganzes im Vergleich mit anderen Gebieten Chinas recht gut da. Getreideertrag pro Kopf 620 jin, Innere Mongolei 551 jin pro Kopf, Qinghai 430 jin pro Kopf, Gansu 475 jin pro Kopf, Hu Huanyong (1981).

pro Mann und Monat, das sind 780 jin pro Jahr.[83] Ähnlich veranschlagte Zhang Zhiyi (1946) den Jahresverbrauch von Erwachsenen. Er gab als Verbrauchsmenge 410 jin Weizenmehl und 410 jin Maismehl an.[84] Wenn Saatgut- und Futterbedarf für Tiere unberücksichtigt bleiben, gelten heute im Mittel aller Bevölkerungsgruppen 400 jin pro Kopf und Jahr als ausreichend, bei 300-400 jin pro Kopf ist nur eine Überlebenssicherung möglich. Statistisch werden für 1987-1988 460 jin als mittlerer Verbrauch der ländlichen Bevölkerung ausgewiesen.[85]

Bis zur Auflösung der strengen Kollektivwirtschaft Anfang der 80er Jahre stellte sich das Armutsproblem in Xinjiang vor allem als Getreidemangelsyndrom dar. Heute ist Xinjiang als Ganzes in der Getreideversorgung autark, aber bedingt durch die Privatisierung der Landnutzungsrechte, kommt es - aus verschiedensten Gründen wie Krankheit, Arbeitskräftemangel bei hoher Kinderzahl, Mißernten, zu geringem Umfang der Hofstellen - zur Ausbildung einer verarmten ländlichen Schicht mit einem zu niedrigen Jahreseinkommen. Die offizielle definitorische Grenze für Armut liegt (1985) bei 200 Yuan Jahreseinkommen pro Kopf. Armutsgebiete konzentrieren sich heute im Hotän-diqu, im Käxkär-diqu, im Autonomen Zhou Kizilsu der Kirgizen und in einigen Weidegebieten des mittleren und östlichen Tianshan. Laut offiziellen Angaben gelten 10% der Landbevölkerung als verarmt.

Diese Daten lassen keinen Schluß über eine Zunahme des Pro-Kopf-Verbrauchs an Getreide gegenüber 1949 zu. Mögliche Ursachen für einen gesteigerten Getreidebedarf seit 1949 sind jedoch:

1. Die veränderte ethnische Zusammensetzung der Gesamtbevölkerung,
2. der veränderte Diätplan der Gesamtprovinz mit einem gesunkenen Anteil an Fleisch-, Milch- und Obstverzehr, auch verursacht durch die einseitige Betonung des Getreideanbaus während der Kulturrevolution. Durch den Rückgang der Viehzahl pro Kopf der Bevölkerung und - während der Kampagnen zum Aufbau von flurbereinigten Streifenfeldern - durch die Abholzung zahlreicher Obsthaine mußte Getreide als Ersatz für andere Nahrungsmittel dienen.

---

83)   Zischka (1959), S.66.
84)   Zhang Zhiyi (1946), S.32.
85)   Xie Xiangfang, pers. Mitteilg. (1988). XJTJNJ (1989), S.574. Der Getreideverbrauch einer kazakischen Drei-Generationen-Familie im Bogda-Massiv lag 1985 nach eigenen Erhebungen bei etwa 240-300 jin pro Jahr und Person, Hoppe (1988), S.220 (1.200 kg bei einer 8-10köpfigen Drei-Generationen-Familie).

Zhang Zhiyi (1946) gab einen relativ hohen Fleischkonsum von Erwachsenen an, den er mit 75 kg/Jahr veranschlagte. Der Fleischverbrauch in den Städten Süd-Xinjiangs lag Anfang der 80er Jahre statistisch bei nur 6 kg pro Person/Jahr; die Fleischproduktion lag 1988 pro Kopf bei 9 kg im Tarim-Becken und 14 kg in Xinjiang insgesamt. Es gibt noch heute Versorgungsschwierigkeiten, und die Fleischpreise sind hoch (Rindfleisch 8 Yuan/kg, Lammfleisch mit viel Knochen 10 Yuan/kg (Kuqar 26.5.89); 8 Yuan/9 Yuan/kg (Toksu 3.7.89)). Schweine-, Rind- und Schaffleisch wurden zeitweise vom Staat nach Süd-Xinjiang eingeführt. Problematisch ist auch die Versorgung mit Milchprodukten.[86]

Der Pro-Kopf-Bestand an Vieh in ganz Xinjiang hatte sich in den 50er Jahren mit Maxima von 3,6-3,7 Stück/pro Kopf der Bevölkerung auf einem guten Niveau befunden, fiel jedoch während der Kulturrevolution auf 2,0 Stück/pro Kopf (1977) und hat sich bis 1987 mit 2,3 Stück/pro Kopf nicht wesentlich erholt:

Tabelle 9:
Xinjiang: Viehbestand pro Kopf der Bevölkerung

Jahr		
1943	3,7	
1949	2,8	(2,4*)
1954	3,3	
1957	3,6	(3,1*)
1959	3,7	
1965	3,4*	
1966	3,1*	
1977	2,0	
1979	2,2	(2,1*)
1980	2,1	
1984	2,7	(2,3*)
1985	2,7	
1987	2,3	

Daten mit * nach Yang Lipu (1987), S.89.
Quelle: Berechnet nach Benson/Svanberg (1988), S.81, Zhang Zhiyi (1946), Dürr/Widmer (1983), S.142-143, 147, Chen Feiming (1980), S.51, Wang Biqiang (1980), S.113, und Bevölkerungsdaten der vorliegenden Arbeit.

---

86) Ji Guansheng (1989), S.10; Tömür Dawamat (1984), S.17.

Zhang Zhiyi nennt eine Gesamtviehzahl von 14,9 Mio. Stück (1943), das sind, bezogen auf ca. 4 Mio. Einwohner (1940-41), 3,7 Stück pro Kopf. 1987 betrug der Viehbestand 32,2 Mio. Stück bei 14 Mio. Einwohnern, (*Xinjiang Ribao*, 2.4.1988, S.4.)[87]

Im Zuge der Flurbereinigungen und Anlage von Streifen-Feldern (*tiao-tian*) waren, insbesondere in Süd-Xinjiang, Obstbauflächen in Ackerflächen verwandelt worden.[88]

Wahrscheinlich mußte Getreide weitgehend die Ernährung mit Fleisch, Obst und Milchprodukten ersetzen, insbesondere im Tarim-Becken. Schaffleisch, Milchprodukte, Mais, z.T. auch Rindfleisch werden von Chinesen, insbesondere von Südchinesen nicht gern in ihren Speiseplan aufgenommen. Dies mag mit ein Grund dafür sein, daß der "Diätplan" des Autonomen Gebietes sich durch die Han-Zuwanderungswellen stärker in Richtung Weizen- und Reisanbau, Schweinehaltung und Gemüseanbau entwickelt hat.

Dieser Verschiebung im Nahrungsmittelbedarf der Provinz entspricht die anthropologische Konstante der eindringenden chinesischen Feldbaukultur: Die vorgefundenen Obstbau- und Weideareale wurden geringgeschätzt und der Pflugbau, zumindest bis zum Ende der Kulturrevolution, als quasi alleinige Quelle agrarwirtschaftlicher Sicherheit und Fortschritts betrachtet.

1.3.4.1   Getreidebedarf für die Schweinemast

Setzt man den Jahresendbestand 1980 an Schweinen in Relation zur hanchinesischen Bevölkerung, so stand pro Kopf nur 0,2 Stück Schwein zur Verfügung. Veranschlagt man den Futterbedarf an Getreide pro Schwein mit durchschnittlich einem Kilo pro Tag, so ergibt sich allein aus der Schweinehaltung in

---

87) Eine genauere Aufschlüsselung nach Tierarten ergäbe ein modifiziertes Bild.
88) Hoppe (1987), S.239-241, 249; Sun Rongzhang (1982), S.72. Die von Maulbeerbäumen bestandene Fäche im Aḳsu-diqu ging von 1967 - 1,1 Mio. mu auf 1976 - nur 7.000 mu zurück. Wegen dieser drastischen Verluste war das Aḳsu-diqu Anfang der 80er Jahre noch nicht wieder selbstversorgend in Frischobst, insbesondere Aprikosen und Walnüssen; der Viehbestand hatte sich zwischen 1965 und 1976 um 365.000 Tiere verringert.

Xinjiang ein Getreidebedarf von 720 Mio. jin.[89] Diese Ziffer entspricht eher zufällig jener Getreidemenge, die in den 70er Jahren jährlich nach Xinjiang transportiert wurde (siehe Kap. 1.3.2). Schweine stellen, wenn sie mit Getreide gefüttert werden müssen, eine ähnliche Belastung der Getreidevorräte dar wie Menschen.

Schweinehaltung ist ebenfalls Teil des hanchinesischen Kolonisierungsimpetus. Den moslemischen Völkern Xinjiangs ist sie ein Greuel und nicht selten Anlaß für z.T. sogar blutige Auseinandersetzungen zwischen Moslems und Chinesen.

1.3.4.2   Hoher Saatgutverbrauch bei extensiven Anbauformen, insbesondere im Weizenbau

Der Saatgutverbrauch ist bei extensiven, großflächigen Anbauformen, wie sie während der 60er und 70er geübt wurden, hoch. Doch auch die traditionelle Landwirtschaft benötigte und benötigt einen hohen Saatguteinsatz, insbesondere im Weizenanbau. Aus dem Kreis Hotän wird ein Beispiel zitiert: Nach Ausweitung der Anbauflächen erzielte man nur pro-mu-Erträge von 120 oder sogar nur 80 jin. Auch vor 1949 war der Saatgutverbrauch im Weizenanbau recht hoch. Das Verhältnis von aufgewendetem Saatgut zu Körnerertrag lag 1906 in der Gegend von Korla:

- auf guten Böden bei   1 : 8-10
- auf mittleren Böden bei   1 : 6-7
- auf schlechten Böden bei   1 : 4-5

In der Aksu-Region lag das Verhältnis wegen des hohen Salzgehaltes der Böden bei nur 1 : 3 - 1 : 5.[90] Im Kreis Xayar fand ich 1989 stellenweise ein Verhältnis Saatgut : Körnerertrag von 1 : 2, 1 : 3 auf versalzten Flächen vor. U.a. wegen des besseren Verhältnisses von benötigtem Saatgut zu Körnerertrag wurde zu Beginn des Jahrhunderts und später viel Mais angebaut. Er lieferte in der Oase Karayulgun etwa das Vierzigfache des eingesetzten Saatgutes, während dort Weizen das

---

89)   Als hypothetisches Mittel angenommen: Ferkelmast in 120-150 Tagen, 330-380 kg Futtergetreideschrot, Getreidebedarf einer Zuchtsau 500-600 kg/a, Zuchteber 300-400 kg/a (neben Grünfutter u.a.), *Brockhaus abc Landwirtschaft* (1974), S.997-1.003, 1.004. Auf der Korpsfarm 147 im Manas-Gebiet erhielt ein Mastferkel einen Maisschrotanteil im Feinfutter von etwa 210 kg, Zuchtsauen 420 kg/a. Erhebung des IFP 14-3, TU Berlin (1986), persönl. Mitteilg. Dirk Betke.

90)   Mannerheim (1940), S.290, 163.

Fünfzehn- bis Zwanzigfache lieferte.[91]

Der uyġurische Schriftsteller Zordun Sabir beschreibt in seiner Novelle *Subihi* eine lokal verwaltete Staatsfarm im Yili-Tal. Er läßt darin die uyġurische Kreisvorsitzende sagen:

> Bei uns im Yili-Gebiet wurden früher große Flächen bestellt und nur magere Ernten eingebracht. Jetzt müssen wir weniger säen, aber trotzdem mehr ernten. Früher wurden an vielen Orten auf ein mu 35 jin Samen ausgebracht und nur 70 jin geerntet, 150 jin waren schon sehr viel. Jetzt gibt es in unserem Kreis Orte, wo 800 jin pro mu geerntet werden.[92]

1.3.4.3 Verringerung der Maisanbaufläche zugunsten des Weizenanbaus mit geringeren pro-mu-Erträgen

Der Maisanbau, der im Flächenertrag sehr viel günstiger ist als der Weizenanbau,[93] hat nicht in demselben Maße zugenommen wie der Weizenanbau. Für den Weizenanbau werden pro produzierter Tonne mehr Saatgut und mehr Fläche benötigt. Mais belastet als Starkzehrer hingegen die Böden.

Tabelle 10:
Veränderung des proportionalen Anteils von Weizen- zu Maisanbaufläche (1918-1979)

	1918	1958	1979
Weizen	227.000 ha	756.000 ha	1.347.000 ha
Mais	160.000 ha	392.000 ha	596.000 ha
Maisanbaufläche in % der Weizenanbaufläche	71%	51%	44%

Quelle: Li Guohan (1931); Dürr/Widmer (1983), S.107-108; XJNYDL (1980), S.237.

---

91) Mannerheim, ebd., S.121.
92) Zordun Sabir (1984, 1), S.13.
93) Mittlerer ha-Ertrag 1979 in Xinjiang Reis - 22,7 dz/ha, Mais - 21,8 dz/ha, Weizen - 15,7 dz/ha, Dürr/Widmer (1983), 104, 107, 108.

1989 konnte ich in den Kreisen Xayar, Kuqar, Toksu und Yanqi nur noch in Einzelfällen einen Maiskonsum seitens der Bevölkerung feststellen. Mais wird als Viehfutter verwendet und schon weitgehend zu Silage verarbeitet.[94] Mais ist in seiner Rolle als Grundnahrungsmittel, das es um 1950 (evtl. auch noch in der Kulturrevolution) war, durch Weizen verdrängt worden. Die Maisproduktion steht weitgehend der Viehzucht zur Verfügung.

Da Chinesen Reis als Grundnahrungsmittel bevorzugen, dürfte es in Xinjiang einen ständigen Bedarf an Reis gegeben haben oder noch geben, der aus lokaler Produktion nicht gedeckt werden kann.

1.3.4.4   Hoher Anteil der "städtischen" bzw. "nichtlandwirtschaftlichen" Bevölkerung

Tabelle 11:
Entwicklung des Anteils der städtischen Bevölkerung in Xinjiang

Jahr	1953	1958	1979	1980
%	10,8	14,1	19,8	22,1

1980	70,9% landwirtschaftliche Bevölkerung
	22,1% städtische Bevölkerung
	7,0% auf dem Land lebende, nichtlandwirtschaftliche Bevölkerung

Quelle: Dürr/Widmer (1983), S.13, 15.

Der Anteil der städtischen Bevölkerung ist stark angestiegen und liegt heute über dem nationalen Durchschnitt.[95] Die "landwirtschaftliche Bevölkerung" hatte 1980 einen Anteil von 70,9%, der bis 1987 auf 67% fiel. "Nichtlandwirtschaftliche

---

94) *Xinjiang Ribao*, 2.4.1988, S.4.
95) Zhou Lisan (1983), S.4.

Bevölkerung" also 33%.[96]

1.3.5   Rückwirkungen der Plan- und Kollektivwirtschaft auf die Getreideproduktion und Selbstversorgung

Da es im Rahmen dieser Arbeit nicht möglich ist, die Auswirkungen der Bodenreform, der Genossenschaftsbildung und des Aufbaus der Volkskommunen sowie einzelner politischer Kampagnen auf die Agrarproduktion nachzuzeichnen - ihre Wirkung ergäbe kumuliert sicherlich den wichtigsten Faktor für Versorgungsengpässe und Verarmung -, beschränke ich mich im folgenden auf eine kurze Darstellung zu den Ursachen des niedrigen Getreideproduktionsniveaus vor den Dengschen Reformen.

Beispielgebiet der hier zitierten Untersuchung (Chen Hejun, 1981) ist der Autonome Kreis Changji/Sanji der Hui bei Ürümqi:

40,8% der gesamten Getreideproduktion aus 22 Jahren (ca. 1958-1979) wurden von diesem Kreis an den Staat abgeführt, die restlichen 59,2% der Getreideproduktion verblieben als Nahrungsgetreide, Saatgut und Futtermittel bei den Bauern bzw. Kollektiven. Ein Teil der Abgaben erfolgte kompensationslos als Landwirtschaftssteuer, im vorliegenden Fall insgesamt bewertet mit 18,29 Mio. Yuan innerhalb von 22 Jahren.

Das Ertragsniveau der einzelnen Brigaden war sehr unterschiedlich: Eine Produktionsgruppe, die einen pro-mu-Ertrag von 475 jin erwirtschaftet hatte und damit über dem Kreisdurchschnitt lag, konnte (1979) an die einzelnen Bauernfamilien 2.557 jin pro Person verteilen.

Produktionsgruppen mittlerer Produktivität konnten ihre einfache landwirtschaftliche Reproduktion sichern und zusätzlich, in geringem Umfang, Investitionen vornehmen. Dies waren 26,2% aller Produktionsgruppen.

---

96) *Xinjiang Ribao*, 2.4.88, S.4. Vgl. XJTJNJ (1989), S.55, 57. Die Bevölkerungsdaten enthalten nicht das militärische Personal und die Bewaffnete Polizei. Würden diese Bevölkerungsteile berücksichtigt, würde der Anteil der nichtlandwirtschaftlichen Bevölkerung höher ausfallen. - Angaben aus den Jahren nach 1985 sind hinsichtlich der Erfassung von Stadt(*shi*)-Bevölkerung nicht mehr verwendbar, da in den 80er Jahren viele ländliche Kreise (*xian*) in *shi* umgewandelt wurden und ihre größtenteils ländliche Bevölkerung formell als *shi*-(Stadt-)Bevölkerung zählt.

Die dritte Kategorie von Produktionsgruppen mußte sich mit Jahreseinkünften von 80-100 Yuan bescheiden, sie befand sich in Schwierigkeiten und mußte, um ihre Produktion aufrechterhalten zu können, Kredite aufnehmen (13,1% aller Produktionsgruppen).

Die vierte Kategorie von Produktionsgruppen hingegen mit Jahreseinkommen unter 80 Yuan (23,3% aller Produktionsgruppen) hatte höhere Ausgaben als Einnahmen und stützte sich in ihrer Produktion auf Kredite. Beim Eigenverbrauch von Getreide waren sie darauf angewiesen, daß der Staat ihnen bereits abgeliefertes Getreide zurückverkaufte; die landwirtschaftliche Reproduktion dieser Einheiten war zum Zeitpunkt der Untersuchung (1979) nur unter großen Schwierigkeiten aufrechtzuerhalten.

53% aller Bauernfamilien waren 1979 verschuldet. Die insgesamt vorliegenden Verbindlichkeiten der Produktionsgruppen beliefen sich auf durchschnittlich 520.000 Yuan pro Produktionsgruppe (d.h. die Verschuldung der ärmeren Produktionsgruppen war noch weitaus höher). Hauptgrund für diese Situation waren die hohen, durch Planvorgaben bedingten jährlichen Pflichtverkäufe der Bauern: Darunter waren sechs Jahre, in denen der abgelieferte Anteil über 50% der Produktion ausmachte. Auch wenn die staatlichen Planvorgaben nicht erfüllbar waren, wurde immer noch Getreide, das man für den persönlichen Konsum benötigte, abgeführt. Es mußte dann später vom Staat - oft gegen Kredit - zurückgekauft werden. Seit 1971 wurden im jährlichen Durchschnitt etwa 5 Mio.jin (2.500 t) Getreide vom Staat zurückverkauft. Jene Brigaden, die ihre Getreideproduktion zu steigern vermochten, mußten alles in den Pflichtverkauf geben, was nach Abzug der "Drei Verbleibenden" (Getreideration pro Kopf, Saatgut, Viehfutter) übrigblieb; die Pro-Kopf-Getreideration (*kou-liang*-Norm) durfte 360 jin pro Jahr nicht übersteigen. Das bedeutete, daß diese Gruppen, wenn sie höhere Erträge erwirtschafteten, für sich selbst nicht mehr zurückbehalten durften, sondern alles in den Pflichtverkauf geben mußten. Dies hatte zur Folge, daß die Bauern nicht zur Mehrproduktion angeregt wurden. Produktionsgruppen, die nur geringe Erntemengen einbrachten, mußten ihre *kou-liang*-Norm herabsetzen, um ihren planmäßigen Verkaufsverpflichtungen nachkommen zu können.

Um die Lasten der Bauern zu erleichtern, hatte das Zentralkomitee von 1970 an eine Politik der Festlegung für jeweils fünf Jahre bei den Getreideverkaufsverpflichtungen eingeführt. Obwohl den politischen Festlegungen folgend, in den Jahren 1971-1978 die tatsächlichen Aufkäufe nur zu 58,5% die Planvorgaben erfüllten, da die Aufkaufzahlen zu hoch angesetzt waren, blieb die Belastung immer noch übermäßig groß, und es wurde auch weiterhin zu viel persönliches Nahrungsgetreide verkauft.

Die Produktionsgruppe Roter Stern Nr.2 in der Volkskommune Erliugong hatte 1977 eine *kou-liang*-Norm von durchschnittlich 280 jin; während ihre gesamte Getreideproduktion nicht einmal reichte, ihren Bedarf an den 'drei Verbleibenden' zu decken, verkaufte sie in diesem Jahr trotzdem 14.300 jin an den Staat, nach diesem Verkauf hatte sie ein Getreidedefizit von 34.106 jin. Daraufhin mußte diese Produktionsgruppe ihre *kou-liang*-Norm notgedrungen weiter auf 187 jin herabsetzen.[97]

Eine weitere Ursache für das niedrige Niveau der Getreide- und landwirtschaftlichen Produktion ist demnach der Verteilungsmodus gewesen: Die Reproduktion der ländlichen Arbeitskraft, des Bauern und seiner Familie, zählte nicht zu den zunächst und vorab zu deckenden Grundkosten des landwirtschaftlichen Betriebes, sondern wurde erst nach Abzug der laufenden Unkosten, der Landwirtschaftssteuer und der kollektiven Akkumulation, berücksichtigt.

Die 3. Produktionsgruppe Zhufeng der Volkskommune Daxiliang hatte 1975 ein Gesamteinkommen von 26.316 Yuan, die Selbstkosten für die Produktion betrugen 18.589 Yuan, das Reineinkommen 7.726 Yuan. Dieses Reineinkommen war schon von Anfang an nicht sehr groß, aber es mußten noch Steuern an den Staat in Höhe von 1.200 Yuan (15,5% des Reineinkommens), kollektive Rücklagen von 2.192 Yuan (28,4% des Reineinkommens) geleistet werden, so daß zur Verteilung an die Bauern nur noch 4.334 Yuan zur Verfügung standen, das ergab ein durchschnittliches Pro-Kopf-Einkommen von nur 14,74 Yuan [Armutsgrenze 200 Yuan Jahreseinkommen pro Kopf]. Das bei einer solchen Verteilung auftretende Problem besteht darin, daß der an die Bauern zur Verteilung kommende Anteil keine unterste Grenze hat. D.h. aus der kollektiven Verteilung heraus kann das Einkommen der Bauern nicht grundlegend gesichert werden.[98]

Der notwendige Lebensunterhalt mußte durch Nebengewerbe gesichert werden.

Paradoxerweise war es gerade das unmäßige (aber planmäßige) Verlangen des Staates nach höherer Getreideproduktion, das eine wirksame landwirtschaftliche Mehrproduktion verhinderte.

Mit dem 1.1.1985 entfielen diese Verkaufsverpflichtungen. Der staatliche Getreidebedarf wird von diesem Zeitpunkt an durch Verträge zwischen Bauern und staatlichen Instanzen (durch die Produktionsgarantien) gedeckt. Ein vertraglich

---

97)   Chen Hejun (1981), S.1-2.
98)   Ebd., S.3.

festgelegter Anteil der landwirtschaftlichen Produktion des Bauernhaushaltes wird als Pflichtverkauf an den Staat zu vorher festgelegten Preisen abgeführt. Hiermit setzte eine Intensivierungsphase der Landbestellung ein, die höhere Flächenerträge erbringt und den früheren Druck zu ständiger Erweiterung der Anbauflächen (zunächst) zurücknimmt.

1.3.6 Zusammenfassung

Welche Irritationen des Produktions- und Konsumtionsgefüges lassen sich am Beispiel der Getreideproduktion nach 1949 belegen?

Neben den Migrations- und natürlichen Bevölkerungswachstumsprozessen, die eine Abnahme der Ackerfläche pro Kopf der Bevölkerung bewirkten (von 1950 - 4,19 mu auf 1981 - 3,65 mu), kommt der politisch erzeugten Unterversorgung der ländlichen Bevölkerung und dem Nicht-Anreiz zu höherer Getreideproduktion eine entscheidende Rolle zu. Diese Faktoren mußten als unmittelbarer Getreidemangel wahrgenommen werden. Veränderungen im Getreidebedarfsmuster des Autonomen Gebietes, verursacht durch die Zuwanderungen, die vermehrte Schweinehaltung, weiter die - in Form einer sich wiederholenden Rückkoppelung - auch politisch bedingten extensiven Anbaumethoden mit hohem Saatgutverbrauch bei niedrigen Flächenerträgen, die Zunahme der nichtlandwirtschaftlichen Bevölkerung und der stationierten Truppenverbände bewirkten einen ständigen Erschließungsdruck auf die Boden- und Wasserressourcen, der für überhastete Landerschließungen bzw. die Nutzung grundsätzlich ungeeigneter oder versalzungsgefährdeter Böden mit verantwortlich war.

1.4   Xinjiang als Ressourcenbasis für China

Das Autonome Gebiet Xinjiang der Uyguren ist im Rahmen der weiteren "Erschließung des Großen Nordwestens" der flächenmäßig größte und seiner Ressourcenausstattung nach bedeutendste Teil des chinesischen Nordwestens.

Xinjiang als Teil des chinesischen Territoriums soll nicht nur im land- und viehwirtschaftlichen Bereich als "Produktionsbasis" Überschüsse an andere Provinzen und autonome Gebiete liefern, sondern der Landwirtschaft kommt als Basis für die zunehmende Industrialisierung und Ausbeutung von Bodenschätzen in Xinjiang eine zusätzliche Rolle zu.

1.4.1   Landwirtschaft

Wang Enmao, damaliger 1. Sekretär des Parteikomitees des Autonomen Gebietes, sagte 1982:

Xinjiang muß die Vorzüge, über die es bei seinem Wirtschaftsaufbau verfügt, vollständig zur Geltung bringen. Vor allen Dingen muß die Landwirtschaft entwickelt werden. Unter der Voraussetzung, daß die Selbstversorgung mit Getreide sichergestellt ist und Überschüsse erwirtschaftet werden, können wir uns daran machen, die Produktion anderer Wirtschaftspflanzen zu entwickeln, vor allem sind das Baumwolle, Zuckerrüben und Melonen, um Xinjiang zu einer Baumwoll-, Zuckerrüben- und Melonen-Basis zu machen.[99]

Baumwolle: Xinjiang bietet günstige Voraussetzungen für den Anbau von langfaseriger und kurzfaseriger Baumwolle (Steigerung der Baumwollproduktion 1949-1986 um das 41fache, vgl. Tabelle 1. 1991 wurden 600.000 t Baumwollausstoß erwartet, Xinhua 8.10.91: "Record harvests in Xinjiang"). Der Anteil der agrartechnisch sehr aufwendigen und in der Ertagsstabilität sehr riskanten langfaserigen Baumwolle lag jedoch 1988 z.b. bei nur 12,3% der Baumwollgesamtproduktion.[100] Die Entwicklungsvorstellungen der Chinesen orientieren sich an sowjetischen und amerikanischen Vorbildern von Baumwollmonokulturen.[101]

Konkretisiert werden solche Vorstellungen für das nördliche Tarim-Becken an der Modellfarm des Produktions- und Aufbaukorps Nr.29; diese Staatsfarm hat ihre Baumwollanbaufläche kontinuierlich vergrößert, sie betrug 1978 22.000 mu, 1980 39.000 mu, 1989 44.600 mu. 1980 wurden 74% des Gesamtgewinns der Staatsfarm mit langfaseriger Baumwolle erzielt. 1989 stammten dagegen schon 50% des 7 Mio. Yuan-Gewinns der Korpsfarm aus industrieller Produktion(!).[102] Süd-Xinjiang produziert über 50% der Baumwolle des Autonomen Gebietes.

Auch für die Kreise Kuqar, Toksu (Xinhe) und Xayar wird eine Ausdehnung der Baumwollproduktion angestrebt; dort wird zur Zeit in den uygurischen Oasen teils "kontinentale" (kurzstapelige), teils langfaserige Baumwolle angebaut. Ziel

---

99)   Wang Enmao, *Xinjiang Ribao*, 19.9.1982, zit. nach Zhou Lisan (1983), S.4.
100) XJTJNJ (1989), S.133, vgl. Yang Lipu (1987), S.83.
101) Zhou Lisan (1983), S.5.
102) Xu Rongxin (1981), S.282-283 und Angaben der Korpsfarmleitung, Juli 1989. Vgl. hierzu auch Kap. 3.14.

ist die Förderung des Anbaus von langfaseriger Baumwolle. Im gesamten Aksudiqu ist die Baumwollproduktion von 1949 bis ca. 1980 um 1.164,8% gestiegen.[103]

Die Schwierigkeiten und Risiken einer forcierten Ausweitung der Baumwollanbauflächen beschreibt die folgende Tabelle:

Tabelle 12:
Xinjiang, Kreis Toksu: Baumwollproduktion (1986-1989)

	Anbaufläche/mu in ( ) mit Folie, langfaserige	Ertrag (unentkörnt)	Flächenertrag per mu
1986	49.500 (25.000)	2,365 t	47,8 kg
1987	59.759 (35.000)	2.388 t	40,0 kg (Hagel)
1988	75.071 (50.000)	2.274 t	30,3 kg (Insektenbefall)
1989	92.000 (77.000)	-	45,0 kg (erwartet, nicht erfüllbar, Hagel)

Quelle: Kreisregierung Toksu, Juni 1989, pers. Mitteilg. Vgl. XJTJNJ (1989), S.139, 151.

1989 wurden in Toksu (Xinhe) 90.000 mu Anbaufläche durch zwei Hagelunwetter geschädigt. Hier sind die staatlichen Planungen für die Ausweitung der Baumwollanbauflächen erfüllt worden, doch haben das Klima und Schädlinge die Erträge eher zurückgeworfen, zu Lasten u.a. der Bauern (98-150 Yuan Verlust pro mu), die das Risiko des Baumwollanbaus tragen.[104]

---

103)   Sun Rongzhang (1982), S.71 ff.
104)   Eine Kostenkalkulation im Kreis Kuqar für 1 mu langfaserige Baumwolle mit Folienanbau ergab Material- und Maschinenkosten von ca. 98 Yuan/mu, die Arbeitskosten wurden mit weiteren 50 Yuan veranschlagt, so daß

Nach Fertigstellung des Kizil-Reservoirs wird mit einer Ausweitung der Gesamt-Anbauflächen um weitere 300.000 mu gerechnet (1989: 420.000 mu). Die Baumwollanbaufläche soll dann 250.000 - 300.000 mu erreichen. Es werden Baumwoll-Reinkulturen ohne Fruchtwechsel angestrebt, wofür 1989 sogar Welt-bankkredite erwartet wurden.[105] Ähnliche Pläne für die Steigerung des staatlich erzwungenen Anbaus von langfaseriger Baumwolle bestehen für die Kreise Kuqar und Xayar.

Zuckerrüben: Xinjiang gehört zu den drei größten Zuckerrüben-Produktions-gebieten Chinas (neben der Inneren Mongolei und dem chinesischen Nord-osten). Besonders das Junggarische Becken und das Yanqi-Becken sind für den Anbau von Zuckerrüben geeignet. Die Zuckerrüben aus Xinjiang haben einen höheren Zuckergehalt als die der beiden anderen Gebiete. Es sind bis 1990 Zuckerraffinerien mit einer Jahreskapazität von 300.000 t Zuckerausstoß errich-tet worden. Abfallprodukte aus Zuckerrübenanbau und -verarbeitung kommen der Viehzucht zugute.[106]

Melonen und Obstbau: Für den Melonenanbau (Wasser- und Hami-Melonen, *Cucumis melo, C. sativa*) bietet Xinjiang ungewöhnlich gute Voraussetzungen. Bei planwirtschaftlich gesteigerter Produktion mit kürzeren Fruchtwechselperio-den und der Verwendung von Handelsdünger geht die Qualität der Melonenpro-duktion jedoch rasch zurück. Die Rosinenproduktion Xinjiangs macht ein Drittel der nationalen Produktion aus; berühmt sind die kernlosen Rosinen aus Turpan und Wein aus Hotän; weitere für ihre Qualität berühmte Früchte sind Aprikosen (Kuqar), Birnen (Korla), Kirschen (Käxkär), Äpfel (Yili) sowie Walnüsse und Feigen (u.a. in Atux).[107] Hopfen wird in wachsendem Umfang angebaut und sogar exportiert, Jahresproduktion 10.000 t.

Forts. von letzter Seite

ohne Dung etwa 150 Yuan/mu für die gesamte Vegetationsperiode als Kosten anzusetzen sind. Persönl. Mitteilg. Leitungskader des Uzun-xiang, Kreis Kuqar, Mai 1989.

105) Persönl. Mitteilg. der Kreisregierung, Juli 1989.
106) Zhou Lisan (1983), S.5; Xinhua 8.11.1990. Möglichkeiten planwirtschaftli-cher Produktionssteigerungen. Zuckerrübenproduktion 1949 0 t, 1979 296.600 t, 1986 663.600 t, 1988 1.101.251 t, 1990 2.243.000 t. Xie Xiang-fang, 1988, 1); Dürr/Widmer (1983), S.119; XJTJNJ (1989), S.133; SWB 22.5.91 (*Xinjiang Ribao*, 19.4.91).
107) Ebd., S.6; Ji Guansheng (1989), S.9.

1.4.2   Bodenschätze

Von den 147 insgesamt in China gefundenen Mineralien und Erzen gibt es in Xinjiang allein 118 Arten mit über 4.000 Lagerstätten, 67 davon wurden bereits lagerstättenmäßig erschürft (verifiziert). Von allen bereits bestätigten Vorkommen Chinas befinden sich 51% in Xinjiang. Die größten kontinentalen Erdölvorkommen befinden sich im Nordwesten Chinas, der größte Teil davon in Xinjiang. Die Erdölreserven allein des Tarim-Beckens werden z.Z. auf über 10 Mrd.t geschätzt.[108]

Die langfristig erschließbaren Kohlevorkommen Xinjiangs sind möglicherweise größer als die der Provinz Shanxi (der kohlereichsten Provinz Chinas). Ismail Amat, der damalige Vorsitzende der Regierung des Autonomen Gebietes, bezifferte 1983 die geschätzten Kohlevorkommen Xinjiangs auf 1,6 Billionen Tonnen, die verifizierten Lagerstätten auf 16 Mrd.t. Die Eisenerzzeche Cihai gehört zu den erzreichsten ganz Chinas neben einer Zeche in der Inneren Mongolei.[109]

Für die Nutzung der Erdölfelder im Tarim-Becken - bei Kagelik (Kargalik/Yecheng), Kuqar und Käxkär wird bereits Erdöl gefördert (Tagesproduktion des Tarim-Beckens 1991 1.300 t) - müssen jedoch noch die Eisenbahnlinien im Süden Xinjiangs fertiggestellt werden. Deren Bau dürfte noch längere Zeit in Anspruch nehmen. Große Erdölvorkommen lagern u.a. im südöstlichen Teil der Täklimakan-Wüste. Leichter zugänglich sind die Erdölfelder im Turpan-Hami-Becken. Dort sollen ab 1996 schätzungsweise 4 Mio.t Erdöl jährlich gefördert werden. Auch in Nord-Xinjiang wird neben dem Ölfeld Karamay (Jahresausstoß 1990 6,82 Mio.t) weiter nach Öl gesucht. Es wurden Lagerstätten am Manas und am Ur-Fluß entdeckt.[110] Bis zum Ende des Jahrtausends soll die Ölförderung 20 Mio.t/a erreichen.[111] "Twenty million tons of oil will bring an extra 5 billion yuan into the region. The more oil we produce, the richer we get."[112]

---

108) Ji Guansheng (1989), S.4; bestätigte Weltreserven 1983 = 91 Mrd.t.
109) Qi Wenli (1984), S.98-99.
110) Weggel (1984), S.108.
111) Jahresproduktion 1981: 3,8, 1984: 4,5, 1990: 7,0 Mio.t Rohöl; Kohle 1981: 11,4, 1983: 14, 1990: 21 Mio.t. Rohkohle in über 500 großen, mittleren und kleinen Zechen, Dürr/Widmer (1983), S.61; Yang Lipu (1987), S.102, 103; SWB 22.5.91.
112) *China Daily*, 16.6.1983, "Xinjiang looks to 'golden future' with development", Xinhua, 11.8.1991, "Xinjiang cashes in on its own charm (2)".

Gold ist bislang in 56 Kreisen erschürft worden (Reserven 200 t). Der Abbau von Gold, anderen Mineralien und Erzen soll den Aufbau Xinjiangs mitfinanzieren. Daneben gibt es umfangreiche Reserven an Diamanten, Kristall, Edelsteinen und Jade. Die größten Reserven Gesamtchinas an Beryll, Muskovit, Nitronatrit, Feldspat (Orthoklas), Kaolinit, Serpentin und Vermiculit befinden sich in Xinjiang. An erster Stelle im chinesischen Nordwesten rangieren die Vorräte an Eisenerz, Manganerzen, Chromit, Erdöl, gelöstem Muskovit, Magnesit und Marlit; an zweiter Stelle im Nordwesten rangieren die Reserven an Tantalit, Lithium (Lepidolith), Titanit (die drei letzteren werden bereits in den größten derzeitigen Abbauvorhaben Chinas genutzt), Vanadinit, Blei, Bauxit, Glaubersalz (Mirabilit); zu erwähnen sind weiter Vorkommen an Spodumen, Biotiten (Micafamily), Cyanit (Disthen), Molybdänit, Tungstit, Blei-Zink-Erz (2,8 Mio.t. Reserven), Merkurit (1.000 t Reserven), Wallostonit (3 Mio.t Reserven), Bentoniten, Psyrophyllit, Wolframit, Zinnerz (Reserven 60.000 t) und Uraniten, Kupfer-Nickelvorkommen (2,5 Mio.t), Gips und Silber.[113]

Eine hochproduktive Landwirtschaft wird benötigt, um den Prozeß der Ressourcenaneignung und künftigen Industrialisierung Xinjiangs abzusichern. Xinjiang wird allein schon wegen der zu erwartenden Beschleunigung der Rohstoffausbeutung und Weiterverarbeitung der vorhandenen Bodenschätze "Entwicklungsprozesse" erleben, die die bis Mitte der 80er Jahre hier verfolgten weit in den Schatten stellen. Der Druck auf die Boden-, Wasser- und biotischen Ressourcen der Region wird sich bei Fortführung der bisherigen Industrialisierungs- und Migrationspolitik mit den Schwerpunkten Bergbau, Erdölförderung, Petrochemie, Chemische Industrie, Nicht-Eisenmetallgewinnung und -verarbeitung eher noch verschärfen.

---

113)　Xie Xiangfang (1988, 1), "Xinjiangs Foreign Trade (1981)"; Li Guohan (1932), Bräker (1984); Xinhua, 18.10.1991, "Xinjiang to become China's nonferrous metals base". Bräker (1984) berichtet ausführlich über die Privilegien, die die Sowjetunion seit 1940 bei der Erdölförderung und im Erzabbau in Xinjiang innehatte bzw. sich eigenmächtig aneignete. Hierbei ging es um Erdöl-, Zinn-, Kohle-, Wolfram, Gold- und Urangewinnung. Bräker (1984), S.27-50, R. v. Schirach (1975).

2 Bodenversalzungen im nördlichen Tarim-Becken, anthropogene und natürliche Ursachen

2.1 Kurzeinführung

Die ökologische Gesamtsituation, in der die hier untersuchten Bodenversalzungen und -alkalisierungen stattfinden, ist von folgenden Parametern bestimmt:

Seit 1949 hat sich die Ackerfläche Xinjiangs von etwa 1,2 Mio.ha auf über 3 Mio. ha (inoffiziell 4 Mio.ha) erweitert, die landwirtschaftliche Produktion ist in entsprechendem Umfang gestiegen. Diese Steigerungen wurden erreicht durch großflächige Landerschließungen und eine verstärkte, z.T. übermäßige Nutzung der Wasserressourcen. Gebieten mit naturnaher Vegetation und naturnahen Wassersystemen wurde der Lebensnerv Wasser entzogen. Folgen sind die Austrocknung von Endseen, Flußunter- oder -mittelläufen (Tarim, Lop Nur, Detama, Manas u.a.), Wasserspiegelabsenkungen, die Abflußverringerung, meist Hand in Hand gehend mit zunehmender Versalzung von Seen und Flußläufen (Urungu, Baġrax-köl, Tarim-Mittel- und Unterlauf, Konqe usw.).

Die desertifizierten Flächen am Tarim-Mittel- und Unterlauf haben sich zwischen den 50er Jahren und dem Ende der 70er Jahre - herbeigeführt durch Wasserentzug und Vegetationsvernichtung - von 12% auf 52% der Flächen ausgeweitet. Über 50% der Populus-diversifolia-Flächen in der Tarim-Aue gingen zwischen 1958 und 1970 verloren.

Verstärkt seit dem Ende der 70er Jahre werden die ökologischen Fragen Xinjiangs von Wissenschaftlern und Politikern wahrgenommen und erforscht. In der "scientific community" werden Vorschläge ausgearbeitet, um die entstandenen Schäden zu reduzieren. Die einmal ins Laufen gekommene Produktionsmaschine scheint sich jedoch nur schwer aufhalten zu lassen. Die Modernisierungsideologie, die neue "Steigerungen" und "Aufschwünge" herbeiführen will, beherrscht die Köpfe und die Praxis der lokalen Führungen. Es findet keine Umorientierung hin zu einer ökologisch angepaßteren Landnutzung statt.[1]

Die oben aufgezeigten Prozesse werden nicht gestoppt, stattgehabte Desertifikationen nicht rückgängig gemacht, eine nachhaltige Reproduktion (auch) der naturnahen Landschaft nicht geplant. - Im Gegenteil werden mit Hilfe der nun

---

1) Vgl. Hoppe (1986).

gewonnenen wissenschaftlichen Grundlagen weitere Landerschließungen, das heißt Zerstörung naturnaher Vegetation, insbesondere von Weideland, und eine noch schärfer kalkulierte Wasserressourcennutzung (oder -übernutzung), vorangetrieben: Bis zum Jahr 2000 sollen möglicherweise weitere 1 Mio.ha in ganz Xinjiang unter den Pflug genommen werden.[2]

Die Ausweisung zusätzlich "erschließbarer Ödlandfächen", wie sie in Abschnitt 1.2 dargestellt wurde, wird hier agrarpolitisch greifbar.

Welche Rolle kommt der Versalzungs- und Alkalisierungsproblematik im Gesamtkontext ökologischer Schäden zu?

1. Die Versalzung von Kulturland ist ein Symptom für den falschen Umgang mit der nur in beschränktem Umfang verfügbaren und daher sehr wertvollen Ressource Wasser. Bodenversalzung ist immer auch ein Zeichen für Wasserverschwendung.

2. Die Wassernutzung konzentriert sich immer mehr auf die bewässerten Flächen, während die naturnahen Flußauen- und Seensysteme mit ihrer Vegetation, Fauna und den dort lebenden gesellschaftlichen Gruppen (meist Viehzüchter) nur ungenügende Wasserbeträge zur Aufrechterhaltung der lokalen Ökosysteme und Kulturen erhalten (Beispiel: Austrocknung des Tarim-Unterlaufes, des Detama-Sees und des Lop Nur, Zerstörung der Kultur der Lopliks).[3] Versalzung einerseits, Aridisierung der Landschaftspotentiale und Desertifikation andererseits sind nur zwei Seiten einer Medaille.

3. Im Phänomen der Boden- und "Landschaftsversalzung"[4] im nördlichen Tarim-Becken - sie ist meist zugleich zunehmende mikro- oder bestandsklimatische Aridifizierung - spiegelt sich die Gesamtwirkung der seit 1949 in dieser Region stattfindenden demographischen und ökonomischen Entwicklungsprozesse, wie sie in Kapitel 1 dargestellt wurden.

4. Können wir an diesem Problem die Unterschiede zwischen hanchinesischer und autochthoner uygurischer Landnutzung herausarbeiten?

---

2) Fan Zili (1987), S.23 und Lei/Xu/Jiang (1988), S.165.
3) Svanberg (1988).
4) Mit "Landschaftsversalzung" bezeichne ich die Gesamtheit der in der Landschaft stattfindenden progressiven Versalzungsvorgänge wie zunehmende Mineralisierung von See- und Flußgewässern, Mineralisierung von Grundwasser und Böden, Zunahme der in den biotischen Ressourcen umgesetzten Mineralienbeträge.

2.2 Grunddaten

Das nördliche Tarim-Becken erstreckt sich von Argan im Osten bis Kälpin im Westen an der Grenze des Kaxgar-(Käxkär-)diqu, es grenzt im Norden an den Tianshan, im Süden an die Täklimakan-Wüste (N 40°08' - 42°10' Breite, O 78°55' - 88°15' Länge), maximale Nord-Süd-Ausdehnung etwa 200 km, West-Ost-Ausdehnung etwa 800 km; es umfaßt die Piedmont-Ebene des Tianshan-Südabhangs, die Alluvialebene des Tarim sowie die intramontanen Becken von Uqturpan (Wushi), Bay (Baycheng) und Yanqi (Karaxähär/Yänji).[5]

Der mittlere Jahresniederschlag innerhalb des Gebietes liegt bei 25-70 mm, abnehmend von West nach Ost (am Ögän-därya - 40 mm, Aksu/Aral - 40-50 mm, Yanqi-Becken - 68 mm), die potentielle Evaporation beträgt 1.700-2.900 mm (Ögän-därya - 2.100, Aksu/Aral - 2.000-2.100, Yanqi-Becken - 1.980 mm);[6] die akkumulierte Jahrestemperatur $\geq 10°$ C beträgt 3.400-4.400° C.

Infolge starker Bodenevaporation, verbunden mit Grundwasserstaus im abflußlosen Tarim-Becken, steigen salzhaltige Bodenwasser oder Grundwasserlösungen auf bestellten und unbestellten Arealen während der Vegetationsperiode kapillar auf: Die wässrigen Bestandteile verdunsten, während sich die mineralischen Bestandteile (Salze, Alkalisalze, Soda) in den oberen Bodenhorizonten anreichern. Es fehlt an den meisten Stellen des Beckens ein ausreichender oberflächiger Abfluß, der die Salze auswaschen könnte. Geologisch sind kreidezeitliche und tertiäre salzhaltige Gesteinsschichten im Tianshan, u.a. in den Vorgebirgen, für die ständige Zufuhr von Salzen in die Piedmontebene verantwortlich. Bei Sturzregen im Gebirge und Vorgebirge werden trockengefallene Flußbetten durchflutet und die über längere Perioden akkumulierten Verwitterungsprodukte und Salzbestandteile in die Ebenen gespült (siehe hierzu 2.5.1).

Auswirkungen und Folgen der Versalzung in der alltäglichen landwirtschaftlichen Praxis:
Salze können eine stimulierende Wirkung auf das Wachstum von natürlicher Vegetation und agrarischen Nutzpflanzen haben. Dies ist zum einen abhängig von

---

5) Diese Definition des nördlichen Tarim-Beckens umfaßt, administrativ gesehen, die ackerbaulich nutzbaren Flachländer des Aksu-diqu und des Autonomen Zhou Bayangol der Mongolen (ohne die Kreise Qarkilik (Ruoqiang) und Qarqan (Qiemo).

6) XJNYDL, 1980, S.233.

der Salzverträglichkeit bzw. dem Salzbedarf verschiedener Pflanzenarten. Weiter hängt dies von der chemischen Zusammensetzung der verfügbaren Salze ab. Bei zu hohen Salzkonzentrationen oder bei bestimmten Salzzusammensetzungen, die für die Pflanzen unverträglich sind, kommt es entweder zu einer Ertragsminderung oder zu einem Absterben der Nutzpflanzen (oft im Frühjahr, wenn deren Salztoleranz noch sehr gering ist).

Da Wasser sich in Richtung der höheren Salzkonzentration bewegt, kann die Wasserversorgung der Pflanzen gefährdet werden. Bei hohen Salzkonzentrationen im Boden reicht der osmotische Druck, den die Pflanze erzeugen muß, um Wasser aufzunehmen, nicht aus: Ihr eigener Salzgehalt ist niedriger als der des Bodens, die Pflanze verdurstet - oder ihr wird sogar Wasser entzogen. Die andere Gefahr besteht darin, daß die Pflanze bei der Wasseraufnahme gezwungen ist, zu viele schädliche Ionen aufzunehmen.[7] Nach Heimann (1966) werden Schäden nicht unbedingt durch die hohe Salzkonzentration hervorgerufen, sondern durch eine unausgewogene Zusammensetzung der Salze ("unbalanced ionic ratios"). - "Hence, by properly balancing the ionic ratios, crops may economically be grown at surprisingly high levels of salinity."[8]

Xu (1980) klassifiziert die Mineralien ihrer (abnehmenden) toxischen Wirkung nach wie folgt:

> (am stärksten toxisch)
> Natriumkarbonat (Soda) (Na_2CO_3)
> Magnesiumchlorid ($MgCl_2$)
> Natriumhydrogenkarbonat ($NaHCO_3$)
> Natriumchlorid (Kochsalz) ($NaCl$)
> Kalziumchlorid ($CaCl_2$)
> Magnesiumsulfat ($MgSO_4$)
> Natriumsulfat (Na_2SO_4)
> (schwach toxisch)

---

7) Vgl. Xu Zhikun (1980), S.55. Die Salzaufnahme der Pflanze läßt sich in Form einer Kurve darstellen: Die Salze wirken zunächst stimulierend und düngend, bei einer weiteren Steigerung der Salzaufnahme kommt es zur Luxusaufnahme, und es folgt die Überdüngung mit Nekrosität des Blattwuchses und dem schließlichen Absterben der Pflanze. Dank an Adolfo Lichtenfeld für diesen Hinweis.

8) Heimann (1966), S.202.

Eine weitere Gefahr geht davon aus, daß hohe Salzgehalte den Stickstoffaustausch der Pflanzen verändern. Es kommt zu Ammoniak(NH_3)-Vergiftungen. Mit zunehmender Salzkonzentration sinkt die Stickstoff- und Phosphoraufnahme der Pflanzen, weil zuviel Chlor- und Natriumionen vorhanden sind. Auch die Aufnahme von Spurenelementen wie Eisen und Mangan wird beeinträchtigt.[9]

2.3 Schwierigkeiten einer quantitativen Erfassung versalzter Böden

Nur sehr schwer läßt sich aus chinesischen Veröffentlichungen die quantitative Seite des Versalzungs- und Alkalisierungsproblems erfassen. Dies liegt zum einen an der unklaren Terminologie. Sehr häufig werden unscharfe Begriffe wie *yanzitu* ("versalzter Boden", wörtlich: "versalzter/vernäßter Boden") oder *yanjiantu* ("Salz-Alkali-Boden") verwendet. Weitere Verwirrung wird dadurch gestiftet, daß Begriffe wie *yanhua* ("versalzt"), *jianhua* ("alkalisiert") oder *yanjianhua* ("versalzt und alkalisiert") gebraucht werden, die eine nur mäßige Versalzung/Alkalisierung andeuten sollen. Definitionen geben die Autoren nur selten.

Zum anderen leiden statistische Angaben darunter, daß sie kaum qualitative Definitionen dahingehend enthalten, ob die Böden leicht, mäßig oder stark versalzt/alkalisiert sind und welche Mineralien die Versalzung/Alkalisierung hervorrufen. Es fehlen Angaben zum Umfang der jeweils lokalen Ertragsminderung oder Sterilität der Böden. Die statistischen Angaben tendieren dazu, qualitative Bestimmungen zu verwischen. Es ist, wie wir unten sehen werden, meist nur deutlich, daß ein Versalzungs-/Alkalisierungsproblem auf einer Fläche bestimmten Umfangs besteht. Im Kreis Xayar z.B. sind die Definitionen, was ein versalzter Boden ist, von *xiang* (Gemeinde, frühere Volkskommune) zu *xiang* verschieden: Mal dient der Niedrigertrag, mal ein bestimmter Grundwasserstand als Grenzwert.

Schwierigkeiten bei einer quantitativen Erfassung bereiten natürlich die sich von Jahr zu Jahr ändernden Boden- und Anbauverhältnisse und der nur schwer abzuschätzende Flächenumfang an Salz- und Alkaliflecken.

2.3.1 Bestimmungsgrenzen für Salz- und Alkaliböden

In Xinjiang werden Salzböden (Solontschak-ähnliche Böden) folgendermaßen differenziert:

---

9) Xu Zhikun (1980), S.55-57 und XJTR (1981), S.129-130: Hier wird Natriumhydrogenkarbonat als toxischer eingestuft als Magnesiumchlorid.

Tabelle 13:
Grenzwerte saliner Böden (Solontschak-ähnlicher Böden) in der 30-cm-Schicht
(in %)

Versal-zungs-typ	Salzart	sehr leicht versalzt *1	leicht versalzt *2	mittel-stark versalzt *3	stark ver-salzt *4	Solon-tschak *5
Sulfat-chlorid	Gesamt Salz	0,5-0,7	0,7-0,9	0,9-1,3	1,3-1,6	>1,6
	Cl⁻	<0,035	0,035-0,05	0,05-0,075	0,075-0,1	>0,1
Chlorid-sulfat	Gesamt Salz	0,6-0,8	0,8-1,0	1,0-1,5	1,5-2,0	>2,0
	Cl⁻	<0,05	0,05-0,065	0,065-0,085	0,085-0,13	>0,13
Sodaver-salzung	Gesamt Salz	<0,35	0,35-0,5	0,5-0,6	0,6-0,85	>0,85
Sodifi-zierung	Cl⁻	<0,015	0,015-0,025	0,025-0,04	0,04-0,08	>0,08

*1   keine Wachstumsbehinderung
*2   geringe Wachstumsbehinderung
*3   deutliche Wachstumsbehinderung, deutliche Ertragsdepression
*4   schwere Wachstumsbehinderung, Jungpflanzenausfälle und Ertragsdepression
*5   Pflanzennekrosität, vollständiger Ertragsausfall
(Diese Definition von Salzböden bezieht sich speziell auf die neuerschlossenen, d.h. von Staatsfarmen genutzten Gebiete. Salzgehalt in %, zur Sodaversalzung siehe unten. Auf andere international gebräuchliche Bestimmungsgrenzen für salzige oder alkalische Böden kann hier nicht eingegangen werden, siehe hierzu Szabolcs (1979), S.53 ff.; zur eingehenden Definition von Grenzwerten vgl. Xu Zhikun (1980), S.30-36.)

Quelle: Xu Zhikun (1980), S.34.

Alkalisierte Böden werden folgendermaßen differenziert:

Tabelle 14:
Differenzierung alkalisierter Böden (Natriumböden) *

Alkalisierungsgrad	austauschbares Natrium in % der Austauschkapazität	
nicht alkalisiert	3-5	pH = 8,5 und höher;
schwach alkalisiert	5-10	Gesamtsalzgehalt
stark alkalisiert	10-20	nicht mehr als
Solonez	> 20	0,2-1,0 %

* Diese Grenzwerte sind umstritten, sie werden von einigen chinesischen Autoren als für Xinjiang ungenügend angesehen; es müßten andere Bestimmungsfaktoren hinzutreten. Für die Bestimmung eines Solonez werden über 40% oder sogar über 50% der Austauschkapazität als Grenzwert gefordert. Als alkalisiert sollen erst Böden mit einem Natriumgehalt von über 15% der Austauschkapazität gelten, siehe XJTR (1980), S.141-145; Gao Yurun (1984), S.78. Xus Definition orientiert sich an der sowjetischen Bestimmungsgrenze von > 20% der Austauschkapazität für einen Solonez.

Quelle: Xu Zhikun (1980), S.35; Gao Yurun (1984), S.78.

Alkalisierte Böden zeichnen sich durch einen geringen Gesamtsalzgehalt (0,2-1,0%) bei hoher Alkalinität (pH 8,5-9,5 und darüber) aus. Sie kommen im Yanqi-Becken, in den Bewässerungsgebieten am Aksu und Tarim vor, sodifizierte Böden[10] in den Staatsfarm-Gebieten von Yanqi und Korla (sowie am Nordab-

---

10) "Alkalisiert" bezeichnet allgemein nur das alkalische Milieu, das durch verschiedene Salze hervorgerufen wird (Magnesium, Kalium, Natrium, Kalzium) mit pH-Werten > 6. Stark alkalisches Milieu ab pH 8,5-12. Der Begriff "sodifiziert" bezeichnet spezieller die hohe Natrium-(engl. *sodium*) Sättigung als Ursache der Alkalinität und den hohen Anteil an Soda (oder Magnesiumkarbonat) am Gesamtsalzgehalt.

hang des Kunlun).[11] Als Grenzwert für sodifizierte Böden gilt eine Alkalisierung von 1,5-8,0 mg/äq. 100 g Boden, CO_3 = 0,005-0,01%, HCO_3 - 0,05-0,19%.[12]

Wenn im folgenden Text von "versalzten" - "versalzten und alkalisierten" Flächen die Rede ist, handelt es sich zumeist um kultivierte Flächen, auf denen es zu spürbaren bis schweren Ernteeinbußen oder Jungpflanzenschädigungen kommt (Absterben eines Teils bis aller Jungpflanzen). Dies sind hingegen nicht völlig sterile Salz- oder Alkaliböden.

Die hier wiedergegebenen Grenzwertbestimmungen sind wissenschaftliche Definitionen. In den Dörfern und Kreisen werden oft ganz einfache Definitionen für versalzte Böden angenommen, da die technischen Mittel für eine exakte wissenschaftliche Bestimmung nicht vorhanden sind. Dementsprechend richtet sich die landwirtschaftliche Praxis der uygurischen Oasengebiete weitgehend nach Erfahrungswerten.

2.3.2   Flächenumfang der Bodenversalzungen und -alkalisierungen

Die bewässerte Ackerfläche Xinjiangs belief sich Anfang der 80er Jahre auf etwa 2,93 Mio.ha.[13] Davon sind laut offiziellen Berichten und immer wiederkehrend in wissenschaftlichen Veröffentlichungen 1 - 1,1 Mio.ha versalzen[14] (rezent versalzen/alkalisiert bzw. in Versalzung/Alkalisierung begriffen). Ein Teil dieser Flächen war im natürlichen Zustand bereits versalzen und ist noch nicht vollständig melioriert oder nach ersten Meliorationsversuchen erneut versalzen.[15]

---

11) Vgl. XJTRDL (1965), S.448; Gao Yurun (1984), S.78.
12) Gao Yurun (1984), S.78; XJTRDL (1965), S.69 dort ab 0.05% HCO_3 - und ab 1% HCO_3 - Sodasolontschak. Xu Zhikun (1980), S.36, differenziert Sodifizierungen mit Hilfe des pH-Wertes (bis pH 8,0 nicht sodifiziert, pH 8,5 leicht, pH 10 Sodasolontschak. Vgl. auch im Anhang die Synopse der Salzböden: Sodasolontschak.
13) Gu Guoan (1984), S.8; 1981 waren es 2,66 Mio.ha, Qian Zhengying (1982), S.292, Ackerfläche gesamt siehe Kap.1., S.27, 43.
14) Chen Hua (1983,1), (1983,2) in Hoppe (1984), S.140; Gu Guoan (1984), S.8; vgl. Hoppe (1987), S.62. Nach Lei/Tu/Jiang (1988), S.162, sind insgesamt 32,8% der Ackerflächen "versalzen", und zwar 17,3% leicht, 8,9% mittelstark, 6,6% schwer.
15) Eine sehr hohe Schätzung über alkalisierte und sodifizierte Flächen gibt Gao Yurun (1984), S.78. Seinen Angaben nach sollen allein die neuer-

Zu Beginn der 60er Jahre waren allein in den traditionellen Oasengebieten 0,2 Mio.ha "sekundär schwer versalzen", während 0,66 Mio.ha durch Versalzung und Vernässung (*yanzihua*) "bedroht" waren.[16] Dies ergäbe einen Gesamtwert von 0,86 Mio.ha "versalzter und versalzungsgefährdeter" Böden zu Beginn der 60er Jahre, d.h. etwa zwei Drittel der damaligen Gesamtackerfläche in traditionellen Oasengebieten. Angaben zum Umfang der Alkalisierungen/Sodifizierungen wurden nicht gemacht. Ein relativer Zuwachs versalzter Kulturflächen hätte demnach nur in geringem Umfang stattgefunden. Ich halte diese Angaben aus den 60er Jahren für weniger verläßlich als die jüngeren Daten.

Die in Tabelle 15 wiedergegebenen Daten und Schätzungen scheinen mir die Situation mit der zur Zeit möglichen Genauigkeit wiederzugeben; auch zwei nur schwer faßbare Posten der Bodenstatistik habe ich versucht einzuschätzen:

1. Die seit 1949 erschlossenen und später wieder aufgegebenen Flächen, von denen 0,7-1,0 Mio.ha als versalzen/alkalisiert gelten;[17]
2. die nur schwer faßbare Größe der über längere oder kürzere Perioden brachliegenden Böden (vgl. auch aufgegebene und brachliegende Flächen im Kreis Xayar, Tabelle 27)

Betrachten wir das Versalzungs- und Alkalisierungsproblem in bezug auf die nicht-kultivierten Flächen (Weiden, Wälder, Ödland), so sind allein in den vier Regionen (nördliches Tarim-Becken, Südrand des Tarimbeckens, Flachländer des Altaygebirges und Yiligebietes), auf die sich das Hauptaugenmerk der Planer für weitere Erschließungen richtet, 5,6 Mio.ha "versalzen" bzw. "alkalisiert" (23,01% der Ödlandflächen), während 6 Mio.ha Soloneze und Solontschaks sind (24,71% der Ödlandflächen). 50% der Ödlandareale (Flachland) dieser vier Teilregionen sind somit alkalisiert bzw. versalzen.[18]

Forts. von letzter Seite
    schlossenen Flächen mit einer Fläche von 2 Mio.ha leicht bis schwer sodifiziert und alkalisiert sein. Das würde bedeuten, daß - möglicherweise infolge der niedrig angesetzten Normen für alkalisierte Böden (siehe oben Tab.12 u.13) - in ganz Xinjiang kaum Böden zu finden sind, die nicht von Alkalisierung, Sodifizierung oder Versalzung betroffen wären.
16) XJTRDL (1965), S.433.
17) Vgl. Murzayev (1967), S.458.
18) Gu Guoan (1984), S.1.

Tabelle 15:
Xinjiang, Umfang versalzter und alkalisierter Flächen

---

a) *Xinjiang - gesamt*
   Ackerflächen bewässert   2,9 Mio.ha[a]
   davon versalzen/alkalisiert   1-1,1 Mio.ha[b]

   aufgegebene Ackerflächen (seit 1949)   1,4 Mio.ha[c]
   davon versalzen/alkalisiert   0,7-1,0 Mio.ha[d]

   aufgegebene und weiter in Kultur
   befindliche vers./alkal. Flächen   1,7-2,1 Mio.ha

   kurz-mittelfristig brachliegende
   Flächen mit Versalzungserscheinungen
   (eigene Schätzung)   0,64 Mio.ha[e]

b) *Nördliches Tarim-Becken*
   3 Zonen   versalzte und alkalisierte Ackerflächen
   1. Korla, Bügür, Lopnur   36,4%
   2. Aksu-diqu   25,8%
   3. Yanqi-Becken   42% (> 50%)[f]

   Mit Jungpflanzenverlusten oder Ertragsdepression, Anteil alkalisierter Flächen zwischen 10-15%

   Lt. XJNYDL (1980) sind im nördlichen Tarim-Becken insgesamt "über 50% der Ackerflächen versalzen/alkalisiert".

c) *Anteil versalzter (lt. Quelle "versalzungsbedrohter") Ackerflächen im Aut. Zhou Bayangol der Mongolen (ca. 1983)*
   insgesamt   50,29%
   schwach versalzen   18,7%
   mittelschwer   19,0%
   stark versalzen   10,5%
   Salzböden   2,1%[g]

d) *"Ödland" nördliches Tarim-Becken (Flachland)*
   50%   Wüste mit äolischer Sandverlagerung
   22%   versch. Typen von Salzböden[h]

Anmerkungen zu Tabelle 15:

a)   Gu Guoan (1984); XJTDZY (1989), S.49 - 2,81 Mio.ha, ca. 1985.

b)   Chen Hua (1983,1); Gu Guoan(1984); dagegen XJTDZY (1989), S.114 für
ca. 1985 nur 0,8 Mio.ha oder "ein Viertel aller bewässerten Flächen" (ein
Viertel von 2,81 Mio. bewässerter Fläche wäre jedoch nur 0,7 Mio.ha,
siehe vorhergehende Fußnote), die Differenz rührt möglicherweise daher,
daß hier primär versalzte und noch nicht vollständig meliorierte Flächen
außer acht gelassen wurden, siehe ebd.

c)   Bai Huiying (1984).

d)   Fan Zili (1987).

e)   4 Mio.ha Ackerland [inoffizielle Angaben] insgesamt (Tab.1), zusätzlich
20% brachliegend (vgl. Tab. 26, 27), davon schätzungsweise 80% mit Ver-
salzungs-/Alkalisierungserscheinungen = 0,64 Mio.ha. Auch ein umfassendes Werk wie XJTDZY (1989) erfaßt Brachflächen nicht gesondert.

f)   Wu Jinwen (1987); Zhang Binqian (1984).

g)   Li Xichun/Xie Xiangfang (o.J.), S.5; YJXNYQH (1982), S.73-74.

h)   Cheng/Zheng/Fan (1984); Liu Licheng (1984). In XJNYDL (1980), S.233
werden für den Zeitraum 1976-77 folgende Anteile versalzter Flächen für
einzelne Teilregionen angegeben:
Yanqi-Becken, Befreiungskanal Nr.2 - 67%
Aral, Neulanderschließungen in Aral - 85%
Bewässerungsgebiet des Ögän - 23%.

Nach Xu Zhikun sind, wenn man von insgesamt 10 Mio.ha "Ödlandressourcen"
ausgeht,
- 26,6% nur leicht oder nicht versalzen/alkalisiert,
- 16,3% versalzen bzw. alkalisiert,
- 9,5% mittelstark versalzen/alkalisiert (medium saline/alkaline soils),
- 17% stark versalzen, Solontschaks und Solonez,
- 30,6% landwirtschaftlich überhaupt nicht nutzbar.

In Süd-Xinjiang sind über 90% aller Ödlandflächen "salzig" (*yanxing*) oder
"alkalisch" (*jianxing*).[19]

---

19)   Xu Zhikun (1980), S.25.

88 Bodenversalzungen

Für die hier untersuchte Region des nördlichen Tarim-Beckens gilt, daß, bezogen auf 13,5 Mio.ha Gesamtfläche, ca. 3,05 Mio.ha als Salzböden anzusehen sind.[20]

Zusammenfassend: Im nördlichen Tarim-Becken haben in lokal unterschiedlichem Umfang zwischen 25% und 50% der Ackerflächen erhebliche Versalzungs-/Alkalisierungsprobleme, davon ist wiederum eine bislang nicht bekannte Flächengröße durch Sodifizierungen geschädigt. Ich schätze sie auf etwa 10-20% der Ackerflächen (wobei das Yanqi-Becken am stärksten von Sodifizierungen betroffen ist).

Wenn man Brachflächen und kultivierte Flächen mit Salzflecken mit einbezieht, ist die etwas grobe Schätzung von etwa 1978/79, wonach im nördlichen Tarim-Becken inkl. Yanqi-Becken insgesamt über 50% aller Ackerflächen in unterschiedlichem Grade von sekundärer Versalzung, Sodifizierung und Alkalisierung betroffen sind und auf 6-35% der jeweils bestellten Flächen keine Ernte eingebracht werden konnte oder die Jungpflanzen abstarben, recht realistisch. Berechnungen über die jährlichen Ertragsverluste liegen mir nicht vor.[21]

2.4. Anthropogene Ursachen für Bodenversalzung - Handhabung der Böden vor Ort

Dieser Abschnitt gibt einen Überblick über die möglichen und tatsächlichen Fehlverhaltensmuster, die vor allem im Zuge von Neulanderschließungen und nachfolgender Kultivierung zu Bodenversalzungen führen. Dieser Abschnitt korrespondiert mit Kap. 3, die korrespondierenden Abschnitte werden in der Überschrift angeführt.

2.4.1 Bewässerung ohne Dränung mit folgendem Grundwasseranstieg
(Korrespond. 3.4 und 3.5)

In der Literatur wird dieser Fall am häufigsten erwähnt: Bewässerungswasser, das auf ein Flurstück aufgebracht wird, verdunstet zu einem kleinen Teil sofort, der größte Teil dringt in den Boden ein, wird von den Pflanzen über das Wurzelsystem aufgenommen und transpiriert; überschüssige, nicht sofort verbrauchte

---

20) Cheng/Zheng/Fan (1984); Liu Licheng (1984).
21) XJNYDL (1980), S.187.

Teile des Bewässerungswassers und Salze reichern das Bodenwasser an oder versickern in tiefere Horizonte und erreichen das Grundwasser. Wenn dieser Vorgang (im Verlauf von Bewässerungen oder Bodenwaschungen und bei fehlenden natürlichen Dränungsmöglichkeiten [zu langsame Bewegung des Grundwassers, keine Abflußmöglichkeit in tiefer gelegene Teile des Reliefs usw.] wiederholt wird, kommt es zu einem Anstieg des Grundwasserspiegels bis zum Kapillarsaum und durch ständigen Aufstieg von Boden-/Grundwasser zu einer Übernässung der Kulturschicht und der darunter liegenden Horizonte. Tief anstehendes Grundwasser kann um etwa einen Meter pro Jahr ansteigen. Beim kapillaren Aufstieg an die Bodenoberfläche verdunsten die wässrigen Bestandteile (Evaporation), während die Salze, vorwiegend in den oberen Bodenschichten, zurückbleiben und sich allmählich anreichern.

Besonders schwerwiegend wirkt das Fehlen einer wirksamen Dränage, wenn stark mineralisierte Böden wie reliktischer Solontschak, Wiesensolontschak usw. neu erschlossen werden.

Die frühere Staatsfarm 'Sieg' Nr.1 [jetzt Korpsfarm Nr.1 bei Aksu, vgl. Karte 2] hatte eine projektierte Ackerfläche von 170.000 mu, vor der Erschließung lag der Grundwasserspiegel bei 5-9 m unter Flur. 1954 wurde begonnen, das Land in großen zusammenhängenden Flurstücken zu erschließen, aber ein Dränsystem war noch nicht angelegt. Dies führte dazu, daß der Grundwasserspiegel rasch anstieg. Bis 1959 brachten 70% der Ackerflächen entweder nur noch Niedrigerträge oder waren bereits aufgelassen worden, und man war gezwungen, ein Dränsystem anzulegen.[22]

Wenn Solontschaks mit Salzgehalten zwischen 2-6%, maximal 14% (in der 1-m-Schicht) erschlossen und Bodenwaschungen durchgeführt worden waren, so hatten sich doch die vorhandenen Salze meist nur in tiefere Bodenhorizonte oder ins Grundwasser verlagert. Sie wurden, da keine Dränage angelegt worden war, letztlich nicht aus dem bewässerten Areal abgeführt und kehrten, durch Evaporation verursacht, im Verlauf der Bodenbestellung wieder in die oberen Horizonte zurück. Es kam zur Bildung von ausgedehnten Salzflecken.[23]

Im Erschließungsgebiet von Shajingzi dagegen hatte man auf Sulfat-Chlorid-Solontschaks mit etwa 1,2% Gesamtsalzgehalt eine Salzauswaschung von etwa 70% erreicht (bezogen auf eine 60-80 cm mächtige Schicht). Dafür waren die folgenden, begünstigenden Umstände verantwortlich:

---

22)   XJTDZY (1989), S.115.
23)   Chen Tingzhen (1962), S.273.

- Der Grundwasserspiegel lag mehr als 10 m unter Flur,
- eine natürliche Dränung der Böden war möglich, und
- es wurden zumeist keine großen, zusammenhängenden Flurstücke, sondern kleine, vereinzelte Parzellen erschlossen.[24]

Die Gesamtsituation im nördlichen Tarim-Becken gegen Ende der 70er Jahre wurde folgendermaßen beschrieben:

> In den meisten großen Bewässerungsgebieten ist der Grundwasserspiegel von früher 5-8 m Tiefe auf jetzt 1-2 m Tiefe unter Flur angestiegen. Dieser rapide Anstieg wirkt sich ganz wesentlich auf den Salzgehalt des Bodens aus, und der wiederum auf die landwirtschaftlichen Erträge. Allerdings ist es seit 1976 den meisten Staatsfarmen gelungen, den Grundwasserspiegel in einer Tiefe von 1,5-1,7 m zu stabilisieren. Vielfach konnte der Mineralgehalt des Grundwassers gesenkt werden...[25]

Dasselbe gilt für das Erschließungsgebiet von Aral, am Tarim-Oberlauf:

> Ein Beispiel ist das Gebiet der Staatsfarm Nr.12. Zwischen 1958 und 1973 stieg dort der Grundwasserspiegel von 4,6 m auf weniger als 2 m unter Flur an. ...Nachdem zwischen 1974 und 1977 die Entwässerung verbessert und andere landbautechnische Maßnahmen durchgeführt worden waren, hat sich der Grundwasserspiegel bei 1,7-2,0 m unter Flur stabilisiert, und der durchschnittliche Salzgehalt der obersten Bodenschicht (1 m) ist von 1,0 auf 0,4% zurückgegangen.[26]

Detaillierter beschreibt die Entwicklung auf der Korpsfarm Nr.12 folgender Textauszug: Die Korpsfarm 12 (früher: Staatsfarm des Kommunistischen Jugendverbandes in der 1. Agrardivision) befindet sich am Südufer des Tarim-Oberlaufes im Erschließungsgebiet von Aral; sie grenzt im Norden an den Tarim, im Westen an ein altes Flußbett des Hotän, im Süden liegt die Täklimakan. Das Relief fällt von SW nach NO ab. Die Korpsfarm wurde im Jahre 1958 gegründet, der Grundwasserspiegel des Gebietes lag bei 4-6 m unter Flur.

Zunächst wurden sogenannte Trockendrän-Methoden benutzt (vgl. unten Kap. 3.5). D.h., es wurden ohne besondere Dränanlagen Bodenwaschungen durchgeführt. Da das überschüssige Bewässerungswasser nicht abgeführt wurde, stieg der

---

24) Zhang Xuehan (1962), S.169.
25) Zhao Songqiao; Han Qing (1982), S.116.
26) Ebd.

Grundwasserspiegel stark an. Die Salze wurden nur innerhalb des erschlossenen Areals umverteilt. Ein Teil des Bewässerungswassers wanderte jedoch in die Erhebungen des Feinreliefs, ein anderer Teil lief in die umliegende Wüste ab: Der Grundwasserspiegel stieg zunächst auf 2,8-3,15 m unter Flur, blieb damit unterhalb der kritischen Tiefe (siehe unten 2.4.2), und die Böden blieben im Entsalzungsprozeß. Auf Teilflächen der Staatsfarm mit leichteren Böden ging der Entsalzungsvorgang sogar gut voran: Bis 1961 war der Salzgehalt dort auf 0,4% in der 1-m-Schicht gefallen bei einer nur leichten Konzentration in den oberen Bodenschichten. Im mittleren und östlichen Teil der Staatsfarm behinderte jedoch ein lehmiger Zwischenhorizont innerhalb der 1-m-Schicht die Abführung der Salze; da 1961 in diesem Teil 32,5% der Flächen Jungpflanzenausfälle zeigten, mußten 46,2% der Nutzflächen weiter gewaschen werden (1961-1965). Der Grundwasserspiegel stieg weiter leicht an auf Tiefen zwischen 0,90 und 2,26 m unter Flur. Durch Versalzung und Alkalisierung blieben 17% der Aussaatfläche ohne Keimpflanzen (versalzte Böden und Solontschaks machen 92,7% der gesamten Staatsfarm-Ackerfläche [2.733 ha] aus). Erst nach 1965 wurde die Bedeutung der Dränung allmählich erkannt: Es wurden Drängräben gezogen, die Streifenfelder umgestaltet, die Böden besser geebnet und ein Wechsel von bewässerter und unbewässerter Bestellung eingeführt.

Erst 1974 pendelte sich der Grundwasserspiegel auf einem Niveau von 1,7-2,0 m unter Flur ein, und "das Ausmaß der Versalzungsschäden verringerte sich"; auch die Flächen mit geschädigten Pflanzen gingen zurück.[27]

2.4.2 Exkurs: Kritische Tiefe des Grundwasserspiegels

Als kritische Tiefe (oder Sicherheitstiefe) wird in der bodenkundlichen Literatur jener Grenzwert der Grundwassertiefe bezeichnet, mit dessen Überschreiten unter ariden Klimabedingungen eine stetige Salzanreicherung aus dem Grund- und Bodenwasser im Kulturhorizont einsetzt.[28]

Ich behandle hier die Frage der kritischen Tiefe des Grundwassers, weil sie erstens in unserem Zusammenhang - immer wiederkehrend - eine zentrale Rolle spielt und weil zweitens an der Diskussion über den jeweils lokalen, nur schwer bestimmbaren Grenzwert "kritische Tiefe" deutlich wird, wie stark situationsbedingt dieser Wert ist und wie sehr ein als naturwissenschaftlich exakt bestimmbar

---

27)   Vgl. Anhang, Tabelle 4. Qu/Chen/Han/Li (1982), S.21.
28)   Luo Jiaxiong (1985), S.19; vgl. Kovda (1980), S.69.

angesehener Wert von einem Wirkungsgeflecht kulturtechnischer, sozialer und natürlicher Faktoren abhängig ist. Oder anders ausgedrückt, dieser Grenzwert kann je nachdem, wie die einzelnen beteiligten Faktoren wahrgenommen und gehandhabt werden, durchaus verschiedene Größen annehmen.

Kovda gibt als Näherungwert für die Bestimmung der "kritischen Tiefe" folgende Formel an:
L = 170 + 8 t +/- 15 (L = kritische Tiefe in cm, t die Jahresdurchschnittstemperatur in ° C).[29] Das heißt, je wärmer das lokale aride Klima, desto stärker sind die Evaporation und der potentielle kapillare Aufstieg im Boden, desto stärker mineralisiert ist das Grundwasser und desto tiefer muß die kritische Tiefe angesetzt werden. Für unsere hier untersuchte Region ergäbe sich nach Kovdas Formel:

bei 10° C Jahresdurchschnittstemperatur im Aksu-Gebiet
250 +/- 15 cm kritische Tiefe,
bzw. für Korla mit 8° C Jahresdurchschnittstemperatur
234 +/- 15 cm kritische Tiefe.

Es werden für spontan verlaufende Versalzungsprozesse im nördlichen Tarim-Becken durchaus unterschiedliche Grundwassertiefen genannt:
- bei Tiefen von mehr als 3-4 m sind langsame Versalzungsprozesse durch aufsteigendes Filmwasser und Kapillarhub zu beobachten;[30]
- erst der reliktische Solontschak mit Grundwassertiefen von 7-8 m ist (vgl. die Synopse der Salzböden im Anhang II) vom Grundwassereinfluß abgeschnitten, nicht jedoch der "desertifizierte Solontschak" mit 5-6 m Grundwassertiefe;
- im Erschließungsgebiet von Aral wurde bei Grundwassertiefen von 5-6 m noch ein kapillarer Aufstieg beobachtet; am linken Aksu-Ufer wurde in unbearbeiteten Böden ein mittlerer Kapillarhub von 3 m beobachtet;[31]
- doch sind, als Gegenbeispiel, für bearbeitete tonige Böden im Shajingzi-Gebiet z.B. Tiefen von nur 1,5-1,8 m unter Flur "zulässig",[32] dies allerdings nur unter noch näher zu diskutierenden Bedingungen, die eine progressive Bodenversalzung verhindern.

Häufig werden die folgenden natürlichen und anthropogenen Faktoren bei der Wahrnehmung und Bestimmung der kritischen Tiefe nicht berücksichtigt:

---

29)   Kovda (1980), S.221.
30)   Luo Jiaxiong (1985), S.19.
31)   Zakharina (1960), S.105; Penskoy (1959), S.182.
32)   Luo Jiaxiong (1985), S.22.

a) Die im Labor errechneten Werte für die kritische Tiefe werden schematisch auf die landwirtschaftliche Praxis übertragen, es werden Faktoren wie Feldbearbeitung, Bodenbedeckung, Windschutzgürtel usw. nicht berücksichtigt.[33]

b) Die Bestimmung der kritischen Tiefe stellte auf die Höhe des Kapillarhubs ab. Vernachlässigt wurden Stärke und Geschwindigkeit des Kapillarstroms.[34]

c) Werte, die für den unbedeckten Boden ermittelt worden waren, übertrug man auf den bedeckten Boden.

d) Es gibt zwei Stärken kapillaren Aufstiegs, den "beschleunigten kapillaren Aufstieg", der auf einem nach oben gerichteten Druck des Grundwassers beruht, und den "langsamen kapillaren Aufstieg", der erst ab einer gewissen Höhe des Grundwasserstandes einsetzt und mit dessen Absinken auf eine bestimmte Tiefe unter Flur zum Stillstand kommt. Dieser "langsame kapillare Aufstieg" kann durch kulturtechnische, evaporationshemmende Maßnahmen an der Oberfläche unterbunden werden.[35]

Als zusätzliche Faktoren müssen bei der Bewertung der kritischen Tiefe berücksichtigt werden:

e) Die absolute Höhe des Kapillarhubs ist auf bearbeiteten Böden sehr viel geringer als auf unbearbeiteten, da durch Pflügen, Eggen, Walzen usw. Kapillarkanäle zerstört werden und eine lockere, mulchende Bodenauflage geschaffen wird.

f) Durch das Hinzukommen der Bewässerungsgaben kann, wenn das Bewässerungswasser unversalzen ist, ein Frischungseffekt auf Boden- und Grundwasser ausgeübt werden, so daß Kulturen oft gut gedeihen, selbst wenn das Grundwasser stark versalzen ist.

---

33) Zhu Lianqing (1965), S.2.
34) Ebd. und Luo Jiaxiong (1985), S.19, bestimmt durch Temperatur, Windgeschwindigkeit (Windhäufigkeit) und die kapillare Leitfähigkeit. Die Korngrößenzusammensetzung bestimmt den Durchmesser der Kapillaren, je feiner die Korngrößenzusammensetzung, desto effektiver der kapillare Aufstieg. Sand verhindert wegen seiner großen Korngröße als Zuschlagstoff oder als mulchende Auflage kapillaren Aufstieg.
35) Zhu Lianqing (1965), S.2-3.

g) Wenn nicht das Grundwasser, sondern ursächlich tieferliegende Bodenhorizonte für die Versalzung verantwortlich sind, ist ein Grundwasserspiegel oberhalb dieser salzhaltigen Bodenschichten sogar günstiger.

Weiter sind zu beachten:

h) Der Mineralisierungsgrad des Grundwassers und dessen mineralische Zusammensetzung.

i) Die angebauten Feldfrüchte und ihre biologischen Eigenarten hinsichtlich Wasserbedarfs, Salzaufnahme und Salztoleranz.

j) Der Reifegrad des Bodens und die Mächtigkeit der Kulturschicht.

k) Die Entwässerungsbedingungen.[36]

l) Das Bewässerungssystem sollte dem Wurzelsystem optimale Entwicklungsbedingungen bieten.

m) Die Bodendurchlüftung.

n) Die Intensität, Frequenz und Menge der Niederschläge.

o) Der für die Pflanzen tolerierbare Grundwasserstand.[37]

Bei einer engeren Definition der "kritischen Tiefe" ist es im Grunde gleichgültig, ob die oberen Bodenhorizonte versalzen, entscheidend ist vielmehr, ob die angebauten Kulturpflanzen während der Wachstumsperiode geschädigt werden; man spricht dann auch von einer "zulässigen" statt "kritischen Tiefe":

> Wir bezeichnen als zulässige Tiefe, wenn unter Beibehaltung bestimmter [kulturtechnischer] Maßnahmen in der Jahreszeit mit der stärksten Verdunstung eine nur sehr geringe Versalzung des Oberbodens stattfindet, die

---

36)   Ebd. und Tan Xiaoyuan (1962).
37)   *Soil Survey Investigation for Irrigation* (1979), S.50.

jedoch nicht das reguläre Wachstum der Pflanzen gefährdet, und zwar derart, daß der Salzgehalt [des Bodens] im gesamten Jahresverlauf konstant bleibt.[38]

Abhängig vom Mineralisierungsgrad des Grundwassers und der jeweiligen Bodenart beträgt diese "zulässige Tiefe" zwischen 1,3 und 2,3 m (vgl. im einzelnen Anhang, Tabelle 5).

Die genaue Bestimmung einer "kritischen" oder "zulässigen" Grundwassertiefe ist somit ein höchst komplexes Unterfangen. Je mehr natürliche und anthropogene Faktoren berücksichtigt werden können, desto genauer kann über die kritische oder zulässige Tiefe eine Aussage getroffen werden. Richtig gestellt, zielt diese Frage auf die angemessene "anthropogene" Wahrnehmung und Handhabung der Böden und anderen natürlichen Bedingungen in ihrem je lokalen Wirkungsgefüge ab.

2.4.3 Versickerung aus Kanälen (Korrespond. 3.2 und 3.8)

Wir sahen in Kapitel 2.4.1, daß Bewässerungswasser bzw. zum Waschen der Felder verwendetes Wasser von den Feldflächen ins Grundwasser infiltriert und zu einer Anhebung des Grundwasserspiegels im Bereich der Felder und ihrer unmittelbaren Umgebung führen kann. Die Infiltration aus dem Kanalnetz bildet einen weiteren wichtigen Faktor bei der Hebung des Grundwasserspiegels im

---

38) Luo Jiaxiong (1985), S.19; nachteilig an dieser Definition ist, daß nicht das Frühjahr als kritische Phase angenommen ist, das nicht die Zeit der stärksten potentiellen Evaporation ist, aber die Jahreszeit, in der die auf Bodensalze sehr empfindlich reagierenden Jungpflanzen geschädigt werden. Luo schlägt zusätzlich eine "Sicherheitstiefe" vor, die 60 cm tiefer angesetzt wird als die "zulässige Grundwassertiefe". In die Berechnung der jeweiligen "zulässigen Grundwassertiefe" gehen nach Luo ein (bei Sediment-Böden/ Böden mit Bewässerungsauflage in Nord-Xinjiang):
- die Höhe des ausgeprägten kapillaren Aufstiegs am Ort, z.B. 1,6 m,
- 0,3 m für den Pflughorizont sowie je nach Mineralisierungsgrad des Grundwassers bei 0-5/5-15/15-30 g/l Mineralisierungsgrad; 5-15 g/l zusätzlich 0,2-0,4 m, 15-30 g/l zusätzlich 0,4-0,8 m "zulässige Tiefe"; "zulässige Tiefe" = 2, 10 m unter Flur;
die "Sicherheitstiefe" betrüge 2,70 m unter Flur.

weiteren Umkreis der Feldflächen wie in deren Nähe. Diese Filtration addiert sich zu den übrigen Sickerverlusten und ist damit an der Hebung des Grundwasserspiegels beteiligt.

Sickerverluste aus nicht abgedichteten Hauptkanälen bewirken - je nach Untergrund - bis auf eine Entfernung von 600-800 m oder sogar 1-2 km eine Grundwasserspiegelhebung. Der stärkste Grundwasserspiegelanstieg wird innerhalb eines Abstands von 300 m beobachtet.[39] Sekundärkanäle bewirken in seitlichem Abstand von 200-300 m eine Hebung des Grundwasserspiegels.[40]

Als normal gelten Verluste von 40% des gefaßten Wassers im Kanalnetz (so für Hauptkanäle im Bewässerungsgebiet von Shajingzi oder im Gebiet von Korla zwischen 1958-1960).

Die Gesamtverluste - neben Filtrationsverlusten sind es Verdunstung, Überschwemmungen und Verluste in Wasserspeichern - erreichen 70% bis > 80% der Gesamtableitung.[41]

Tabelle 16:
Filtrations-, Evaporations- und andere Verluste aus dem Kanal- und Speichernetz im Erschließungsgebiet von Aral, Kreis Aksu

Jährliche Ableitung	1.020 - 1.120 Mio.m^3	
Verluste in Kanälen	545	"
Verluste in Wasserspeichern	256	"
auf die Felder geleitet	209	"

Quelle: Han Qing (1980), S.228-229.

---

39)   Zakharina (1959), S.116; XJTRDL (1965), S.436.
40)   XJTRDL (1965), ebd.
41)   Han Qing (1980), S.228-229; Qu/Chen/Han/Li (1982), S.28 geben einen mittleren Nutzungskoeffizienten von 0,25-0,30 für die traditionellen und die neuen Bewässerungsgebiete am Tarim und Aksu an.

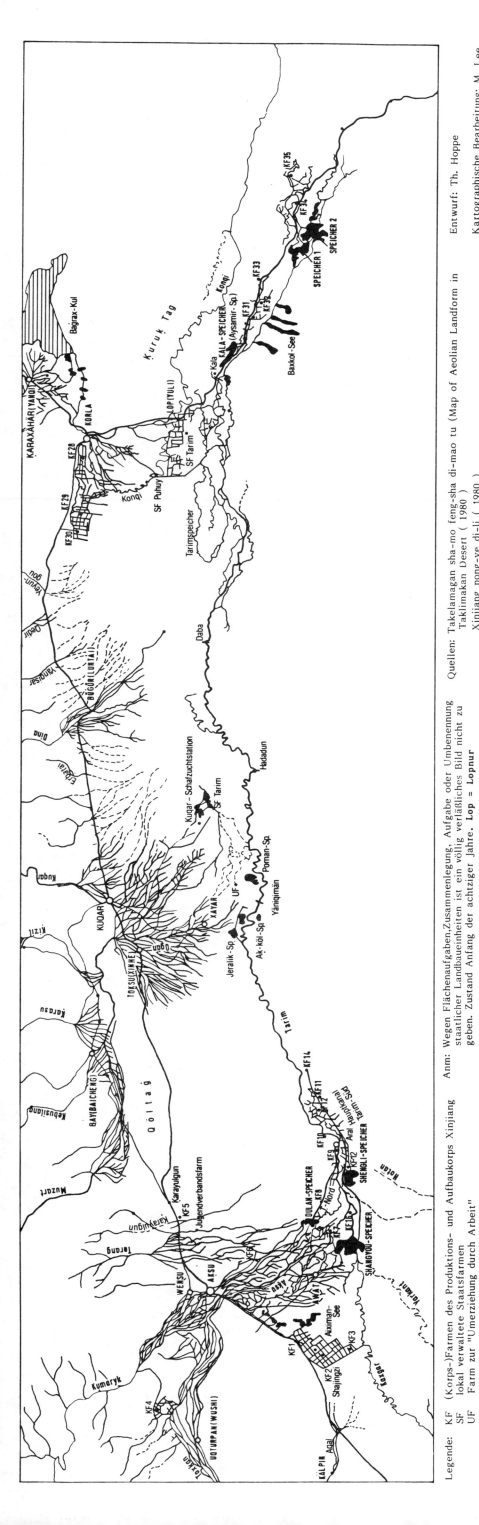

Legende: KF (Korps-)Farmen des Produktions- und Aufbaukorps Xinjiang
SF lokal verwaltete Staatsfarmen
UF Farm zur "Umerziehung durch Arbeit"
⌐ Flußabschnitte des Tarim (Ober-, Mittel-,Unterlauf)

Anm: Wegen Flächenaufgaben,Zusammenlegung, Aufgabe oder Umbenennung staatlicher Landbaueinheiten ist ein völlig verläßliches Bild nicht zu geben. Zustand Anfang der achtziger Jahre. **Lop = Lopnur**

Entwurf: Th. Hoppe

Kartographische Bearbeitung: M. Lee

Quellen: Takelamagan sha-mo feng-sha di-mao tu (Map of Aeolian Landform in Taklimakan Desert (1980)
Xinjiang nong-ye di-li (1980)
Xinjiang zhong-dian di-qu.(1986)
Han, Qing (1985)

Legt man die niedrigere Ableitungsziffer obiger Tabelle (1.020 m) zugrunde, so ergibt sich ein Nutzungskoeffizient von 0,2 - bei der höheren Ableitungsziffer sogar nur ein Wert von 0,19. Da es sich hier um ein reines Korpsfarm-Gebiet handelt, hieße das, daß die uygurischen Oasen einen höheren Nutzungskoeffizienten erreichen, da sich der mittlere Nutzungskoeffizient des Gesamtgebietes auf 0,25-0,30 beläuft.

Die Gesamtlänge des Xinjianger Kanalnetzes beträgt 150.000 km; davon waren bis 1982 nur 9% oder 14.000 km mit Abdichtungen ausgestattet.[42]

2.4.4   *Flachlandspeicher* (Korrespond. 3.7)

Die seit den 50er Jahren angelegten Flachlandwasserspeicher führen in ihrer Umgebung durch Filtrationsverluste zu einem Anstieg des Grundwasserspiegels. Von den ausgedehnten Wasserflächen verdunsten zudem große Wassermengen, so daß es zu einer zunehmenden Konzentration von Mineralien im gespeicherten Oberflächenwasser kommt.

Am Tarim-Oberlauf, am Zusammenfluß der drei Ströme Aksu, Yäkän und Hotän,[43] sind besonders zahlreiche Wasserbauten und Speicher entstanden. Innerhalb von drei bis vier Jahren nach der Errichtung der Speicher stieg der Grundwasserspiegel in ihrer Umgebung von drei bis vier Meter auf weniger als zwei Meter unter Flur an, der Mineralisierungsgrad des Grundwassers nahm gleichzeitig von 20 g/l auf 40-60 g/l zu. Bis 1977 war der Grundwasserspiegel auf 0,6-0,8 m unter Flur angestiegen und sein Mineralisierungsgrad lag bei 25-30 g/l.[44]

Seit 1950 sind in ganz Xinjiang ca. 480 Wasserspeicher errichtet worden, fast alle sind Flachlandspeicher.[45] Der erste bedeutende Gebirgsspeicher ist das Kizil-Reservoir, das voraussichtlich 1992 in Betrieb genommen wird und die Ögän-Abflüsse regulieren soll.

---

42)   Qian Zhengying (1983), S.294.
43)   Der Yäkän liefert nur noch minimale Abflüsse, der Hotän nur während der sommerlichen Hochwasserperiode Zuflüsse zum Tarim.
44)   Han Qing (1980), S.227; vgl. auch für Gesamtchina Huang/Murong (1963), S.34.
45)   Qian Zhengying (1983), S.293; vgl. auch Yang Lipu (1983,1), S.3; Yang Lipu (1988), S.77: 483 fertiggestellte Speicher.

Wegen des ariden Klimas erreicht die Verdunstung [von Seeflächen im nördlichen Tarim-Becken] 2.900-3.400 mm pro Jahr, d.h. ein großer Teil des Wassers verdunstet, und der Mineralgehalt des [zurückbleibenden] Wassers steigt rasch an. Laut Untersuchungen von 1977 liegt der Mineralgehalt des in die Speicher gelangenden Wassers [während der Sommerhochflut] bei 0,5-0,7 g/l, erreicht aber während der jährlichen Niedrigwasserperiode [wenn das gestaute Wasser verwendet wird] 1,0-1,8 g/l.[46]

Der Shangyou-Speicher, der das Erschließungsgebiet von Aral versorgt, soll mit 2-3 g/l mineralisiert sein.[47]

Der Xiaohaizi-Speicher am Yäkän-därya z.B. hat ein Speichervolumen von 400 Mio.m^3; seine Verdunstungs- und Sickerverluste erreichen bis zu 250 Mio. m^3/a.[48]

Tabelle 17:
Seit 1949 am Aksu/Tarim-Flußabschnitt eingerichtete Speicherkapazitäten

Fassungsvermögen:

Oberlauf	333 Mio.m^3	3 große Speicher
Mittellauf	300 Mio.m^3*	4 Speicher
Unterlauf	346 Mio.m^3	Kala- und Daxihaizi-Reservoir

*nicht Fassungsvermögen, sondern jährliche Gesamtableitung.
Quelle: Qu/Chen/Han/Li (1982), S.28, 18.

Absurd wird die Anlage von Flachlandspeichern, wenn der niedrige Nutzungskoeffizient des Speichers sich mit den Verlusten im zugehörigen Kanalnetz addiert, wie im folgenden Beispiel:

---

46) Han Qing (1980), S.224. Der Mineralgehalt ist 3-5mal so hoch wie im Quellgebiet der Flüsse, siehe Qu/Chen/Han/Li (1982), S.20, 28.
47) Persönl. Mitteilg. von Yuan Guoying (1985) und Liang Kuangyi (1986).
48) Fan Zili et al. (1984), S.41.

Jeralik-Reservoir (früher Fan-di shui-ku) im Kreis Xayar:

Fläche	35 km^2
Speicherkapazität	68 Mio.m^3
Durchschnittliche Tiefe	2 m
Gesamtinvestition	2,8 Mio. Yuan
	(ohne "Arbeitsakkumulation")[49]
Baujahr	1975
Nutzungskoeffizient des Zuleitungs-kanals vom Tarim (60 km)	0,3
Nutzungskoeffizient des Reservoirs	0,5
Nutzungskoeffizient des Ableitungskanals (34 km)	0,3

Von 1.000 m^3, die am Tarim gefaßt werden, erreichen
- 300 m^3 den Speicher, es gehen im Speicher verloren
- 150 m^3, es verbleiben
- 150 m^3 im Reservoir, nur
-   45 m^3 erreichen die Verbraucher.

Nutzungskoeffizient der Gesamtanlage: 0,045%
(Quelle: Persönliche Mitteilung der Wasserbauabteilung des Kreises Xayar, Juni 1989.)

Da der Ableitungskanal über Flur verläuft, sind im Toyboldi-xiang 13.000 mu Ackerland versalzt. Ziel der Reservoiranlage war/ist es, Ackerbaugebiete im Tarim-xiang, einem ursprünglich reinen Viehzuchtgebiet uygurischer, halbnomadischer Hirten, zu schaffen und dort Chinesen anzusiedeln. Außerdem wird die Farm des Ministeriums für Öffentliche Sicherheit mit den dort arbeitenden Strafgefangenen versorgt. Die im Tarim-xiang erschlossenen Flächen sind z.T. ebenfalls schon versalzt, und es mußte zusätzliches Land urbar gemacht werden.[50] 35 km^2 Populus diversifolia-Wald und damit Weideland gingen allein durch die Anlage des Speichers selbst verloren. Wasserspeicher der autochthonen Bevölkerung (Lopliks) am Tarim-Unterlauf, die traditionell der Fischzucht dienen, kommen hinzu. In jüngster Zeit sind infolge der ökonomischen Reformen zahlreiche kleinere Reservoire zu Zwecken der Fischzucht angelegt worden, besonders auf Staatsfarmen.[51]

---

49) Entstandener Investitionswert aus geleisteten Arbeitstagen der Volkskommunemitglieder.
50) Angaben der Wasserbauabteilung des Kreises Xayar, Juni 1989.
51) Persönl. Mitteilg. Liang Kuangyi (1986).

Photo 1:
Verlandender Flachlandspeicher Aķ Köl, Südufer des Tarim, Toyboldi-xiang, Kreis
Xayar

Wichtig für die Versalzungsproblematik der naturnahen Auengebiete ist die indirekte Wirkung der Anlage zahlreicher Wasserspeicher, nämlich das Abfangen der Sommerhochwasser. Da das sommerliche Hochwasser nur noch ein verringertes Abflußvolumen hat, ist der Frischungseffekt der saisonalen Überflutungen auf Grundwasser, Böden und Vegetation in den Auen von Yäkän, Aksu und Tarim[52] zurückgegangen; die charakteristische, auf periodische Überschwemmungen angewiesene Vegetation in den Flußauen längs des Tarim-Ober-, Mittel- und Unterlaufes hat die für ihre Erhaltung notwendigen Abflußbeträge teilweise eingebüßt. Tendenziell werden alle verfügbaren Wasserressourcen für eine agrarwirtschaftliche Verwendung verplant, während die natürliche Vegetation nur noch Rest- oder Dränwasser erhält. Die Folge sind eine weitgehende Degradierung der natürlichen Vegetation und ein Vordringen der Austrocknung und Übersandung in die früher mit unversalzten Abflüssen versorgten und üppiger Vegetation bedeckten Gebiete.[53]

2.4.5 *Alkalisierung und Sodifizierung von Böden durch Salzauswaschungen und Bewässerung*

Die Alkalisierung von Böden kann verschiedene Ursachen haben wie
- die Verwendung von alkalinem Bewässerungswasser,
- den Aufstieg von alkalinem Grundwasser in den Kapillaren sowie
- die allmähliche Auswaschung von Gips in den Bodenhorizonten, der für eine gewisse Zeit die Alkalisierung der Böden verhindert;[54]

---

52) Beteiligt an der Verringerung der Tarim-Abflüsse ist u.a. die Anlage zahlreicher Flachlandspeicher am Yäkän- und Käxkär-därya. Der Yäkän wurde früher als der Hauptquellfluß des Tarim angesehen; er ist heute in seinem Unterlauf, vor dem Zusammenfluß mit dem Aksu- und Hotändärya, so gut wie ausgetrocknet.

53) Chen Hua (1983), in Hoppe (1984), S.125. Vgl. auch die Verminderung der mit Populus diversifolia bestandenen Flächen der Tarim-Aue, Qu/Chen/Han/Li (1982), S.23-25, siehe auch Han Qing (1984). Die Speicherung eines Teils des Sommerhochwassers ist hierbei nur ein Faktor unter vielen anderen anthropogenen Eingriffen (wie Rodung, Versalzung der Wasserkörper, Süßholzabbau), die zum Rückgang der natürlichen Pflanzendecke beitragen.

54) Kovda (1980), S.214-215, 218.

- auch das Fehlen lehmiger Horizonte in den Böden - wie am Südrand der Täklimakan - kann Verursacher einer ausgedehnten Bodenalkalisierung sein.[55]

Hauptursache für die anthropogene Alkalisierung von Böden sind im nördlichen Tarim-Becken wiederholte Bodenwaschungen, um Salze, vor allem Chloride, zu entfernen: Beim Waschen der Böden werden mit den Chlor-Ionen Kationen aus schwerlöslichen Kalzium- bzw. Magnesiumverbindungen sowie Natrium- und Kalium-Kationen in die unteren Bodenschichten verlagert. Nach den Bodenwaschungen steigen die Natrium-Kationen als erste wieder in die oberen Bodenschichten auf und alkalisieren die Kulturhorizonte.[56] Kalium steigt zusammen mit dem Natrium auf, ist leichtlöslich und ein wichtiger Nährstoff.

Frühere Tugay/Toḳay-Böden, d.h. vor allem Böden unter gerodeten Populus diversifolia-Beständen in der Tarim-Niederung, die durch biogene Sodaanreicherung im natürlichen Zustand gekennzeichnet sind, zeigten nach häufigen Waschungen Alkalisierungserscheinungen.[57] Die Alkalisierung des Bodens ist ablesbar an der HCO_3-Zunahme. Ab 0,1% HCO_3-Gehalt wird das Pflanzenwachstum gehemmt.

Bodenwaschungen im Erschließungsgebiet von Aksu-Aral auf desertifizierten Solontschaks und Tugay/Toḳay-(Populus diversifolia-)Böden zeigten Veränderungen im Gehalt an HCO_3 und SO_4 im Verlauf der Waschungen: Während der Waschvorgänge steigt der HCO_3-Gehalt mit der Zunahme der aufgebrachten Wassermenge und der Zahl der Waschungen an.[58]

Die Bildung von Alkaliflecken - in den Senken des Mikroreliefs - hat oft ebenfalls die Auswaschung von Salzen als Ursache; häufig befindet sich der Grundwasserspiegel nicht in gleichmäßiger Tiefe unterhalb der Flur, sondern liegt unter den Flecken in geringerer Tiefe. Die Alkalinität beträgt über 0,06% (HCO_3) und der pH-Wert zwischen 8,5 und 10.[59]

---

55)   Egorov/Zakhharina/Kizilova/Shelyakina (1961), S.130-135, 158.
56)   Huang/Murong (1963), S.35; XJTR (1981), S.143.
57)   Zakharina (1959), S.105.
58)   Nong Yi Shi... (1962), S.327.
59)   Xu Zhikun (1980), S.205-210.

Von Sodifizierung und Alkalisierung betroffene Gebiete sind: die Korpsfarmen 21, 22 (2. Agrardivision) in Shajingzi sowie Gebiete um Korla, Yanqi und am Südufer des Tarim (Korpsfarm 12).[60] Da Alkalisierung und Sodifizierung eine Folge von Salzauswaschungen sein können, stellen sie eine relativ junge, aber oft schwerwiegende Form der Destabilisierung infolge von unsachgemäßen Nutzungs- und Meliorationsmaßnahmen dar. Die Wahrnehmung und wissenschaftliche Erfassung des Alkalisierungs-/Sodifizierungsproblems ist daher erst in den letzten Jahren in Gang gekommen.[61]

2.4.6 Belastung von Oberflächenwasser (Flüssen, Seen, Dränwasserkollektoren) durch Salze (Korrespond. 3.5)

Durch die Erschließung von salz-/alkalihaltigen Böden werden die im Boden- und Grundwasser vorhandenen Salze mobilisiert und verlagert. Zusätzliche Salzmengen werden im Verlauf der Bewässerung und der mit ihr verknüpften Verdunstung ausgefällt. In gewissem Umfang werden die im Boden vorhandenen Salze von den angebauten Pflanzen aufgenommen und mit der Ernte der Feldfrüchte - dauerhaft oder auch nur zeitweilig - aus dem lokalen Salzkreislauf entfernt. Durch die anthropogene Schaffung großer Evaporationsflächen wie Wasserspeicher, vegetationslose oder vegetationsarme aufgegebene Flächen und Brachflächen mit hohem Grundwasserstand, vor allem aber auf den bestellten Ackerflächen, setzt sich der unter natürlichen Bedingungen ablaufende Trennungsvorgang zwischen Wasser und Mineral ("das Wasser verdunstet - die Salze bleiben zurück") auf künstlich erweiterter Stufenleiter fort.

Wie wir in Kapitel 3 (und zusammenfassend in 2.6.6.3 "Absolute und relative Versalzung") sehen werden, können nur bestimmte Bewirtschaftungsformen diese Salzausfällung und Salzmobilisierung unterbinden oder auf ein tolerierbares Maß beschränken. Viele Kulturmaßnahmen bewirken entweder eine Verlagerung der vorhandenen Salzmengen (z.B. bei Bodenwaschungen) oder steigern die vorhandene Menge der aus dem Wasser (Grundwasser, Bodenwasser, Bewässerungswasser, Niederschlagswasser) ausgefällten Salze. Die Salzmobilisierungs- und -ausfällungsvorgänge werden greifbar in der Mineralisierung der Oberflächengewässer.

---

60) Gu Guoan (1984), S.79, 81. XJTRDL (1965) erwähnte nur Sodifizierungen am Konqe und im Yanqi-Becken.
61) Vgl. die Darstellung in XJTR (1981), S.141-145; Gao Yurun (1984). Das Alkalisierungs- und Sodifizierungsproblem ist damit in seiner ganzen Breite und Ätiologie nicht erfaßt. Für eine umfassende Darstellung aus chinesischer Sicht vgl. Yu Renpei et al. (1984).

Salzreserven der Böden im Erschließungsgebiet Aksu-Aral:

> The reserves of salts in the crusty solonchaks [in China: reliktischer Solon-
> tschak] is simply enormous. In the cultivated horizon these reach 2.000 tons
> per hectare and in the rootcontaining layer 2500 tons per hectare and even
> more. Such solonchaks or similar ones occupy approximately a third of the
> Pobeda ["Sieg"] no.6 farm [heute Korpsfarm Nr.6, ca. 30 km südlich von
> Aksu, vgl. Karte 2] and in varying degree salinated soils occupy three
> quarters of the total area...[62] These soils, as regards reserves of salts for
> the most part are quite similar to salt-bearing rocks. Not uncommonly in
> the 0-20 (30)-cm-layer there is a salt-content of 50-70% and even 90%; in
> other words, we have a salt rind with very little admixture of silt.[63]

Chinesische Quellen geben geringere Salzreserven an.

Tabelle 18:
Salzgehalt der Salzböden am Nordrand des Tarim-Beckens in der 1-m-Schicht

Wiesensolontschak (Korla-Lopnur)	495 t/ha
reliktischer Solontschak	795 t/ha
Populus diversifolia-Waldboden	39 t/ha
Wiesenboden	39 t/ha
Takyr	60 t/ha

Quelle: Han Qing (1985), S.169-170.

Tabelle 19:
Salzgehalt in der 1-m-Schicht (in Prozent)

reliktischer Solontschak	5,70-15,7	ohne weitere Salzanreicherung
Wüstensolontschak	4,76	"
Tamariskenhain-Solontschak	8,0	aktiver Solontschak
Wiesensolontschak	3,62	"
Wiesen-Populus-diversifolia-Hainböden	0,2	"

Quelle: Han Qing (1984), S.11 und dies. (1980), S.225.

---

62)   Zakharina (1960), S.108.
63)   Ebd., S.114.

Die Salzfracht in den Gewässern, die das Gebiet Aksu-Aral mit seinen alten
Oasen und neu angelegten Staatsfarmen jährlich erzeugt, wird auf (mindestens)
3 Mio.t geschätzt.[64]

Ein weiteres Beispiel ist die Versalzung des Baġrax-kul im Yanqi-Becken: Mit
der Ausweitung der Ackerflächen um das Achtfache im Seegebiet zwischen 1949
und 1980 wurde immer mehr salzhaltiges Dränwasser in den See abgeleitet. Die
Dränwassermenge belief sich Ende der 70er Jahre auf etwa 213 Mio.m^3/a, diese
Dränwasser transportierten eine Salzfracht von vermutlich weit über
630.000 t/a.[65]

Der Mineralisierungsgrad des Seewassers stieg von 0,38-0,39 g/l (1958) auf
1,85 g/l (1984).[66]

Bis zur Mitte der 70er Jahre nahm der Mineralgehalt des Tarim-Flußwassers um
ein Vielfaches gegenüber den Werten aus den fünfziger Jahren zu. Insbesondere
während der Niedrigwasserperiode besteht das Flußwasser hauptsächlich aus
Dränwasser von den Feldflächen.

Der Mineralgehalt des Tarim-Wassers stieg von 0,45-0,99 g/l (1958-1959) am
Pegel Aral bzw. von 0,33-1,28 g/l (1960); auf 0,44-5,5 g/l (1977). Dies resultiert
jedoch nicht nur aus den Dränwassereinträgen in die Flüsse, sondern auch aus
der Abnahme der Gesamtabflußmengen während der Niedrigwasserperiode des
Frühjahrs und Frühsommers und aus der Abschwächung des ursprünglich sehr
starken Frischungseffektes der sommerlichen Hochwasser, die heute großenteils
in Speichern und Seen abgefangen werden. Der mittlere Jahresabfluß am Pegel
Aral von 4,9 Mrd.m^3 (70er Jahre) dürfte um 1/3 bis 1/2 niedriger liegen als der
Abfluß am selben Pegel in den 40er und 50er Jahren. Das gesamte hydrologische
System des Tarim mit seinen Zuflüssen Aksu-, Yäkän- und Hotän-därya (früher
auch Käxkär- und Ögän-därya) ist anthropogen so stark überformt, daß im
Tarim- und Aksu-Flußbett bei niedrigen Wasserständen nur noch Dränwasser

64) Han Qing (1980), S.224; in einer posthumen Veröffentlichung der Auto-
    rin werden die aus Aral abgeführten Mengen mit 4,0-5,37 Mio.t/a angege-
    ben, Han Qing (1985), S.184.
65) Nach Xinjiang huangdi ziyuan...(1982), S.150 - 637.100 t/a.
66) Vgl. Bayinguoleng...(1984), S.21; diese Quelle gibt die jährliche Salzfracht
    inkl. Salzen aus Industrieabwässern mit 500.000-900.000 t/a (!) an, *Xinjiang
    nianjian (1988)*, S.324 und Wang Heting (1983), S.234 geben die jährliche
    Salzfracht mit 691.100 t/a (1982) an.

transportiert wird, während der Frischwassertransport in Kanäle verlagert worden ist. Auch Yäkän- und Käxkär-därya transportieren in ihren Unterläufen nur noch Dränwasser.[67]

Bei einer Ableitung von etwa 68% der Gesamtabflußmengen aus dem Aksu-Tarim-System und sogar 85% aus dem Kaidu-Konqe-System und entsprechender Wiedereinleitung von Dränwasser ist die beschriebene Entwicklung kaum verwunderlich.[68]

Durch den absoluten Rückgang der Abflüsse in den natürlichen Flußbetten und den fehlenden Gegendruck des Tarim-Wasserkörpers steigt auch die Zufuhr von stark mineralisiertem Grundwasser aus der Umgebung der Flußbetten in die Flüsse. Der Frischungseffekt des Tarim gegenüber dem flußnahen Grundwasser bleibt mehr und mehr aus.

Trinkwasserbrunnen, die früher frisches Wasser lieferten, beispielsweise im Tarim-xiang, Kreis Xayar, sind inzwischen versalzen.[69]

Sehr früh (1960) wurde deshalb vorgeschlagen, insbesondere in den konzentriert erschlossenen Staatsfarmgebieten die schädlichen Dränwasser zu entsorgen, ohne die flußabwärts gelegenen Gebiete zu schädigen. Auf der Korpsfarm 29 ist die Vegetation, die durch die so beseitigten Dränwasser gespeist wird, selbst so stark versalzen, daß sie von Tieren nicht mehr gefressen wird.[70]

Die Korpsfarmen 11, 13 und 14 (Erschließungsgebiet Aral) leiten ihre Dränwasser in ein altes Flußbett südöstlich der Korpsfarm Nr.12; sie können damit Weideareale im Wüstenbereich bewässern. Auch die Korpsfarmen 29 und 30 (westl. Korla) benutzen ein altes Tarim-Flußbett, in das sie ihre Dränwasser ableiten.[71] Die abgeleiteten Wasserbeträge gehen dem Flußsystem des Tarim bzw. Konqe verloren, da das Dränwasser die Flüsse nicht mehr erreicht.

Mit mineralisiertem Flußwasser durchgeführte Bewässerungen können zu einer Ertragsminderung oder zum Absterben der angebauten Pflanzen und zu einer weiteren Anreicherung von Salzen im Boden führen, vor allem wenn keine Entwässerungsanlagen vorhanden sind.

---

67) Han Qing (1980), S.220-222. Vgl. Erlach (1988), S.72-73.
68) Han Qing (1985), S.185.
69) Han Qing (1980), S.221-225.
70) Persönl. Mitteilg. der Korpsfarmleitung, Juli 1989.
71) Han Qing (1980), S.225.

2.4.7 *Fehler bei der Bewässerung und beim Auswaschen (leaching) der Böden; Bewässerungsorganisation* (Korrespond. 3.7)

Es können hier nicht alle möglichen Fehlerquellen aufgezählt werden, da es zu viele lokal bedingte Formen der 'Harmonie' bzw. des 'Widerspruchs' zwischen jeweiliger Bodenart, Gesamtsalzgehalt, dem chemischen Typus der Versalzung, der Bewässerungswasserqualität und der Salztoleranz bestimmter Feldfrüchte gegenüber den Salzen gibt. Nur durch eine Berücksichtigung aller genannten Faktoren können Fehler bei der Bewässerung, Bodenbearbeitung und Bestellung vermieden werden.[72]

Mögliche Fehler bei Bodenwaschungen:
- Unterschiedliche Salzarten lösen sich bei unterschiedlichen Witterungsbedingungen unterschiedlich stark: Soda- und sulfathaltige (Sulfat- und Sulfatchlorid-)Salzböden werden am besten bei großer Hitze gewaschen, chloridhaltige Böden hingegen können, weil Chloride außer während der Frostperiode bei jeder Temperatur löslich sind, immer gewaschen werden.[73]
- In Tarim-Nähe sollte man Böden z.B. in der Zeit des niedrigsten Grundwasserstandes waschen. Dies gestaltet sich schwierig, weil das größte Wasserdargebot im Sommer anfällt, wenn auch der Grundwasserstand am höchsten ist.
- Die Verwendung von zu großen Wassermengen; sie führen zu einem übermäßigen Anstieg des Grundwasserspiegels.[74]
- Mangelhafte Einebnung der Böden.
- Stoßbewässerungen, die in der Fläche sehr unregelmäßige Entsalzungen hervorrufen, oder
- Waschen zu großer Feldflächen, die wegen ihrer Größe eine gleichmäßige Wasserverteilung unmöglich machen: Es bilden sich gewaschene bzw. vom Wasser nicht erreichte Teile des Kleinreliefs.

Die Bewässerungsgaben im nördlichen Tarim-Becken werden von vielen Wissenschaftlern als zu hoch kritisiert (vgl. Kap. 3.7). Wenn der Boden nicht gut eingeebnet und die Feldbearbeitung zu grob ist, ist auch der Wasserverbrauch allgemein zu hoch, er liegt im Schnitt bei 450-500 m³ pro mu für Weizen[75] und

---

72) Vgl. XJTRDL (1965), S.444.
73) Zakharina (1959), S.112.
74) XJTRDL (1965), S.443.
75) Im Kreis Xayar wird Winterweizen mit Beträgen von 110-180 m³/mu kultiviert, siehe 3.7. Auch Ibrahim (1982), S.62 gibt etwa 163 m³ pro mu (von mir umgerechnet auf mu) für Weizen an.

2.500 m³ pro mu für Naßreis (am Tarim-Unterlauf werden in einigen Gebieten sogar 3.000-4.000 m³/mu erreicht). Zu Beginn der Erschließungen wurde ohne Dränung bewässert, große Mengen überschüssigen Wassers gelangten durch Filtration ins Grundwasser. Wegen der unterschiedlichen naturräumlichen Bedingungen ist eine Festlegung von Normen schwierig: Allgemein sollten auf Streifenfeldern, wenn sie gut geebnet sind und ein Gefälle von 1/1.500-1/3.000 aufweisen, folgende Normen angewandt werden: Winterweizen 390, Sommerweizen 280-300, Mais 350, Baumwolle 320-400, Naßreis 1.560 (jeweils m³/mu). Durch eine fachgerechtere Bewässerung (Verringerung der Sickerverluste, verstärkte Bewässerungsorganisation und niedrigere Bewässerungsgaben pro Flächeneinheit und Jahr) könnte eine Einsparung von angeblich 1.500 Mio.m³ Bewässerungswasser erreicht werden.[76]

Gesellschaftliche und kulturelle Faktoren, die an der Verursachung von Bodenversalzung beteiligt sind, lassen sich an der Frage der Bewässerungsorganisation und der Produktionsplanung aufzeigen. Am Beispiel des Kreises Yanqi möchte ich die sich wechselseitig beeinflussenden Faktoren Staat, Bauer, Wasser, Boden beschreiben.

1980, zum Zeitpunkt der hier zitierten Untersuchung ("Agrarzonierung des Kreises Yanqi", 1982), waren 50% der Ackerflächen des Kreises von Versalzung bedroht, auf 20% der Flächen gab es Jungpflanzenausfälle, Ertragsdepressionen waren weit verbreitet. Hauptursachen hierfür waren nach Ansicht der Autoren der vernachlässigte Wasserbau und die mangelhafte Bewässerungsorganisation:

1. Politische Kampagnen wirkten irritierend im Bereich des Wasserbaus; auf die überzogene Klassenkampfideologie und falsch angesetzte Produktionspläne reagierte die Bevölkerung mit Gleichgültigkeit. Feldarbeiten wurden nachlässig durchgeführt, und es wurde mit zu großen Wassermengen bewässert, dadurch nahm die Versalzung zu.

2. Die Neuerrichtung von Wasserbauanlagen wurde großgeschrieben, aber Wartung und sachkundige Nutzung der Anlagen wurden nicht beachtet, größere Wasserbauvorhaben durchgeführt, aber Bodeneinebnungen und Dränbauten nicht vorangetrieben.

---

76) Han Qing (1980), S.229, 221. Bei den hier genannten Bewässerungsgaben dürfte es sich um Staatsfarm-Normen handeln, solche Beträge wurden im Kreis Xayar 1989 selten oder gar nicht erreicht, vgl. 3.7.

3. Ungenügende Bewässerungsorganisation: In den damaligen Volkskommunen war keine Wasserbauverwaltung vorhanden, oft gab es nicht einmal einen Wasserbauverantwortlichen pro 10.000 mu bewässerter Fläche. Jede Volkskommune hätte eine eigene Wasserbauabteilung benötigt sowie auf unterer Ebene zwei bis drei Verantwortliche für je 10.000 mu (ca. 670 ha) bewässerter Fläche. Nicht selten geriet die Wasserverteilung völlig durcheinander.

4. Die Bewässerungsnormen waren zu hoch: Für die Produktion von 1 jin Getreide (500 g) wurden über 4 m^3 Wasser verbraucht (für erzielbar hielt man 1 m^3 Wasser/1 jin Getreide, im Mittel werden in Xinjiang (1982) 2,5 m^3/1 jin benötigt).[77] Der Wasserbedarf der angebauten Pflanzen betrug 200-300 m^3/mu, 400-500m^3 gelangten aufs Feld, pro Bewässerung 100 m^3, vgl. hierzu die sparsame Wasserverwendung im Ögän-Flußgebiet (Kap. 3.7). Ohne Rücksicht auf das notwendige Gleichgewicht von Be- und Entwässerung verfuhr man nach dem Prinzip "viel hilft viel".

5. Der hohe Wasserverbrauch wiederum war bedingt durch den niedrigen Nutzungskoeffizienten des Kanalnetzes, die unvollständige Einebnung der Fluren und die verschwenderische Berieselung auf den Feldern selbst. Vor allem bei den Bodenwaschungen im Herbst und Winter wurden zu große Wassereinträge verabreicht.

6. Bis 1980 waren nur 50% der Haupt-, Primär- und Sekundärkanäle fertiggestellt, Sekundär- und Tertiärkanäle zusammen waren erst zu weniger als 10% fertiggestellt.

7. Die notwendigen Einebnungsarbeiten auf insgesamt 300.000 mu waren nur zu 1/4 erfolgt. Die ausstehenden Erdarbeiten beliefen sich auf 11 Mio.m^3 Bodenbewegungen.

8. Die Dräntiefen waren nicht ausreichend, so daß das Dränwasser gar nicht floß (der Kreis Yanqi ist extrem eben, Gefälle 0,18 pro Tausend). Die Hauptgräben sollten 1,75 m unter Flur erreichen; 1980 hatten aber nur 40% der Gräben diese Tiefe (ausstehende Erdarbeiten 8,2 Mio.m^3).

9. Naßreisanbau ohne Entwässerung oder mit falsch angelegter Entwässerung führte zu einem Anstieg des Grundwasserspiegels.

---

77) Cui Wencai (1982), S.9. Die Brutto-Ableitung pro mu bewässerter Fläche betrug damals 1.163 - 1.359 m^3.

10. Den damaligen Vorgaben folgend, sollte der Abstand der offenen Entwässe-
rungsgräben (Felddrän) 120-240 m betragen und der Grundwasserspiegel
im Zentrum des jeweiligen Streifenfeldes bei 1,3-1,5 m unter Flur liegen, die
Dränwassermenge sollte 30% des aufgebrachten Bewässerungswassers
betragen. Bei einem solchen Flurabstand des Grundwasserspiegels war
jedoch eine wirksame Entsalzung nicht möglich, er hätte auf unter 2,5 m
gesenkt werden müssen.[78]

Ursächlich beteiligt an der Versalzungsproblematik im Kreis Yanqi war/ist der
starke Bevölkerungszuwachs und die Ansiedlung von zwei "exterritorialen"
Staatsfarmen. Der Flächennutzungskoeffizient ist in diesem Kreis sehr hoch und
die Gesamtmenge des Bewässerungseintrags ist seit den 50er Jahren stark gestiegen.

Ein weiterer indirekt wirkender Verursachungskomplex beruht auf dem wirtschaftlichen Planungsdiktat von seiten des Staates. Dieses zwingt - nicht nur im
Falle des Kreises Yanqi, sondern auch an anderen salzgefährdeten Orten - die
Bauern, auf meliorationsbedürftigem Land den üblichen Bewässerungsfeldbau
(in Yanqi vor allem Weizen, Mais, Zuckerrüben), meist mit Niedrigerträgen,
weiterzubetreiben, statt durch standortgemäße Maßnahmen zunächst die Böden
zu meliorieren.

Der Circulus vitiosus, in den Staat, Bauern und Böden eingebunden sind, läßt sich
wie folgt beschreiben (am Beispiel einer Brigade im Kreis Yanqi, 1989):

- Der Staat stellt dem im Grunde eigentumslosen Bauern Land zur Verfügung;
- der Staat diktiert das Anbaugefüge, Produktionssoll und die Höhe der Abgaben;
- Getreideanbau wird den Bauern vom Staat diktiert, da der Marktpreis für
Getreide zu niedrig ist (sie also sonst einträglichere Wirtschaftspflanzen anbauen würden); die Autarkievorstellung des Staates verlangt, daß kein einzelner, kein Dorf, kein Kreis der generellen Pflicht zur Getreideproduktion ent-
rinnt. Jeder Kreis soll, so noch immer die staatliche Grundvorstellung, in
Getreideproduktion und -verbrauch mindestens selbstversorgend sein und
zusätzlich zur Versorgung der Städte mit Getreide beitragen. Getreide gilt als
die Reproduktionsgrundlage des Landes;[79]

---

78)   YJXNYQH (1982), S.73-74, 77-78.
79)   Nach der zeitweisen Freigabe des Getreidemarktes im Jahre 1985 sind
inzwischen wieder Getreideproduktionsverpflichtungen eingeführt wor-

- also wird auch auf Grenzertragsböden und ohne daß die Bauern damit auch nur einen geringen Wohlstand erwirtschaften können, Getreide angebaut;
- durch die staatlicherseits vorgegebene Fruchtfolge mit ständigen Bewässerungsgaben kann der Boden nicht entwässert und entsalzt werden, die Versalzung verstärkt sich;
- da der Staat den Bauern kein Nahrungsgetreide verkauft, muß der einzelne Bauer auch für den Eigenverbrauch Getreide anbauen;
- infolge von Bodenversalzung stagniert das Ertragsniveau, und eine Surplus-Produktion zum Nutzen des Marktes (Staates) und des Bauern wird verhindert, was wiederum den Druck, die Getreideproduktion auf niedrigem Niveau fortzuführen, aufrechterhält (vgl. Kap. 3.12.5 - Yanqi Beidaqu-xiang).[80]

2.4.8   Fehlende oder mangelhafte Bodenbearbeitung (Korrespond. 3.9)

Über die Erschließung salzhaltiger Staatsfarm-Böden im nördlichen Teil des Yanqi-Beckens in den 50er Jahren wird berichtet, daß nach den Bodenwaschungen im Juli oder August (oder auch Mai-Juni) die Böden bis zur Aussaat von Sommerweizen im folgenden Frühjahr nicht bearbeitet wurden. Die Salinität stellte sich infolge der Nichtbearbeitung bis zur nächsten Vegetationsperiode weitgehend wieder her. Zudem lag der Grundwasserspiegel der beschriebenen Staatsfarm im Bereich der kritischen Tiefe. Daher war sowieso ein kontinuierlicher Versalzungsprozeß erkennbar. Auch die Einebnung der Flächen war ungenügend, und es wurde vor den Bodenwaschungen nicht gründlich tiefgepflügt und geeggt.[81]

Um den kapillaren Aufstieg von Boden- oder Grundwasser zu verhindern, aber auch um den Aufstieg von wasserdampfgesättigter Luft in den schluffreichen Böden im Tarim-Becken zu vermeiden, müssen unbedeckte oder brachliegende Flächen intensiv bearbeitet werden. Die Bearbeitung eines Bodens mit Frühjahrsaussaat sollte im Idealfall aus folgenden Bearbeitungsschritten bestehen:

Forts. von letzter Seite

den. Beim aktuellen Entwicklungsstand des Landes und der großen zu versorgenden Bevölkerungsmenge ist dieses Bestreben des Staates Ausdruck einer drückenden Notwendigkeit. Getreide, vor allem Reis und Weizen, sind das elementare Lebensmittel für die gesamte chinesische Bevölkerung.

80)   Eigene Befragung von Bauern im Kreis Yanqi, Wudaoqu-xiang, Juli 1989.

81)   Zakharina (1960), S.100-101, 113.

Bewässerung, Herbstbearbeitung - Herbsteggen - Frühjahrseggen - Schleifen - Säen, Walzen - Frühjahrsbewässerung - Frühjahrsbearbeitung.[82]

Insbesondere im Frühjahr, wenn die Salze im Boden infolge rasch zunehmender Tagestemperaturen wieder aufsteigen, wirken flaches Eggen oder andere Boden-lockerungsarbeiten der Oberbodenversalzung entgegen.[83]

Ungleichmäßig geebnete Böden werden bei der Bewässerung unterschiedlich stark durchfeuchtet und trocknen ungleichmäßig aus. Salzlösungen im Boden-und Grundwasser bewegen sich vertikal und horizontal in Richtung auf die Mikroerhebungen des Geländes, die rascher austrocknen und Bodenfeuchtigkeit aus der Umgebung anziehen. Schon Niveauunterschiede von 10-20 cm erzeugen auf Entfernungen von 25-50 m solche Unterschiede in der Salzanreicherung, und es kommt zur Ausbildung unterschiedlicher Bodentypen auf begrenztem Raum.[84]

> The most careful evening of the surface of the field must be accomplished on areas with slight slopes (less than 0,001) since in such areas all inequali-ties in microrelief result in unequal irrigation, excess expenditure of water and uneven yields.[85]

Den Beschreibungen von Zakharina und Penskoy zufolge kommt es im Tarim-Becken auf diesen Mikroerhebungen zu einer Solontschakbildung; der Umfang der 'Salzflecken' nimmt in den Sommermonaten zu. In den Mikrodepressionen dagegen bildet sich ein sehr dichter Bodentyp mit mangelhafter Durchlässigkeit, da das Bewässerungswasser hier feinste Schluffpartikel ablagert.[86] Es kommt leicht zu Wasserstaus und zur Bildung von Natriumkolloiden. In der vertikalen Schichtung entsteht eine ausgeprägte, harte alkalisierte Schicht, unter welcher sich die Salze sammeln. Wenn im Bodenmaterial oder Grundwasser Soda enthal-ten ist, bilden sich Sodaflecken. Magnesiumhaltige Alkaliböden treten vor allem im Yanqi-Becken fleckenhaft auf.[87]

---

82) Li Zhongguang (1984).
83) Xu Zhikun (1980), S.142-151; XJTRDL (1965), S.447; vgl. auch den Ab-schnitt über Brache und Brachebearbeitung (Kap. 3.5).
84) Kovda (1980), S.173.
85) Zakharina (1960), S.117.
86) Zakharina, ebd. und Shi Yuanchun (1959), S.254.
87) Xu Zhikun (1980), S.213-214.

Am Ober- und Mittellauf des Tarim werden solche Mikroerhebungen bzw. Salzflecken durch lehmige Zwischenhorizonte im Profil (0-50 cm unter Flur) hervorgerufen, sie verhindern eine gründliche Salzauswaschung. Salzflecken bedecken in diesem Gebiet 25% der Ackerflächen. Als weitere Ursachen kommen neben unvollständiger Ebnung der Feldflächen in Betracht:

1. Beim Einebnen der Böden (mit Bulldozern) wird salzhaltiger Oberboden in tiefergelegene Teile des Feinreliefs verbracht, oder er wird an einzelnen Stellen aufgehäuft.

2. Durch schwere Maschinen (Bulldozer, Raupenschlepperpflüge sowjetischer Bauart) wird der Boden stellenweise verdichtet, dadurch nimmt die kapillare Verdunstung zu.

3. Alte Kanäle oder Felddämme, in denen sich Salz angereichert hat, werden eingeebnet und erzeugen streifenförmige Salzflecken.

4. Wenn in uygurischen Oasengebieten Trockenränflächen (vgl. 3.4 und 3.5) erschlossen werden, verteilt man das angereicherte Salz in der unmittelbaren Umgebung, und es bilden sich große Salzflecken.

5. Ungleichmäßig aufgetragener Dünger wie Fremderde, Lehm alter Mauern, "Xor"-Erde (als Dünger verwendete Solontschakschichten) oder Gobifeinsand können zur Bildung von Salzflecken führen.[88]

2.4.9   Beseitigung früherer Brachflächen, Steigerung des Nutzungskoeffizienten der Gesamtflur (Korrespond. 3.5)

Zwischen 1949 und 1979 ist der Anteil des Brachlandes an der Gesamtackerfläche Xinjiangs, wenn wir den statistischen Angaben folgen, um einige Prozentpunkte zurückgegangen, nach Li Zhongguang (1984) von 17,9% auf 13,1% (vgl. Tabellen 14 und 26). Ich schätze den Anteil kurz- bis mittelfristig brachliegender Flächen auf etwa 20% der derzeitigen Ackerflächen. Auch im nördlichen Tarim-Becken dürfte der Anteil der kurz- bis mittelfristig brachliegenden Flächen bei 15-20% liegen.

Laut Zakharina betrug Mitte der 50er Jahre am Tarim-Oberlauf die bestellte Fläche nur 20-30% der Gesamtflur. Ein Anstieg des Nutzungskoeffizienten auf 50-60% ließ bereits nach 2-5 Jahren die Notwendigkeit aufwendiger Drän-Einrichtungen entstehen. Die bestellten Flächen wurden in rotierender Form ge-

---

88)   Xu Zhikun (1980), S.212-213, vgl. Shi Yuanchun (1959), S.253-255.

nutzt. Eine bestellte Fläche war von mehreren brachliegenden Parzellen umgeben.[89]

Diese Form des Rotationsfeldbaus ist nur anwendbar, solange genügend freies Land zur Verfügung steht; sobald die Nutzungsrate der Flur ansteigt und mehr Land regelmäßig bestellt und bewässert wird, steigt auch die Gesamtzufuhr an Bewässerungswasser und kommt es zu Versalzungen (vgl. hierzu ausführlicher Kap. 3.5).

XJTRDL (1965) empfahl ausdrücklich, die Anbauflächen nicht in Form zusammenhängender Fluren (*lianpian*) auszuweiten, sondern sie in der Form der 'Trockendränung' zu erschließen und erst allmählich die verstreuten Flurstücke zu einem Ganzen zu vereinigen[90] (natürlich nur unter der Bedingung eines dann einzurichtenden Dränsystems). Eine solche Vorgehensweise hätte jedoch der von staatlicher Seite erzwungenen Durchsetzung des "großen Streifenfeldes" (*da tiaotian*)[91] und der damit einhergehenden Flurbereinigung widersprochen. Streifenfelder tendierten, wenn sie nicht die vorgesehenen Entwässerungseinrichtungen besaßen, schon wegen ihrer zusammenhängenden Flächengröße zu Bodenversalzungen (vgl. 3.9 "Die kleine Fläche").

In den alten uygurischen Oasen führte die Erschließung von Trockendränflächen zu deren Denudation und zur Versalzung der vorher vegetationsbedeckten und als Nahweiden genutzten Flächen.[92]

2.4.10   *Mangel an organischem Dünger bzw. an organischen Bodenbestandteilen* (Korrespond. 3.11)

Organische Prozesse in den Böden nehmen in Xinjiang von Nord nach Süd ab, mineralische Prozesse zu. Fruchtbarkeit und physikalische Eigenschaften der

---

89)   Zakharina (1960), S.104, Murzayev (1966), S.337, vgl. 3.5.
90)   XJTRDL (1965), S.437.
91)   Einer der immer wiederkehrenden sprachlichen Topoi im volksrepublikanischen Chinesisch ist der Begriff *da guimo*, wörtlich: "in großem Maßstab", meist gebraucht in Verbindungen wie *da guimo kaikeng* (in großem Maßstab erschließen), *da guimo fazhan* (etwas in großem Maßstab entwickeln); dahinter verbirgt sich wie hinter der Durchsetzung des Streifenfeldes der Versuch einer zentralstaatlich erstrebten Nivellierung, die einer sensiblen Anpassung an lokale Gegebenheiten zuwiderläuft.
92)   Ebd., S.434 und Kap. 3.4 Landnutzungsprofile.

Böden verbessern sich mit der Anreicherung organischer Substanzen.[93] Es kommt zu einer physikalischen Strukturverbesserung des Bodens: Durchlüftung und Bodenklima werden verbessert. Mineralische und organische Prozesse der Bodenbildung ergänzen sich. Das durch die organischen Substanzen geförderte Bodenleben ist an der Steigerung der Bodenfruchtbarkeit beteiligt (Bindung von Luftstickstoff, mikrobielle Umwandlung von organisch gebundenem N, P, S, Bildung von Huminstoffen etc.).[94]

Wir finden hier einen spiralförmigen Prozeß, der entweder - in negativer Richtung - eine progressive "mineralische Desertifikation" des Bodens zur Folge hat, oder - bei ausreichend produzierter organischer Substanz (Biomasse, Dung), einer ausreichenden Durchwurzelung und Bedeckung des Bodens mit Vegetation zusammen mit deren Transpiration von salzhaltigem Grund- und Bodenwasser und pflanzlicher "Verarbeitung" von Bodensalzen - einen positiven Kreislauf ermöglicht.

Die Entbindung von Stickstoff geht bei höheren Jahresmitteltemperaturen rascher vonstatten, sie nimmt sogar am Nordrand des Tarim-Beckens von Nord nach Süd zu. Der Gehalt an rasch verfügbarem Phosphat ist um so größer, je mehr organische Materie vorhanden ist. Die bei Humusbildungsprozessen entstehenden Huminsäuren und organischen Verbindungen machen die Phosphate rasch verfügbar.[95]

Bei schwer versalzten oder alkalisierten Böden ist die Wirkung bodeneigener biologischer Prozesse sehr gering; organische Bestandteile, Gesamtstickstoff und der Gehalt an rasch verfügbarem Phosphat sind von vornherein nur in geringem oder mittlerem Umfang vorhanden. Nach einer Erschließung geht ihre Fruchtbarkeit sehr rasch zurück. Die geringe Fruchtbarkeit dieser Böden hält in der Regel mehr als 15 Jahre an, und zwar so lange, wie Versalzung und Alkalisierung nicht vollständig unter Kontrolle gebracht sind.

---

93) Xu Zhikun (1980), S.48.
94) Neben der Nutzung der zitierten Quellen waren bei der Formulierung dieses Abschnitts Ergänzungen und Korrekturen von Adolfo Lichtenfeld eine wichtige Hilfe.
95) Ebd., S.50-51.

Ein wichtiges pflanzliches Mittel zur Erschließung des Kalkgehaltes, zur Bodenbedeckung und Nutzung von Boden- und Grundwasser (Bio-Dränung) sind Luzerne (*Medicago*) und *Melilotus* (vgl. 2.5.6.2).[96]

Die Zufuhr von Rinder-, Pferde- und Schafdung ist für versalzte Böden besser
geeignet als menschliche Fäkalien und Schweinedung (die Hauptdungarten der
Han-Chinesen).[97] Viehbesatz in einer gewissen Proportion zum Umfang bestellter Böden ist die Hauptvoraussetzung zur Versorgung der Böden mit organischem Dung (siehe 3.11 und Tab. 9 - abnehmender Viehbestand pro Kopf der
Bevölkerung in Xinjiang). Staatliche Landbaueinheiten sind in der Regel auf den
Feldbau ausgerichtet und erreichen kaum den notwendigen Umfang an Viehbesatz, der für eine Versalzungsprotektion mit Hilfe organischen Düngers notwendig wäre. Aus Mannerheims Aufzeichnungen während seiner Reise durch das
Tarim-Becken (1906-1907) wird deutlich, daß überwiegend in jenen Gegenden
eine gedeihliche Landwirtschaft existierte, wo die Viehbestände größeren Umfang hatten und eine entsprechende Menge organischen Düngers lieferten.
Gegenden mit niedrigem Viehbesatz waren auch sonst ärmlich.[98]

*2.4.11   Verminderung der Bodenbedeckung (Baum-, Strauch- und Grasvegeta-
tion)*

Der Mangel an Bodenbedeckung bzw. die Degradation, Ausdünnung oder
Zerstörung von Pflanzendecken spielt eine bedeutende Rolle im Prozeß der
Bodenversalzung:[99] Der bedeckte Boden wird weniger stark erhitzt, es findet
weniger unproduktive Evaporation statt, da Boden- und Grundwasser vorwiegend von Pflanzen aufgenommen und teils gespeichert, teils transpiriert werden.
D.h., der Prozeß, der Mineralien und Wasser trennt, findet verzögert und eingebunden in biotischen Prozessen statt, nicht direkt auf dem Boden oder in den
obersten Bodenschichten. Derselbe Prozeß, der im einen Fall (unbedeckter
Boden/Evaporation) steril ist, versorgt im anderen Fall (bedeckter Boden/
Transpiration) Pflanzen mit Nährstoffen. Der unproduktive Evaporationsverlust
vom Boden wird durch die Pflanzendecke verringert. Die mikroklimatische potentielle Evaporation, also die Verdunstungskraft, ist in Baumbeständen aufgrund der größeren Wasserdampfanreicherung der Luft, der herabgesetzten Ein-

---

96)   Huang/Murong (1963), S.41 und XJNY (1964), S.196-197.
97)   Golomb (1959); Huang/Murong (1963), S.39.
98)   Mannerheim (1940), Vol.I, S.117, 105, 107, 122, 123, 127.
99)   Vgl. Chen Hua (1983, 1), Kolb (1986), Hoppe (1986), (1988).

OASENTERRITORIEN UND DESERTIFIKATION IM NÖRDLICHEN TEIL DES
TARIM-BECKENS

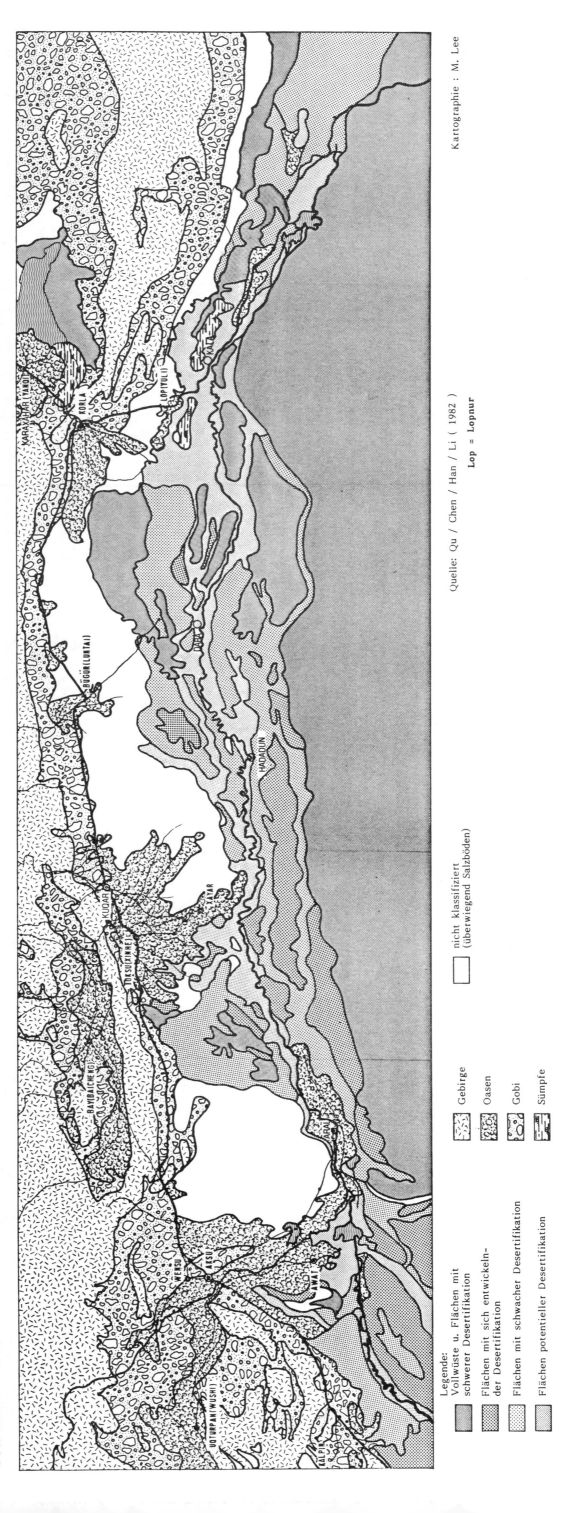

Legende:

Vollwüste u. Flächen mit
schwerer Desertifikation

Flächen mit sich entwickeln-
der Desertifikation

Flächen mit schwacher Desertifikation

Flächen potentieller Desertifikation

Gebirge

Oasen

Gobi

Sümpfe

nicht klassifiziert
(überwiegend Salzböden)

Quelle: Qu / Chen / Han / Li (1982)

Lop = Lopnur

Kartographie : M. Lee

strahlung und Bodenerhitzung sowie der verringerten austrocknenden Durch-lüftung bodennaher Luftschichten wesentlich niedriger als im Freiland.[100] Gleichzeitig erfüllen die Pflanzen eine Dränfunktion, sie können - und das gilt insbesondere für Sträucher und Bäume - den Grundwasserspiegel in ihrer Um-gebung senken. Daneben sind die Pflanzen jedoch auch Orte einer biogenen Salzakkumulation (vgl. hierzu 2.7.6).

Windschutzgürtel vermindern die Windgeschwindigkeit und Insolation und damit - in ihrer Umgebung - auch bodennahe Lufttemperatur, Bodentemperatur und Evaporation. In 100 m Entfernung von einem Windschutzgürtel ist die Lufttem-peratur 4,5° C höher als im Windschutzgürtel selbst. Die Bodentemperaturen im Sommer unterscheiden sich stark: Im Windschutzgürtel herrschen beispielsweise 23,8° C und 100 m davon entfernt 41,2° C. Während des Sommers ist die relative Feuchte höher, im Windschutzgürtel beträgt sie 50%, 100 m davon entfernt nur mehr 40%; im Schutzbereich eines Windschutzgürtels sinkt die Bodenevapora-tion um 10-40%, und das Salzanreicherungstempo ist niedriger als auf unge-schützten Flächen.

Die Dränung durch (schmale) Windschutzgürtel kann 450-500 m³ pro mu (offi-ziell 666 m²) erreichen. Wirksame Grundwasserabsenkungen gibt es bis in Ent-fernungen von 75-100 m von einem Windschutzgürtel. Die Salzanreicherung in den oberen Bodenhorizonten nimmt während des Sommers von 0,22% auf 0,41% zu, auf den Ackerflächen hingegen von 0,33% auf 0,93%. Eine deutlich geringere Bodenversalzung gibt es in einem Bereich von 25-50 m vom Wind-schutzgürtel entfernt.[101]

---

100) Vgl. Richter/Schmiedecken (1985), S.188, 193, das Beispiel einer Dattel-palmenoase in Tunesien. In Bodennähe gemessen, war dort die Verdun-stungsrate im September auf wiesenhaftem Freiland mehr als 4mal so hoch wie im vegetationsverdichteten Oasengarten.

101) Diese Angaben wurden auf Versuchsstationen am Südrand des Junggari-schen Beckens gewonnen, ohne Orts- und Methodenangaben. Xu Zhikun (1980), S.163-166. Offensichtlich wurden sie jedoch auf großen Streifen-feldern gewonnen. - Die mikroklimatischen Werte für kleinflächige, tradi-tionelle Feld- und Gartenstrukturen dürften die hier genannten Werte noch weit übertreffen (vgl. 3.8 und 3.10). Detaillierte Angaben enthält Liang Yuanqiang (1979). So lassen sich durch Windschutzgürtel Grund-wasserspiegelsenkungen zwischen 0,2-2,0 m erzielen, nach jeder Seite, bis in 100-125 m (maximal bis 200 m) Entfernung. In unmittelbarer Nähe des Windschutzstreifens ist die Wirkung am größten.

Die Salzanreicherung selbst ist Resultat der stärkeren Evaporation auf ungeschützten, offenen Feldflächen. Die Evaporation erzeugt den kapillaren Aufstieg, der den gravitativen Kräften der Versickerung (und Salzauswaschung)
entgegenwirkt. Entscheidend ist auch die durch die starke Aufheizung des Bodens und Durchlüftung der bodennahen Schichten hervorgerufene hohe aktuelle
Evaporation offener Feldflächen, die entscheidend von der Dichte der Pflanzendecke bestimmt wird.[102]

Evaporation vom Boden geschieht insbesondere durch zwei Faktoren, den Wär-
mehaushalt (Einstrahlung) und die Ventilation. Entscheidend für das Ventila-
tionsglied ist dabei die Vegetationsschicht auf dem Boden (bzw. in höheren
Luftschichten der Baumbewuchs), die die Bewegung der Luftschichten - insbesondere über dem Boden ("laminare Grenzschicht", nach Geiger) - entscheidend
bremsen oder ganz unterbinden.[103]

Hinzu kommt als wichtiger Faktor das Vorhanden- oder Nichtvorhandensein
einer Mulchschicht gewisser Mächtigkeit, die sich bei vorhandener Pflanzendek-
ke spontan bildet (z.B. unter Populus diversifolia oder Luzerne). Sie wirkt auf die
Absorption der eingestrahlten Wärmeenergie, die Turbulenz der Luft in der
Grenzschicht (Boden - Luft) und die Nachlieferung von Wasser an den Ort der
Evaporation.[104]

Pflanzendecken mit unterschiedlicher Bedeckungsrate wirken unterschiedlich auf
die Bodenversalzungsprozesse: Z.B. ermöglicht Luzerne mit einer Bedeckungsrate von 90% einen besseren Schutz vor Bodenevaporation und Versalzung als
Sesam mit einer Bedeckungsrate von nur 40-50%.[105] In der Praxis wirken die
bestandsklimatischen Faktoren der Bodenbedeckung durch Pflanzen und die
pflanzliche Wasser- und Salzresorption zusammen:

So ergibt sich beim zweijährigen Anbau von Luzerne in Relation zum benachbarten, nicht mit Luzerne bestellten Boden eine Verringerung des Gesamtsalzgehaltes um 48%, beim dreijährigen Anbau eine Verringerung um 66,6%.[106] Bei

---

102)   Richter/Schmiedecken (1985), S.193.
103)   Hartge (1978), S.235.
104)   Hartge (1978), S.239.
105)   Xu Zhikun (1980), S.192.
106)   Gu Guoan (1984), S.14, bezogen auf die 30-cm-Schicht, auf Staatsfarmen
       im Aksu-Gebiet.

stark ausgetrockneten Böden muß, wenn bewässert wird, ein größeres Luftvolumen aus den Bodenporen verdrängt werden, das der raschen Infiltration entgegensteht. Verzögertes Einsickern sichert dagegen ein langfristiger verfügbares Feuchtepotential für die Evaporation vom Oberboden. In den Sommermonaten kann dies dazu führen, daß das Wasser tiefere Bodenschichten gar nicht erreicht und schon bald der kapillare Aufstieg verstärkt wirksam wird, was sich in der Salzanreicherung an der Bodenoberfläche dokumentiert. [107]

Es wird deutlich, daß einer kleinräumigen, mit Bäumen und Hecken gesäumten Flurform (wie sie traditionell uygurischen Oasen eigen ist, siehe Kap.3) für eine Verminderung der Versalzungsgefahr eine eminent wichtige Rolle zukommt.

Großflächiger Kahlschlag von Pappelwäldern und das Umbrechen von Weideland zu Zwecken der Land-Erschließung, Brennholzentnahmen (Ausgraben von Tamarix-Wurzeln) im Umkreis der Oasen und Staatsfarmen und der Abbau von Süßholzwurzeln zu kommerziellen Zwecken setzen Bodenversalzungsprozesse in Gang oder verstärken sie. Während der Phasen überhasteter Ausweitung des Kulturlandes (Großer Sprung, Kulturrevolution) entstanden zahlreiche durch die Erschließungsvorgänge denudierte Areale, die, nur kurzfristig genutzt, bald wieder brachfielen. Die einmal zerstörte Pflanzendecke regeneriert sich unter den extrem ariden Klimabedingungen nur schwer.

2.4.12 Ungeeignete Fruchtfolgen (Korrespond. 3.12)

Bestimmte Fruchtfolgen (inkl. Brache und Bracheebearbeitung) oder der Futtergrasanbau (Luzerne) können eine Salzverminderung im Boden bewirken; und umgekehrt verstärken einseitige Fruchtfolgen - oft sind sie mit mangelhafter Bearbeitung verknüpft - die Anreicherung von Salzbestandteilen im Boden.

Hauptproblem war in den 50er Jahren der sich oft über Jahre erstreckende Anbau derselben Feldfrucht ohne Fruchtwechsel, z.B.:

---

107)   Richter/Schmiedecken (1985), S.193.

Baumwolle	5-6 Jahre	(Korla, 50er Jahre)
Winterweizen	5-6 Jahre	(" ")
Sommerweizen	1-3 Jahre	
Mais	1-3 Jahre	(Aksu-Gebiet)
Winterweizen	5-8 Jahre	(Yiganqi, Aksu)
Mais + Baumwolle	5-6 Jahre	(" ")[108]

Als entsalzend oder zumindest stabilisierend werden Fruchtwechsel mit Luzerne, die mindestens drei Jahre auf dem Feld steht, und Weizen beschrieben.[109] Auch Naßreis als Vorfrucht vor Weizen (früher im Yanqi-Becken üblich) oder Fruchtfolgen mit einem Wechsel von Dauerüberstauung (Naßreis) und periodischer Bewässerung (z.b. Naßreis-Baumwolle-Weizen-Luzerne oder Naßreis-Weizen-Zuckerrüben-Baumwolle-Saflor)[110] gelten als entsalzend (vgl. im einzelnen Kap. 3.10).

2.5 Natürliche Voraussetzungen und Ausgangsmaterialien, die Bodenversalzungen ermöglichen

2.5.1 Geologische Ausgangssituation

Geochemisch betrachtet, ist das Tarim-Becken durch die Gebirge, die es umgeben, in extremer Weise von den Einflüssen der Ozeane isoliert. Da es keinen Ausfluß zur See hat, verbleiben alle Verwitterungsprodukte innerhalb des Gebietes und lagern sich dort ab, abgesehen von geringen Beträgen, die äolisch verlagert werden. Hauptquelle der Salzeinträge ins Becken sind:

---

108) XJNY (1964), S.43-44 u. Zhao Feng (1963). In Turpan wurde auf der Korpsfarm Nr.221 1985) Baumwollanbau über sieben Jahre ohne Fruchtwechsel durchgeführt. Das achte Jahr war Brache. Auch im Weizen- und Naßreisanbau besteht die Gefahr einer Perpetualisierung des Anbaus ohne Fruchtwechsel, Weizenanbau in extensiver Form ist sehr verführerisch in seiner Einfachheit:" Man bestellt das Feld und geht dann Kartenspielen", wie es ein chinesischer Kollege ausdrückte.

109) XJNY (1964), S.196-197.

110) Xu Zhikun (1980), S.127-129.

1. Kristalline Gesteine der umliegenden zentralen Gebirge und
2. fossile Sedimente, welche lösliches Material freigeben.[111]

Einige der mesozoischen und tertiären Salzendlager wurden während der alpinen Orogenese über die heutige Hauptebene angehoben.[112] Es ist dies vor allem das östlich von Aksu bis etwa zur Breite von Bügür-Korla dem eigentlichen Tianshan-Massiv vorgelagerte Vorgebirge Qöl-taǵ.

Die aus mesozoischen und tertiären Schichten aufgebauten Randstufen enthalten Salze unterschiedlicher Art und Konzentration. Am Südabhang des Tianshan stehen mächtige Salz- und Gipsschichten als Gesteinseinlagerungen an. Diese Salze wandern in Richtung auf das Becken, sie konzentrieren sich in den unteren Teilen der Schwemmfächer...[113]

Wenn Flutwasser aus der Flutrinne der Oase Kälpin und des Aha-därya durch tertiäres Gestein geflossen ist, steigt der Salzgehalt des Oberflächenwassers von 3,106 g/l auf 7,411 g/l. Auch im Gebiet des Mazar-taǵ bei Maralwexi (Bachu) gibt es salzhaltiges Gestein, das sich auf den Salzgehalt des Tulaimaiti-Flußwassers auswirkt: Während der Niedrigwasserperiode hat das Flußwasser einen Mineralgehalt von 4 g/l. Wenn die erste Flutwelle eintrifft, erreicht es Werte von 8 g/l.[114]

Auch die Auswaschung von Gesteinsoberflächen und Böden im Hochgebirge spielt eine Rolle als Salzquelle. Mineralien werden durch die relativ starke Niederschlagstätigkeit im Gebirge ausgewaschen, fallen im Gebirge selbst jedoch wegen der hohen Niederschlagsmengen quantitativ nicht ins Gewicht. Erst durch die Abflußverringerung und zunehmende Verdunstung in der Ebene kommt auch diesen Anteilen eine gewisse Rolle in den Versalzungsprozessen zu.

2.5.2   Rolle von Wind und Regen

a) Wind:
Der Wind erfüllt drei Funktionen in den Salzkreisläufen Xinjiangs:

---

111)   Hochgebirgsgestein vulkanischen Ursprungs enthält 0,02-0,07% Cl, 0,01-0,05% Schwefel, Sedimentgestein 0,01-0,02% Cl, 0,07-0,09% Schwefel, Xu Zhikun (1980), S.6.
112)   Egorov, Zakharina et al. (1961), S.118-119, vgl. auch Zhao Ji (1960), S.122.
113)   Zhao Ji (1960), S.123; vgl. auch Shi Yuanchun (1959), S.221-222 und Xu Zhikun (1980), ebd.
114)   Xu Zhikun (1980), S.7.

1. Er transportiert Salze ozeanischen oder auch kontinentalen Ursprungs heran bzw. transportiert geringe Beträge aus dem Tarim-Becken heraus.[115]
2. Er ist an Verwitterungsprozessen in den Gebirgen und auf Bodenoberflächen beteiligt.
3. Er verlagert Salz innerhalb der Beckenlandschaften.

Am Ausgang der Käxkär-Ebene in die Yäkän-Ebene werden Krusten von Residualsolontschaks vom Wind, nachdem sie zu Salzkieseln aufgebrochen sind, zu kleinen Dünen aufgehäuft. Das Salz wird durch Reibung allmählich pulverisiert und vom Wind weggetragen.[116]

Im Verlaufe der Salzumverteilung durch den Wind werden Salzbeträge in der Atmosphäre "zwischengespeichert".

... of diseases that are most ordinarily met with in Kashgaria, the first place must be assigned to those connected with the eyes. Affections of the eye are explained by the saline properties of the dust that fills the air and by the glare arising in summertime from the salty soil.[117]

Quantitative Daten über diese Vorgänge der Salzredistribution durch Wind im Tarim-Becken sind mir nicht bekannt.

b) Regen:
Niederschläge in Form von Regen spielen eine doppelte Rolle im Rahmen der Salztransportprozesse.
1. Während perennierende Flüsse mineralische Bestandteile aus den durchflossenen Gesteinsschichten bzw. Lagerstätten mit sich führen, waschen flächig fallende Niederschläge (insbesondere Sturzregen) Verwitterungsprodukte, die sich während der niederschlagsfreien Phasen im Gebirge und Vorgebirge bilden, in die Ebenen. Hierbei werden auch sonst trockengefallene Flußbetten durchströmt (siehe "diluvialer Solontschak", Anhang II, Synopse der Salzböden). - Die Niederschläge selbst tragen geringe Salzmengen (Kalziumkarbonat und Gips, Natrium- und Magnesium-Chloride oder Sulfate)[118] in die Böden ein. Das Regenwasser wäscht Stäube aus der Atmosphäre aus und ist dadurch selbst mineralisiert. Daneben befreien die Niederschläge die Blattflächen der Pflanzen von den in Trockenperioden sich bildenden Staubschichten, die die Photosynthese beeinträchtigen.

---

115)   Vgl. Kovda (1980), S.84 ff.
116)   Egorov, Zakharina et al. (1961), S.150.
117)   Kuropatkin (1882), S.39.
118)   Kovda (1980), S.92. In Einzelfällen Cl-Gehalt z.B. 400-600 mg/l oder Salzeintrag pro ha/a an der unteren Wolga z.B. bis zu 475 kg.

2. Kürzer oder länger anhaltende Niederschläge (0,1-15 mm/Tag) haben auf salzgefährdeten Flächen schwerwiegende Folgen, u.a. wenn sich die Feldgewächse noch im Jungpflanzenstadium befinden. Die durch Regen hervorgerufene Feuchte der obersten Bodenschichten zieht (in Zusammenwirkung mit nachfolgender Sonneneinstrahlung und Bodenerhitzung) "das Salz an", wie die Bauern sagen. Der Niederschlag sorgt auf der Bodenoberfläche für eine Verschlämmung und Krustenbildung (begünstigt durch den relativ hohen Natriumanteil des Bodens), es kommt auf bearbeiteten Böden zu einer Wiederherstellung des kapillaren Anschlusses vom Grundwasser zur Bodenoberfläche; er macht den kapillaren Aufstieg möglich. Es verdunstet bei nachfolgender Erwärmung mehr als der Niederschlag an Feuchtigkeit zugeführt hat. Die Krustenbildung schädigt Keimlinge oder Jungpflanzen. Beides unterbindet der Bauer dadurch, daß er den Boden sofort nach dem Niederschlagsereignis lockert. Regen ist hier - egal in welcher Menge er fällt - eine gefürchtete Naturkalamität.

2.5.3   Mineralisiertes Fließwasser

Verwitterungsprodukte, ausgewaschene Salze und Mineralien sammeln sich in den ständig oder periodisch fließenden Gewässern. Mineralgehalt von Flußgewässern vor dem Eintritt in die Ebenen:

General mineralization. The extent of the general mineralization of surface water in the high and medium mountain areas of Eastern T'ien-shan fluctuates from to 250 milligrams/liter, and in the low mountains from 200 to 350 milligrams/liter. A mineralization of less than 100 milligrams/liter is usually found only in the upper reaches of the rivers. Thus in the Chinese T'ien-shan, as in the other mountain countries surrounded by deserts, there is a well-defined vertical hydrochemical zonality (belt system) which is manifested in an increasing general mineralization of river water downstream, from the watersheds to the foothills.

In the high mountains and the upper belt of the medium mountains of Chinese T'ien-shan the annual amount of precipitation is fairly large (up to 600-800 mm), the runoff is considerable and the evaporation comparatively small. Such a combination of circumstances is conducive to little mineralization of river water. Further down the mountains toward the foothills precipitation and runoff decrease and evaporation increases as does the mineralization of river water. [...]

The increased precipitation and runoff wash the salt out of the soil and thin top layer of the high mountains so that the ground and river water there is not highly mineralized. As the average altitude of the catch basins is reduced, the amount of salt contained in the soil and top layer increases inasmuch as the salt is not altogether washed out and the runoff is reduced. The result is an increase in the overall mineralization of river and ground water. This is in part also due to the fact that the semideserts and dry steppes rise fairly high into the mountains.

The geological structure of the Chinese T'ien-shan also contributes to an increase in the mineralization of river water in direction of the watersheds to the foothills. The central parts of T'ien-shan abound in ancient nonsaliferous rocks, and the peripheries in young geological formations including tertiary sedimentation containing easily soluble salts (. . .). There are particularly large quantities of salt in the tertiary foothill ridges [Qöl-taġ] that fringe the Chinese T'ien-shan on the south. In some places the efflorescence of salt covers almost entire mountain chains and the river water in those areas is naturally mineralized, up to 400-700 milligrams/liter and even higher. The lower of the latter figures applies to the rivers of the Southern slope of T'ien-shan, and the higher to the northern slope.[119]

The karasu waters [im Quellhorizont entspringende Quellen] contain the highest content of salts, and the waters of the rivers fed by snow and ice from the high mountains the least; [...] After the passing of the high water period, the beds of certain small rivers are covered with crusts of salt and a scanty flow of very salty water moves among the crystals of salt. Such rivers are usually associated with solonchaks, which are formed in their lower reaches or wider places in the valley, which may be observed, for example, to the east of Bugur. [Bügür, Luntai] [...]

The increase in salts in the lower reaches of the rivers in the summertime, when the greatest quantity of water passes, is quite regular. In the long time between high-water periods in the water catchment areas salt encrustations are formed, greatly facilitated by the great aridity and the lack of rain. In late spring and summer these salts are washed out by the melt waters and rain waters and enter the rivers, increasing their mineralization. The con-

---

119)   Kuznetzov, Tang Qicheng (1959), S.61-62.

tent of salts rises especially strongly as a result of rains which water the lower foothills, where salt-bearing molassa complexes dominate.[120]

... the waters of the river Muzart in the upper reaches contained 164 mg/l of dry residue, and within the limits of the Bayskaya [Bay] basin, where ground waters of the left-bank tributaries of the Muzart seep through, permeating into the unconsolidated salt-bearing sediments of the basin, the figure is already 632 mg/l.[121]

Die zunehmende Mineralisierung von Flußwasser beim langsamen Fließen in der Ebene läßt sich am Beispiel des Tarim aufzeigen, dessen Wasser Ende der 50er Jahre, vom Zusammenfluß von Aksu, Hotän und Yäkän ausgehend, mit 0,5 g/l, 1,0 g/l im Unterlauf und 7,7 g/l im Detama-Endsee zunehmend mineralhaltiger wurde (vgl. Anhang Tabelle 6).

Tabelle 20:
Abflußmenge und Wasserqualität des Tarim

Jahr	Station Aral (Beginn des Oberlaufs)		Station Kala (Beginn des Unterlaufs)	
	Abflußmenge	Mineralgehalt g/l	Abflußmenge	Mineralgehalt g/l
1957	5 Mrd.m^3		1,1 Mrd.m^3	
1958		0,48-0,7		
1960		0,33-1,28		0,33-1,28
1976/7	3 Mrd.m^3		0,5 Mrd.m^3	
Frühjahr		2,0-5,5		0,7-3,2
Sommer		0,4-1,0		0,7-1,3
Herbst		2,5-3,0		1-1,9
Winter		0,5-0,9		1-1,26

Quelle: Gruschke (1991), S.75.

---

120) Murzayev (1966), S.265-266.
121) Murzayev (1966), S.266-267.

Nach den zahlreichen Eingriffen in die hydrologischen Systeme am Tarim und seinen Zuflüssen läßt sich eine einfache Zunahme des Mineralgehaltes im Flußverlauf des Tarim (siehe Tabelle) nicht mehr nachweisen. Zu viele anthropogene Faktoren sind hinzugetreten. So sind die Mineralgehalte an der Station Aral im Frühjahr und Herbst 1976 höher als die entsprechenden Werte bei Kala. 1958 waren die Werte noch wenig durch die Landerschließungen beeinflußt. Hauptfaktoren für die zunehmende Mineralisierung des Flußwassers sind die allgemeine Verringerung der Abflüsse durch Ableitungen für den Feldbau, die an der Station Aral zu einem Abflußverlust von etwa 2 Mrd.m^3 seit dem Ende der 50er Jahre geführt hat (dies auch bedingt durch die Anlage von Kanälen, die den Korpsfarmen Wasser direkt zuführen und es nicht mehr durch das natürliche Bett des Tarim bzw. Aksu fließen lassen), sowie seit den Landerschließungen auch die Einleitung von Dränwasser in den Fluß. Nur so ist wahrscheinlich auch der hohe Mineralgehalt des Tarim bei Aral in jüngerer Zeit zu erklären. Angaben zur Abflußverringerung des Tarim in den einzelnen Flußabschnitten enthält der Anhang, Tabelle 7.

2.5.4   Mineralisierte Grundwasser

Grundwasser und Oberflächenwasser stehen miteinander in Verbindung, Grundwasser kann sich in Oberflächenwasser verwandeln (karasu-Quellen im Quellhorizont, Sümpfe, Grundwasserzuflüsse ins Flußwasser) und umgekehrt kann Flußwasser Grundwasservorräte ergänzen und auffrischen.

> The nature of the hydraulic relations between the river and ground water is important for an understanding of the pattern of river-water mineralization. An analysis of such relations in the mountainous countries shows that in the high and medium-sized mountains with their close relations between ground and river water, the mineralization of the river water is about the same as that of the ground water particularly when their runoff is very fast between the flood seasons. [...]

> In the direction from the mountains to the plains the relation between the ground and river water changes: the river water becomes a source of ground water and as a result the surface runoff is reduced and the mineralization of the river water is increased. The extent of mineralization and frequently also the consistency of these waters may be quite different from those of the ground water. [...]

> Most of the rivers running down the Chinese T'ien-shan are lost in the deserts which have no river networks. But the ground water outcrops occasionally form little streams and rivulets in the desert zone. In this case, as in

the high mountains, there is a close relationship between the ground and river water, and there is little difference between their chemical consistency and mineralization. But the streams and small rivers originating in the desert zone are usually highly mineralized.[122]

Nach Schätzung von Yang Lipu (1964) verwandeln sich 40% der Abflüsse aus den Gebirgen in Grundwasser, wovon 70% wieder als Quellwasser austreten und Oberflächenwasser bilden. Dort, wo Flußwasser und Grundwasser ineinander übergehen, ist ihr Mineralisierungsgrad gleich groß, sobald sich der Oberflächenstrom jedoch verringert, steigt auch sein Mineralisierungsgrad an.

Das Grundwasser der Beckenlandschaften steht in enger Beziehung und Austausch mit den bereits salzhaltigen Böden, und es unterliegt dem Einfluß der Verdunstung und damit einer relativen Mineralisierung.

Am Tarim spielt die Auffrischung bzw. Hebung des obersten Grundwasserhorizonts durch die jährlichen Hochwasser eine wichtige Rolle. Der Tarim hat hier entscheidende Bedeutung für das Gedeihen der natürlichen Pflanzendecke, die durch diese teils fluviogenen Grundwasser erhalten wird (so trocknet am Tarim-Unterlauf unterhalb Tikanlik die Pflanzendecke mit dem Austrocknen des Tarim ebenfalls aus).

Das Tarim-Becken ist eine abflußlose Senke. Sowohl vom Tianshan und Karakorum wie vom Kunlun ausgehend, bilden sich Grundwasserströme, die den tiefsten Stellen des Beckens zustreben. Sie haben als einzigen "Auslaß" das Aufsteigen an die Bodenoberfläche und die Verdunstung, oder sie werden von Pflanzendecken aufgenommen und transpiriert. Am Nordrand des Tarim-Beckens wird dieser Grundwasserstau durch den Tarim verstärkt, der sich dem von Norden anströmenden Grundwasser entgegenstellt.

Streams coming down from the T'ien-shan seep through conglomerate alluvial-diluvial fans, forming underground streams, moving south. As the slope of the terrain slows down, component material becomes finer. The underground water gradually rises and moves less freely. Faced with the obstruction of the West to East running Tarim, it cannot reach the center of the basin. This all causes the large plain to maintain underground water

---

122) Kuznetzov, Tang Qicheng (1959), S.62-63.

in a fairly elevated position. Therefore water remains near the surface, hastening evaporation and the accumulation of salt.[123]

Dies wird besonders in den Deltabereichen der von Norden in Richtung auf den Tarim zuströmenden Flüsse wie Terang, Ögän (Weigan) und Konqe deutlich.[124]

So stehen der geringe Neigungswinkel der Ebene östlich Aksu-Arals, das sich stauende und hoch anstehende Grundwasser sowie der Gegendruck des Tarim-Wasserkörpers und der relativ hohe Mineralisierungsgrad des sich stauenden Grundwassers, das selbst der Evaporation unterliegt, in Zusammenhang miteinander. Über das linke Tarimufer im Erschließungsgebiet von Aral schreibt Zakharina (1959):

> The left bank of the Tarim is in the form of an enormous inclined cup into which over the centuries have been collected and consolidated the solutions brought here by the subsurface and surface waters. The proximity of the ground waters (3-4 meters), their quite high mineralization (from 5-30 g/l) and the considerable height of the capillary-cellular rise of the solutions (on visual examination, 5-6 meters) - all these favor the activation of the processes of salt accumulation in the soils. The enormous expanses between the debris cones of the rivers emerging from the T'ien-shan and also the lower portions of the cones themselves, are occupied by solonchaks.[125]

Der stärkste Grundwasserverbrauch findet in der oben beschriebenen Zone unterhalb des Quellhorizontes statt, wo die Neigung der Schwemmebene nachläßt und der Grundwasserstrom stark verlangsamt ist oder zum Erliegen kommt. Der Grundwasserstrom speichert sich hier in einigen Metern Tiefe auf. Die vertikale, kapillare Bewegung des Grundwassers ist im distalen Teil der Schwemmfächer die Hauptbewegungsform des Grundwassers.

Die Evaporationswirkung reicht (nach XJDXS, 1965) bis in Tiefen von 7-8 m unter Flur und mehr.[126]

Es ist umstritten, wie weit der erste Grundwasserhorizont in naturbelassenen Böden der Evaporation (und der daraus folgenden Mineralisierung) unterliegt: Gibt es (in naturbelassenen Böden) überhaupt eine kritische Tiefe, unterhalb der

---

123) Shi Yuanchun (1960), S.222.
124) Zhao Ji (1960), S.124.
125) Zakharina (1960), S.105. Vgl. Kunin (1960), S.78.
126) XJDXS (1965), S.35-36. Zum Grundwasserverbrauch durch die Pflanzendecke siehe den Abschnitt 2.5.5.

die Wirkung der Evaporation nicht mehr spürbar ist? Einige Wissenschaftler vertreten die Ansicht, daß die erste Grundwasserschicht, gleich welcher Tiefe, Verdunstungseinflüssen ausgesetzt ist. Dies sei der Grund für die zunehmende Verdickung des Grundwassers in Wüstenregionen.[127] Die Autoren von *Xinjiang dixiashui* (1965) fügen hinzu, daß mit zunehmender Tiefe des ersten Grundwasserhorizontes die Evaporation abnehme und sich die chemischen Bestandteile des Grundwassers entsprechend veränderten.[128]

Grundwasserentnahmen aus unterschiedlichen Tiefen in der Tarim-Schwemmebene zeigen folgendes Bild: Der Mineralisierungsgrad lag bei Bohrtiefen von 1, 17, 24 und 30 m bei 14; 8; 5,2; 3,4 und 2,8 g/l.[129]

Auffrischungseffekte des Flußwassers auf das Grundwasser: In der Nähe von Flußläufen wird das Grundwasser nach den 1965 veröffentlichten Daten erst mit zunehmender Entfernung vom Flußlauf mineralhaltiger, und seine chemische Zusammensetzung verändert sich. Eine Untersuchung im Gebiet von Aral-Awudeng zeigte folgendes Profil:

Tabelle 21:
Grundwassermineralisierung in der Tarim-Aue, Oberlauf unterhalb Aral

		Hauptionen
am Flußufer	0,59 g/l	HCO_3^-, Ca^{++}, Mg^{++}
innerhalb 1 km vom Fluß		HCO_3^- vermindert sich Cl^- beträchtliche Zunahme
2-3 km vom Fluß	1,1-1,8 g/l	Cl^- größer als HCO_3^-
mehr als 5 km vom Fluß	über 5 g/l	Cl^- und Na^+

Quelle: XJDXS (1965), S.49.

---

127) Kunin et al., zit. nach XJDXS (1965), S.45.
128) Ebd., S.46, vgl. auch Anhang, Tabelle 8, "Grundwassermineralisierung im nördlichen Tarim-Becken".
129) Ebd., S.46, vgl. auch eingehender S.44-49.

Der Mineralgehalt nimmt mit größerer Entfernung vom Tarim-Flußbett zu. Die Variationsbreite des Mineralisierungsgrades von Grundwasserkörpern unter der Piedmontebene des südlichen Tianshan-Abhanges geht aus der folgenden Tabelle hervor:

Tabelle 22:
Variationsbreite der Grundwassermineralisierung im nördlichen Tarim-Becken

Gebiet	Luntai Kuqa	Ögän-därya- Schwemmebene	Karayulgun- Schwemmebene	Kälpin-Atux- Schuttebene
Mineralisierungsgrad g/l				
Maximum	89	29	-	190
Minimum	0,34	0,6	300	0,8
Schwankungsbreite	89	28	-	189

Quelle: XJDXS (1965), S.50.

Veränderungen des Mineralisierungsgrades auf kleinem Raum sind häufig: Frische oder nur leicht versalzene Grundwasserstreifen greifen zungenförmig in die stärker mineralisierten Gebiete hinaus.

Bei fast stehendem Grundwasser in Tiefen von 4-7 m (3-4 m) und wenn die Fließgeschwindigkeit nicht mehr als 1 m/Jahr beträgt, bildet der vertikale Aufstieg des Grundwassers (sofern keine ausreichende Pflanzendecke vorhanden ist) seine Hauptbewegungsform. Der Transport der mineralischen Bestandteile erfolgt nicht nur durch kapillaren Aufstieg, sondern auch durch aufsteigenden Wasserfilm (Adsorptionswasser). Auch der Aufstieg von wasserdampfgesättigter Bodenluft spielt eine Rolle bei der Mineralisierung der Böden (vgl. 2.5.5).[130]

---

130)   XJDXS (1965), S.58-59.

2.5.5 Aridität des Klimas in Xinjiang, Evaporation und Transpiration

Die Aridität des Klimas wird bestimmt durch die Intensität der Sonneneinstrahlung, die geringen Niederschlagsmengen und die (austrocknende) Wirkung des Windes.

Die potentielle Evaporation wird (nach chinesischen Meßmethoden) angegeben mit: Ürümqi 1.681 mm, Kuqar 3.217 mm, Käxkär 3.534 mm, Hotän 3.419 mm, Hami 3.578 mm.[131] Berechnungen von Zuo Dakang zufolge liegt die potentielle Evaporation in Nord-Xinjiang zwischen 1.000-1.400 mm, im SW des Tarim-Bekkens bei 1.800-2.000 mm, im östlichen Tarim-Becken bei 2.000-2.300 mm und in der Turpan-Hami-Senke bei 2.600-2.700 mm. Der Ariditätsindex (das Verhältnis von potentieller Evaporation zu jährlichem Gesamtniederschlag) liegt in den niederschlagsbegünstigten (Berg-)Gebieten bei 3,5-5, im Junggarischen Becken bei 10-12, im SW-Tarim-Becken bei 30-50 und im Ö-Tarim-Becken bei 130-180. "Such indices of the evaporation rate and the index of aridity are found nowhere else in either Middle Asia or Central Asia." [132]

Die akkumulierte Jahrestemperatur ≥ 10° C beträgt auf dem oberen Teil des Ögän-Schwemmfächers (Kuqar) 4.000-4.330° C, die frostfreie Periode 208-228 Tage, die mittlere Januar-Temperatur -8/-9° C, die mittlere Juli-Temperatur 24-26° C.[133] Die Dauer der Sonneneinstrahlung beträgt 2.600-3.300 h/a.[134] Man bezeichnet das lokale Klima als Strahlungsklima, da die Tages- und Jahrestemperaturen innerhalb großer Amplituden - bis ca. 60° C innerhalb eines Jahres und bis ca. 35° C innerhalb eines Tages - schwanken. Bei fehlender Vegetationsbedeckung heizen sich die Bodenoberflächen auf Temperaturen von über 60° C auf. Wegen der meist fehlenden Schneedecke im Frühjahr erwärmt sich das Tarim-Becken im Frühjahr rasch.[135]

Die Wirkungen der makroklimatischen Aridität werden gemildert durch allochthone Wassereinträge, d.h. durch die Wassereinträge der vom Pamir, Karakorum, Tianshan, Kunlun und Altun-tag in das Tarim-Becken fließenden großen

131) Murzayev hält diese Meßdaten für übertrieben, da sie mit Hilfe von Kupfergefäßen gewonnen wurden, die sich besonders stark erhitzen. Seiner Meinung nach müßten sie um 40-45% reduziert werden.
132) Murzayev (1966), S.186-187 u. Zuo Dakang (1960), zit. in Murzayev.
133) XJNYDL (1980), S.192.
134) Petrov (1962), zit. bei Erlach (1986) S.33.
135) Erlach (1986), S.33.

und kleinen Ströme. Der Ariditätsindex allein ist wenig aussagekräftig, er bezeichnet lediglich das lokale Verhältnis von Niederschlag zu potentieller Evapotranspiration. Die allochthonen Wassereinträge werden dabei nicht berücksichtigt. Sie verteilen sich nicht gleichmäßig in den ariden Beckenlandschaften, sondern konzentrieren sich auf Flußauen, Deltabereiche, Seen. Damit bilden sich agrarklimatisch begünstigte Korridore. (Zudem haben der untere Teil des Ögän-Schwemmfächers und der Tarim-Mittellauf eine kürzere frostfreie Periode und eine niedrigere akkumulierte Jahrestemperatur (4.000° C/180 Tage); auch im Yanqi-Becken nimmt das Lokalklima infolge der größeren Höhe über N.N. (1.050-1.052 m) und durch die insgesamt höhere Luftfeuchte, bedingt durch die Verdunstung von Baġrax-kul, Kaidu und den bewässerten Flächen, einen anderen Verlauf.)[136]

Flüsse erreichen das Tarim-Becken mit 36,8 Mrd.m³ Gesamtabfluß p.a.; im Westen werden mit Yäkän-, Aksu-, Kizilsu-, Käxkär-, Hotän-därya u.a. 82% des Abflusses erzeugt, im östlichen Teil, dem Autonomen Zhou Bayangol der Mongolen, nur 18%.[137]

Die mittlere Windgeschwindigkeit/Jahr gibt einen Anhaltspunkt für den Anteil der Windbewegung an der Evaporation/ Transpiration. Im Ostteil unseres Untersuchungsgebietes (Korla, Tarim-Unterlauf, Qarqiliḳ) beträgt sie 2,5-3,0 m/sek, im Westteil unter 2,0 m/sek. Starkwinde treten konzentriert in den Monaten April-Mai auf.[138]

Einige Daten zur Luftbewegung an der Station Tikanlik am Unterlauf des Tarim gibt Tabelle 23 wieder:

---

136)   Vgl. XJNYDL (1980), S.192, 182. Kreis Yanqi: akkumulierte Jahrestemperatur ≥ 10° C 2.973-3.239° C; frostfreie Periode (Mittel) 175 Tage, Sonnenscheindauer 3.129 h/a. YJXNYQH (1982), S.2. Zur agrarklimatischen Humidität im Tarim-Becken infolge allochthoner Wassereinträge bemerkt Murzayev: "In the Tarim basin the air is drier everywhere in spring than in summer [wenn die Hochwasserperiode der Flüsse eingesetzt hat], when a great amount of evaporation from irrigated lands, lakes, swampy meadows, and solonchaks is observed. In Dzungaria, because of the evaporation of the snow, the air is not so dry in the spring". Murzayev (1966), S.184.

137)   Yang Lipu (1982, 2).

138)   XJTDZY (1989), S.5.

Tabelle 23:
Luftbewegung am Tarim-Unterlauf, Station Tikanlik

Mittlere Niederschlagsmenge der Jahre 1975-1980	33,6 mm
potentielle Evaporation	2.721,6 mm
Ariditätsindex	81
Sandsturmtage (im Mittel)	16
	(max. 24 Tage)
Tage mit Stürmen > Windstärke 8, 1975-80 (Mittel)	16,5
	(max. 39 Tage)
Tage mit einer Sichtigkeit < 6 bzw. Tage mit Sanddeflation (Mittel)	74,8 bzw.
	(max. 95 Tage)
Insgesamt windstarke Tage mit Sanddeflation (Mittel)	106,5
relative Feuchte Qarqilik im Jahresmittel	38%
	(min. 25% - Apr., max. 56% - Dez./Jan.)

Quelle: Chen Hua (1983) in Hoppe (1984), S.132; Sang Xiucheng/Xu Deyuan
        (1981), S.86.

Die Daten unterstreichen die Bedeutung des Wind- und Sandschutzes; neben dem Evaporationsschutz kommt auch dem Schutz der Kulturpflanzen vor Sandstrahlschädigungen eine besondere Rolle zu. Es handelt sich hier um die Extremsituation am austrocknenden Tarim-Unterlauf, wo derzeit Kumtag-Wüste und Täklimakan zusammenwachsen.

Was bezeichnet der Begriff Evaporation (vgl. auch 2.4.11)? Evaporation bezeichnet die Umsetzung des Wassers aus der flüssigen in die dampfförmige Phase:

Bodenrelevante Evaporation findet statt aus:
1. Niederschlägen und Bewässerungseinträgen an der Bodenoberfläche;
2. Kapillarwasser;
3. Adsorptionswasser.
(1. - 3. stellen Wasserbewegung in flüssiger Phase dar.)
4. Die Wasserbewegung im Boden findet auch in dampfförmiger Phase statt (nur möglich in luftführenden Poren oder Röhrensystemen), dabei verdunstet Wasser in mehr oder weniger großer Tiefe innerhalb des Profils.

Der Ort der Verdunstung ist auch immer die Zone der Salzausfällung.

Allgemein und zu 1:
Damit Evaporation vor sich gehen kann, ist Wärme (Sonneneinstrahlung) erfor-
derlich. Der Evaporationsvorgang wird durch unterschiedliche Partialdrücke des
Wasserdampfes in der bodennahen Luft bzw. auf dem verdunstenden Medium in
Gang gehalten.

Die überwiegend an der Bodenoberfläche entstehenden Evaporationsverluste
werden durch Wasserbewegung in flüssiger Phase (u.a. aus kapillarem Wasser,
Adsorptionswasser, Grundwasser) aus tieferliegenden Schichten ersetzt.

Die bodennahen Luftbewegungen verlagern ständig die sich mit Wasserdampf
sättigenden unteren Luftschichten und sorgen für einen Nachschub an trockener,
ungesättigter Luft. Dieser Abtransport der bodennahen Luft führt zu einer
rascheren Evaporation als sie der Diffusionsvorgang bei stehender Luft ergibt.
Dem Windschutz (Verhinderung von Luftbewegung) und dem Einstrahlungsschutz (Überschirmung, Beschattung) durch die Pflanzendecke kommt eminente
Bedeutung zu (siehe Beschattung, Überschirmung, Pflanzendecke in Kap. 3.8,
3.9, 3.10 und 2.4.11).

Wenn der kapillare Anschluß nicht durch Bodenbearbeitung zerstört wird, kann
die Verdunstung trotz einer Austrocknung des Oberbodens unter der Bodenoberfläche, unterstützt durch kapillaren Aufstieg, weiter stattfinden. In den oberen Horizonten findet dann nur Wasserbewegung in dampfförmiger Phase statt.
In ton- und schluffreichen Böden (wie wir sie auch am Nordrand des Tarim-Bekkens vorfinden) bleibt im Gegensatz zu grobporigeren, sandigen Böden die
oberste Bodenschicht länger feucht, verdunstendes Wasser wird durch kapillaren
Nachschub aus größeren Tiefen über einen langen Zeitraum ergänzt. Grobsand-
auflagen mit einem groberen Porensystem können die Feuchtigkeitszirkulation
erschweren. Deshalb dient Sand bzw. Gobifeinsandauftrag der Bodenverbesserung in der uygurischen Landwirtschaft. Die beste Wasserleitfähigkeit besitzt der
Löß, bei starker Austrocknung ist die Wasserleitfähigkeit von Tonböden jedoch
größer als die aller anderen Bodenarten.

Zu 2: In sandigen d.h. grobporigen Böden steigt kapillares Wasser rasch (pro
Zeiteinheit) aus dem Grundwasser in den Kapillarsaum an, jedoch nicht weit
über den Kapillarsaum hinaus nach oben. In schluffigen Böden ist zwar die pro
Zeiteinheit aufsteigende Wassermenge geringer, sie geht aber weiter über den
Kapillarsaum hinaus und vermindert sich nach oben weniger schnell.[139]

---

139)   Scheffer/Schachtschabel (1976), S.177.

Zu 3: Das Wasser in flüssiger Phase muß genauer differenziert werden. Neben dem Grund- und Stauwasser unterscheidet man Adsorptionswasser und das eigentliche Kapillarwasser.

Unter dem Begriff Haftwasser oder Adsorptionswasser faßt man das unter Wirkung von Adsorptionskräften und osmotischen Kräften (Salzen) stehende Wasser zusammen. Es umhüllt die festen Bodenteilchen. Im Tarim-Becken gewinnt es durch die Aridität des Klimas und die Austrocknung der Böden im Vergleich zu humiden Klimaten eine große Rolle. Außerdem werden bei einer schon vorhandenen Versalzung der Böden (insbesondere der oberen Bodenschichten) Adsorptionskräfte oder osmotische Kräfte auf das Bodenwasser in tieferen Schichten ausgeübt, da Wasser sich zur höheren Salzkonzentration hin bewegen muß. Für das Adsorptionswasser gilt, daß mit abnehmender Korngröße und damit größerer spezifischer Oberfläche der Böden, der Adsorptionswassergehalt des Bodens steigt.[140]

Zu 4: Im Verdunstungsbereich sind die engeren Poren mit Wasser gefüllt, während die weiteren Poren mit Wasserdampf gesättigter Bodenluft gefüllt sind (ihr Sättigungsgrad beträgt meist 90% und mehr). Wenn aus der obersten Bodenschicht Wasserdampf entweicht, so wird er durch Evaporation in tieferen Bodenschichten aus der flüssigen Phase ersetzt. In ariden Klimaten mit ihren starken Schwankungen zwischen Bodenerwärmung und Bodenabkühlung fällt die dampfförmige Bewegung weit mehr ins Gewicht als in humiden Klimaten. Zudem ist bei höheren Bodentemperaturen die Wasserdampfaufnahmefähigkeit der Bodenluft größer als bei niedrigen Temperaturen.[141]

Transpiration: Was verändert sich nun durch eine künstliche oder natürliche Pflanzendecke, welche Wassertransporte werden durch die Transpiration in Gang gehalten? Welchen Umfang hat sie? Wie viele und welche Salze werden von den Pflanzen aufgenommen (der geologisch-pedologischen Salzumverteilung vorläufig entzogen)?

Sproß und Wurzeln bilden ein System, das das Wasser aus dem Boden in flüssiger Phase an die transpirierenden Pflanzenteile, die Blätter, weiterleitet. In einem dichten Pflanzenbestand ist der Anteil des über die Blätter verdunsteten Wassers weitaus größer als der durch Evaporation abgegebene Teil, denn erstens ist die Blattoberfläche größer als die von der Pflanze bedeckte Bodenoberfläche

---

140)   Ebd., S.162-163.
141)   Ebd., S.179.

(dies gilt insbesondere für Bäume), und zweitens geschieht die Wasserlieferung durch den Sproß und die Wurzeln rascher als es die Wasserbewegung im Boden vermag.[142]

Gegenüber dem umliegenden Boden verhält die Pflanze sich dränierend, sie entwässert den von ihrem Wurzelsystem erreichbaren Boden. Infolge des osmotischen Drucks, den das Wurzelsystem ausübt, reicht ihre Wirkung noch darüber hinaus (siehe Kap. 2.4.11 zur Funktion der Pflanzendecke).[143] Entscheidend aber ist, daß die Pflanze jene Trennung von Wasser und wasserlöslichen Salzen, die sich bei der Evaporation auf oder im Boden vollzieht, a) stark verringert und b) den Trennungsvorgang Wasser-Salze in sich hineinnimmt, d.h. Salze der Bodenlösung entzieht und sie in Sproß, Blättern, Wurzelsystem anreichert.

Die Pflanze nimmt Salze als Nährstoffe auf und benutzt sie als Bausteine der entstehenden Biomasse, die wiederum von Fauna und Menschen verwertet werden kann. Auf den von natürlicher oder kulturbedingter Vegetation bedeckten Böden kommt es zu einer Anreicherung von organischen Substanzen (Humus), die selbst wiederum die Funktion eines Nährstoffs und Wasserspeichers besitzen. Dieser autopoietische, sich selbst meliorierende und stabilisierende Kreislauf steht in völligem Gegensatz zum Vorgang der unproduktiven Evaporation vom vegetationslosen oder nur spärlich bedeckten Boden, wo sich die Salze in reiner Form, ohne eine Einbindung in organische Substanzen, anreichern und durch ihre Konzentration eine Ansiedlung von Pflanzen und Bodenleben erschweren oder unmöglich machen.

Das Beispiel eines indischen Anbauversuchs mit Sonnenblumen (für Xinjiang lagen mir keine solchen Angaben vor) zeigt den quantitativen Umfang der Salzaufnahme von Pflanzen. Sonnenblumen werden im Kreis Yanqi bevorzugt zur Melioration natriumhaltiger Böden angebaut.

---

142) Ebd., S.187-188.

143) Der Wasserverbrauch einer Saxaul-Pflanzung (*Haloxylon persicum*) in Özbekistan (Haloxylon-Arten sind auch im Junggarischen Becken, Nord-Xinjiang, verbreitet) liegt während der Vegetationsperiode bei 247-336 bis 6504-7796 mg/hora pro g Fruchtgewicht. Die Wurzeln dieses buschartigen Baumes reichen im Alter von 5 Jahren 14 m tief und mit 10 Jahren 16 m tief. Jeder Pflanze gelingt damit die Nutzung breiter Wasser- und mineralischer Ressourcen aus einem großen Bodenvolumen; Shamsutdinov, Z. Sh. (1972), S.157-159. - Ein mu mit ca. 330 Weiden verdunstet jährlich 1.000-1.360 m³, Pappeln 600-700 m³, *Eleagnus angustifolia* 460-530 m³ pro mu (Daten aus Nord-Xinjiang); Xu Zhikun (1980), S.163-165.

Tabelle 24:
Salzgehalte schwerer Lehmböden und ihre Beseitigung durch Sonnenblumen

Bodentiefe cm	Gesamtsalz %	Austauschbares Natrium ppm	Chloride %	Sulfate %	C.E.C. mq/100g
61	0,381	1.250	0,041	0,018	40,1
90	0,653	1.875	0,128	0,060	42,3
aufgenommene Mengen in kg/ha		217,6	130,3	74,8	

C.E.C. = Kationenaustauschkapazität

Quelle: Bhatt/Indirakutty (1973)

Sonnenblumen nahmen in diesem Fall 217,6 kg Natrium, 130,3 kg Chloride und 74,8 kg Sulfate pro ha auf. Baumwolle (var. MCU-5) nahm pro ha 27,0 kg Chloride und 79,4 kg Sulfate, aber nur Spuren von Natrium auf. Die ausgeprägte Natriumaufnahme von Sonnenblumen wird auf die Funktion einer "inwardly directed sodium pump in the cortical cells of sunflower roots" zurückgeführt.[144]

Salztolerante Pflanzen vermögen die Ionen innerhalb der Zelle mittels geeigneter Ionenpumpen so aufzuteilen, daß die Hauptmenge in die Vakuole fließt, das Zellplasma und die Organelle aber nur einer geringen Ionenbelastung ausgesetzt werden.[145]

---

144) Bhatt/Indirakutty (1973), S.457-460.
145) Albert (1982), S.184. Der Sproß der im Kreis Yanqi zur Verbesserung versalzter Böden angebauten Sonnenblumen konnte nicht direkt über den Kompostkreislauf wieder dem Boden zugeführt werden, da er zu salzhaltig ist. Die getrockneten Pflanzen wurden "zwischengelagert", als Zaunmaterial oder wahrscheinlich auch als Brennmaterial verwendet. Eigene Beobachtung, Juli 1989.

2.5.6   Biogene Salzkreisläufe; Biomasseproduktion und Bodenversalzung/ -alkalisierung (Korrespond. 2.4.11, 3.11)

Welche Auswirkung auf die Böden haben biogene, d.h. durch Baumbestände, Bebuschung und Gräser hervorgerufene Versalzungs- und Alkalisierungsprozesse?

2.5.6.1   Populus diversifolia (P. pruinosa)

In den Flußauen des Tarim-Beckens sowie auf Schwemmfächern mit relativ hohem Grundwasserstand gedeiht eine an die ökologischen Bedingungen der Region (Aridität, Salzgehalt des Grundwassers, sommerliches Hochwasser) optimal angepaßte Pappelart, P. diversifolia[146], die mit einer Wuchshöhe von max. 25 m und einem Stammdurchmesser des reifen Bestandes (sie erreichen ein Alter von > 150 Jahren) von 60-130 cm und mehr die einzige natürlich vorkommende Baumart in den unmittelbaren Randzonen der Täklimakan ist. Ihr Gedeihen ist von der Höhe des Grundwasserstandes, normalerweise 3-5 m unter Flur, abhängig, fällt er darunter, beginnt die Pappel zu kümmern, liegt er tiefer als 8 m unter Flur stirbt sie ab.[147]

Populus diversifolia-Blätter sind reich an Nährstoffen, sie enthalten hochwertige Eiweiße, Glukose und verschiedene Spurenelemente. Diese Pappelart ist daher, vor allem wenn sie geschneitelt wird, eine wertvolle Baumweide. Gräser und Bebuschung unter den Pappeln steigern den Wert der Aue als Weideplatz. Durch das Laub der Populus diversifolia wird ein Boden mit hoher natürlicher Fruchtbarkeit erzeugt. Die 25-cm-Schicht eines Populus-diversifolia-Bodens kann mehr als 3% organische Masse enthalten. Es sind die fruchtbarsten Böden der Tarimaue (weswegen sie ein bevorzugtes Objekt der Neulanderschließung und damit Waldvernichtung waren).

---

146)   Vegetationsgeschichtlich dürfte das Vorkommen der P. diversifolia - an der Südabdachung des Tianshan kommt sie bis in Höhen von 1.800 m (im Tarim-Becken selbst auf 800-1.100 m Meereshöhe) und am Pamir-Ostabhang bis in Höhen von 2.300-2.400 m Höhe vor) nicht nur auf die rezent von ihr bestockten Gebiete beschränkt gewesen sein. So wurde mir im Kreis Xayar berichtet, daß dort bis in die 50er Jahre auch im nördlichen Teil des Kreises P. diversifolia-Bestände vorkamen, sie sind inzwischen bis auf einige Alt-Bestände rund um moslemische *mazare* verschwunden.

147)   Zhang/Cheng/Fan/Li/Lei (1988), S.13.

Die löslichen Salze in der 1-30-cm-Schicht zeigen einen Anteil von 0,5-1,0%. Der Boden enthält meist Soda und reagiert alkalisch.[148] Die Alkalinität beträgt 0,09%, pH 8,5-9,6. Die am häufigsten vorkommende Salzzusammensetzung ist Soda-SO$_4$-Cl-Na.[149]

Han Qing gibt den mittleren Salzgehalt von Wiesen-Populus-diversifolia-Böden mit 0,2% an, den von Tamariskenhainböden, die über so gut wie keinen Einstrahlungsschutz verfügen, mit 8%.[150]

Die mikroklimatischen Verhältnisse in einem Populus-diversifolia-Bestand unterscheiden sich erheblich von denen des Freilandes und der vegetationslosen Wüste. Je lichter der Bestand, desto stärker wird der Bodenbildungsprozeß vom Salz geprägt. Eine stark verringerte Vegetationsdichte verstärkt die unproduktive Evaporation vom Boden, den kapillaren Aufstieg und damit die Versalzung des Oberbodens. Es kommt zu einer allmählichen Hemmung des Pappelwachstums. Dies ist die für die Bodenentwicklung negative Spirale, die aus einer Ausdünnung der Pflanzendecke resultiert. Im Gegensatz dazu kann der mehrstöckige, verdichtete Bestand eine positive Bodenentwicklung in Gang halten (vgl. Kap. 3.11 und 2.4.11).

Die Salz- und Trockenheitsresistenz von Populus pruinosa[151] ist etwas höher als die von Populus diversifolia.[152] Die Salztoleranz erhöht sich mit zunehmender Reife des Bestandes; bei Populus diversifolia beträgt sie 0,7% (einjährig), 1,0% (fünfjährig), 1,5% (zehnjährig) Salzgehalt, ohne daß das Wachstum behindert wird. Bei Salzgehalten von 3,7% vertrocknen die Bäume und sterben ab.[153]

Nach dem Fällen einer Populus diversifolia tritt aus einem Stumpf (mit 50 cm Durchmesser) innerhalb von zwei Stunden 1 kg Flüssigkeit aus, was die starke Feuchtigkeitszirkulation des Baumes illustriert. Wenn die austretende Flüssigkeit an der Sonne trocknet, bleibt Natriumbikarbonat (Soda) (mit einer Reinheit von

148) XJTRDL (1965), S.66; Liu/Fan/Cheng (1983), S. 209 ff.; *Xinjiang zhuyao zaolin shuzhong (1981)*, S.91.
149) Liu Licheng (1986), S.47.
150) Han Qing (1984), S.11.
151) Sie ist nur am Tarim-Oberlauf verbreitet.
152) Qin Renchang (1959), S.322.
153) Ebd., S.321. Nach *Xinjiang zhuyao zaolin shuzhong* (1981), S.89, ab > 3% Gesamtsalzgehalt in der 1-m-Schicht, vgl. auch Li Huqiong (1985), Nr.68.

56-71,6%) zurück, das als Backtriebmittel verwendet wird. An offenen Stellen, die die Bäume aufweisen, tritt ebenfalls Soda aus. Ein Pappelwald im Kreis Lopnur produzierte jährlich 50 t Soda (50er Jahre).[154]

Populus diversifolia ist also selbst ein Salzakkumulator. Die Blätter enthalten > 30% Salze, die Zweige etwa 18%, Natrium und Hydrogenkarbonate stellen den Hauptanteil.[155] Durch den Abwurf von vertrockneten Zweigen und Blättern kommt es zur Salz- und Sodaanreicherung im Oberboden.[156]

Trotz biogener Salzanreicherung ist der Boden landwirtschaftlich gut nutzbar. Die Bestockung des Bodens mit Pappeln ermöglicht seine Anreicherung mit organischer Substanz, die bodenphysikalischen Eigenschaften werden verbessert; es wird ein günstiges Milieu für Bodenorganismen und, in einem Zirkelschluß, ein günstiger Pflanzenstandort erzeugt. Biotischer und mineralischer Stoffkreislauf ergänzen sich. Die Transpiration der Vegetation, ihr Grundwasser- und Mineralstoffverbrauch sowie das durch den Bestand erzeugte Mikroklima verbessern die Bedingungen der Bodenentwicklung. Die ihrer Potenz nach negativen natürlichen Voraussetzungen der Bodenversalzung verlieren ihre "Gefährlichkeit", sie sind - solange die Pflanzendecke gedeiht - positiv ins ökologische Gefüge des Standorts integriert.

Plant cover plays a very important part in the salt regime of soils and the formation of solonchaks; its effects are both complicated and contradictory. A thick cover of herbaceous plants reduces the evaporation of groundwaters from the soil surface because the roots absorb water through transpiration. This reduces the salinisation of the topsoil horizon. After dying, the root system of plants enriches the soil in humus, which improves the soil structure and increases its non-capillary porosity. This in turn lessens the capillary conductivity and so decreases both the surface evaporation and the salinisation of the topsoil horizons: a good cover of mixed meadow grasses grown on flood plains and deltas, i.e. in areas tending to natural salinisation, delays the salt accumulation for a long time and prevents solonchak from forming on meadows. Destruction of the plant cover

154) Qin Renchang (1959), S.322, 326. Na$^+$, Wasser (H_2O) und Hydrogenkarbonate ($NHCO_3$) finden sich in den Leitbahnen der Bäume. Durch Verdunstung bildet sich Na_2CO_3.
155) XJTDZY (1989), S.34.
156) Qin Renchang (1959), S.338.

changes this regime. The surface evaporation increases and solonchak soils are quickly formed.[157]

2.5.6.2 Luzerneanbau als Modell biologischer Entsalzung

Die Luzerne erzeugt bei entsprechender Bewässerung mit ihrem dichten Blätterwerk eine hohe Bedeckungsrate, das bodennahe Mikroklima und Bodenklima werden positiv beeinflußt. Während der Vegetationsperiode transpiriert sie 394,6 m^3/mu, das sind 67% der Gesamtevapotranspiration, die Evaporation beträgt 38% oder 193,12 m^3/mu. Luzerne entzieht dem Boden bei regelmäßiger Bewässerung Salze: Bei kontrollierten Anbauversuchen verringerte sich der Salzgehalt der 0-50-cm-Bodenschicht von 0,9293% im unkultivierten Zustand auf 0,1266% nach zweijährigem Luzerneanbau, das ist eine Salzentzugsrate von 86,4%. Bei einem dreijährigen Anbauversuch auf einem Salzboden mit 1,826% Salzgehalt (bezogen auf die 1-m-Schicht) ging der Salzgehalt auf 0,545% zurück, das ist eine Salzentzugsrate von 69,8%. (Ähnliche Salzentzugsraten werden von Gu Guoan berichtet: 48% nach zweijährigem, 66,6% nach dreijährigem Anbau,[158] bezogen auf die 30-cm-Schicht bei Staatsfarmen im Aksu-Gebiet.) Durch ihr Wurzelsystem, das Tiefen von 3-5 m erreicht, senkt die Luzerne den Grundwasserspiegel im Vergleich zu anderen Kulturen oder Ödland um 0,3-0,7 m, maximal sogar um 0,8-1,2-1,6 m ab. Die Gefahr kapillaren Grundwasser-/Bodenwasseraufstiegs wird gemindert. Die Luzerne beeinflußt durch ihr Wurzelsystem positiv die physikalischen Eigenschaften der Böden. Die Porosität des Bodens nimmt zu, dadurch werden Wasserspeicherfähigkeit und Wasserdurchlässigkeit gesteigert.[159]

Die Luzerne befördert Kalk aus tieferen Horizonten nach oben und bringt durch Wurzelausscheidungen schwer lösliche Kalkbestandteile in Lösung. Dies trägt zur Verringerung der Alkalinität bei.

---

157) Kovda/Hagan/van den Berg (1973), S.162-163 und 283 ff., hier, S.162.
158) Gu Guoan (1984), S.14.
159) Chemisch wird der Ca-Anteil der oberen Bodenschichten gesteigert, ihre Alkalinität (oder auch Azidität) neutralisiert. Durch die Verringerung der Alkalinität, d.h. durch einen optimalen pH-Wert (6-7, in alkalischen Böden liegt er kaum unter 8) werden Pflanzennnährstoffe überhaupt erst verfügbar. Die Verringerung des pH-Wertes beispielsweise von 11 auf 8 wird u.a. durch Waschvorgänge erreicht, bei denen Na durch Ca ersetzt wird. Anmerkung von A. Lichtenfeld.

Steigerung der Bodenfruchtbarkeit: Bei Versuchen auf einer Staatsfarm im Yanqi-Becken produzierte die Luzerne mit ihrem oberirdischen Teil 2.137 kg Grünmasse/ha und mit ihrem unterirdischen Teil 9.915 kg Wurzelmasse/ha, dies entsprach einer Düngeleistung von 525 kg Ammoniumnitrat/ha, 283,5 kg Kalziumphosphat/ha und 167,0 kg Kaliumsulphat/ha.

Durch Luzerne als Vorfrucht lassen sich Ertragssteigerungen um 200% erzielen. Durch das Angebot von Luzernegras/-heu kann ein entsprechender Viehbesatz gehalten und der für den Boden positive Kreislauf Pflanze - Tier - Dung - (mit organischer Substanz angereicherter) Boden in Gang gehalten werden.[160] Die Luzerne selbst ist mäßig salztolerant, auf Chlorid-Sulfat-Salzböden toleriert sie nur einen Gesamtsalzgehalt von < 0,7%. Auf stärker versalzten Böden müssen daher vor dem Luzerneanbau bodenverbessernde Maßnahmen durchgeführt werden. Die Salztoleranz der Luzerne ist jedoch höher als die von Weizen, Mais und Baumwolle.[161]

Hauptproblem der Luzernekultur ist, sie mit traditionellen oder selbst modernen Ackergeräten wieder zu beseitigen. Da ihr Wurzelsystem ungemein widerstandsfähig ist, bricht sie auch nach intensiver Pflugbearbeitung als "Unkraut" jahrelang wieder durch.[162]

Die biotischen, chemischen, bodenphysikalischen und bestandsklimatischen Prozesse, die durch eine anthropogen geschaffene oder natürliche Bodendecke in Gang gehalten werden, wirken in vielfältiger Weise der potentiellen Bodenversalzung/-alkalisierung entgegen.[163]

---

160) Nach Mannerheim, Vol.1, 1940, S.95-96 blieb (im Hotän-Gebiet 1906) die Luzerne 15-16 Jahre lang stehen; sie lieferte bei regelmäßiger Düngung vier Schnitte pro Jahr. Danach wurde das Luzernefeld gepflügt und bestellt, darauf folgte wieder Luzerne. Luzerne ermöglicht eine intensive Viehhaltung auf kleinem Raum.

161) Xu Zhikun (1980), S.152-154.

162) XJNY (1964), S.61-62.

163) Die komplexen Vorgänge der lokalen Salzzufuhr, des biotischen Salzentzugs aus der Bodenlösung, der Salzselektion durch die Pflanzen, ihrer chemischen Veränderung in der Pflanze, des Efflux oder der Sekretion der in die Pflanze eindringenden Salze oder auch die biologischen und chemischen Prozesse, die mit der Humusbildung, der Wurzelatmung und mit den Wurzelausscheidungen bzw. mit dem unter Pflanzendecken aktiven Bodenleben assoziiert sind, d.h. die zahlreichen Detailfragen des gesam-

Infolge osmotischer Anpassung gibt es salzakkumulierende und salzausschließende Pflanzen: Na^+ und Cl^- z.B. werden von Gerste und Zuckerrüben annähernd äquivalent aufgenommen. Beta(Rüben)-Varietäten zeigen eine ausgeprägte Sodiophilie. Klee und Luzerne akkumulieren deutlich Cl. Eine stetige Aufnahme von Na, vorwiegend in die Blätter, findet man bei Kulturpflanzen wie Tomate, Mais, Sonnenblume, Bohnen, Gurke, Saflor (Färberdistel), Paprika, Kartoffel und Obstbäumen.[164]

Inwieweit verändert nun auf salzhaltigen Böden die Pflanzendecke die geochemische Zusammensetzung der Böden? Welche Wirkung hat der von den Mineralien auf dem Umweg über die Pflanzen (weiter Tierpopulation und Menschen) beschriebene Kreislauf für die Gesamtmineralisierung einer Landschaftseinheit?

2.5.6.3   Absolute und relative Versalzung

Um die zwei grundlegenden Verhaltensweisen einer landbauenden Gesellschaft gegenüber der Bodenversalzung zu beschreiben und um die Rolle der Pflanzendecke (einer möglichst dichten, mehrstöckigen Pflanzendecke) und ihrer Wurzelsysteme zu betonen, soll ein einfaches Modell herangezogen werden.

1. Es gibt einen absoluten, (bislang) nicht verminderbaren und kontinuierlichen Eintrag von Salzen in das Tarim-Becken. Dieser Eintrag geschieht vor allem über mineralisiertes Grund- und Oberflächenwasser - in der Relation großes Wasservolumen : geringer Mineralgehalt. Man kann dies den Prozeß der absoluten Versalzung nennen.
2. Im Verlauf der Transport- und Stauprozesse des Grund-, Oberflächen- und Bodenwassers und der damit einhergehenden Evaporation und Transpiration verändert sich die Relation Wasser : Mineralien zugunsten der Mineralien. Das Wasser geht aus der flüssigen in die dampfförmige Phase über, die Mineralien bleiben in zunehmender Konzentration in und auf den Böden, eingelagert in

---

Forts. von letzter Seite
    ten biotisch beeinflußten Salzkreislaufs, können an dieser Stelle nicht dargestellt werden. Auch die bodenmeliorierende Funktion anderer natürlich vorkommender und Kulturpflanzen gegenüber Bodenversalzungen wie Sonnenblumen, Saflor, Eleagnus angustifolia, Zuckerrüben, Leguminosen, Süßholz können wir an dieser Stelle nur andeuten. Zum Ansatz vgl. Albert (1982), Boyko (1966) und einige Artikel in: Hollaender, ed. (1979).
164)   Albert (1982).

Pflanzen und anderen *biota* oder gelöst in Dränwassern und anderen Wasserkörpern zurück. Dies ist der Vorgang der relativen Versalzung.
3. Wir unterstellen vorläufig, um diesen Vorgang rein betrachten zu können,
daß im Becken selbst noch keine Salze abgelagert sind.

Da am absoluten Mineraleintrag nichts zu verändern ist, kommt es vor allem auf
die 'Gestaltung' der relativen Versalzung an. Zwei grundlegende Strategien
bestehen:

1. Die Ausfällung und Konzentration der Salze (vermittels Evaporation) werden
   nicht verhindert oder verzögert, sondern nur von den wertvolleren, kultivierten Flächen ferngehalten (wir sahen in 2.4., daß dies häufig nicht gelingt). Es
   wird dräniert, um diesen Salzausfällungs- und -konzentrationsprozeß auf
   weniger wertvollen Teilarealen zu vollziehen. Auch beim uygurischen Prinzip
   der Trockendränung wird so verfahren.
2. Umgekehrt: Der Prozeß der Trennung Mineralien/Wasser wird einerseits
   möglichst weitgehend verhindert und verlangsamt - durch Bestandsklima,
   Bodenbedeckung, Pflanzendecken und ihre Wurzelsysteme wird die Evaporation vom Boden und der kapillare Aufstieg weitgehend unterbunden, und
   überschüssige Boden/-Grundwasserbeträge werden biologisch dräniert, d.h.
   von Pflanzen verwertet (vgl. 3.8, 3.9, 3.10). Andererseits vollzieht sich (vermittels Transpiration) die Konzentration und Zirkulation der Salze möglichst
   weitgehend in biotischen Prozessen, wobei die Salze als Bausteine von Biomasse (der autotrophen biotischen Faktoren) und in heterotrophen biotischen Faktoren bzw. in organischer Substanz (wie Dung und Humus) zirku-
   lieren. Dies ist die gegenüber Strategie 1 produktivere Variante. Es ist nicht
   wie Strategie 1 eine Beseitigungsstrategie, sondern eine Nutzungsstrategie.
   Erstes und wichtigstes Kettenglied dieser Strategie ist die Aufnahme der
   Mineralien in die Pflanzendecke (die selbst auch Wasserspeicher ist) kultivierter oder nicht-kultivierter Areale. Abbildung 10 zeigt die Möglichkeiten
   der Zirkulation von Mineralienbeträgen, ihrer 'Umleitung' und ihres produktiven 'Verbrauchs'. Zudem sahen wir, welche bestandsklimatischen Nebeneffekte das Gedeihen einer Pflanzendecke hat.

In der bodenkundlichen Fachliteratur gilt Strategie 1, die nur eine Beseitigungsstrategie ist, als die Hauptmeliorationsmethode. Strategie 2, die wesentlich eine
Präventivstrategie ist, wird unterbewertet oder nur beiläufig abgehandelt. Eine
typische Aussage lautet: "If it is salinity which prevents successful agriculture, the

salt content must be diminished, in other words, leached out... this is accomplished through proper drainage."[165]

Dies beruht darauf, daß in den meisten Fällen bereits stark mit Salzen angereicherte Böden rekultiviert oder neu erschlossen werden sollen. Hierfür ist Strategie 2 allein kaum ausreichend, sie muß mit Strategie 1, zumindest mit Bodenwaschungen, kombiniert werden. In den meisten Fällen ist diese Unterbewertung von Strategie 2 jedoch der Nichtwahrnehmung des sozio-kulturellen Kontextes und der fachspezifischen Beschränkung der Bodenkunde auf den "abstrakten Boden" zuzuschreiben.

Strategie 2 sollte für ein funktionierendes, nachhaltiges Landnutzungssystem die Hauptzielprojektion darstellen. Sie ist unschädlicher (für benachbarte oder flußabwärts liegende Gebiete, die sonst von Dränwassern geschädigt werden) und produktiver, zudem wirkt ein der Klimaxvegetation angenähertes oder sie übertreffendes Vegetationssystem im Selbstlauf versalzungsprotektiv. Die Hauptrolle kommt hierbei der Vermeidung unproduktiver Evaporation zu: Wenn der Grundwasserstrom nicht tiefer als 2,5-3 m unter Flur liegt, dürften (so schätzen Kovda/Hagan/van den Berg, 1973) 100-200 t/ha an jährlicher Salzzufuhr produziert werden, während die biogene Salzaufnahme der Pflanzen allenfalls 1 t/ha/a erreicht.[166] Die Abwandlung der Wirkung makroklimatischer Faktoren in das vor Versalzungen schützende Bestandsklima dichter Vegetationsbestände und die durch eben diese bedingte Absenkung des Grundwasserspiegels sind also sehr viel höher zu bewerten als die biogene Salzanreicherung.

Trotzdem trägt das Vorhandensein bestimmter Pflanzendecken (samt ihren Wurzelsystemen) auf salzhaltigen/alkalischen Böden mit Hilfe der biotisch-pedologischen Zirkulationsprozesse (Boden-Pflanze-Boden) auch auf naturbelassenen Böden (bei entsprechender Zeittiefe) zur Entmineralisierung der Böden bei.

Dies ist eine von V. Kovda vertretene These, die hier etwas ausführlicher zitiert werden soll:

Pflanzliche und tierische Organismen (menschliche Organismen) assimilieren beträchtliche Mengen mineralischer Substanzen, die jedoch nach dem Absterben und folgender Mineralisierung der Gewebe wieder frei werden und neue Kreis-

---

165) Szabolcs (1979), S.95, vgl. auch Massing/Wolff (1987), S.12, die biotischen Salzverarbeitungsprozessen wenig Interesse entgegenbringen, s.a. Wang Ying (1988). Etwas positiver Greenwood (1985).

166) Kovda/Hagan/van den Berg (1973), S.163.

läufe vollziehen. Pflanzliche Organismen verändern dabei aktiv das Verhältnis der einzelnen chemischen Elemente in der Lithosphäre, indem sie einerseits Verbindungen von Ca, K und P anreichern und zurückhalten und andererseits die Anteile an Na, S, Cl verringern bzw. aus den tieferen Horizonten insbesondere Ca verstärkt in den Bodenbildungsprozeß einführen. Dieser Vorgang ist z.B. in der genetischen Abfolge Solontschak - Solonez - leichter Kastanozem erkennbar.

Die Ersetzung von Halophyten durch Steppengräser auf Salzböden führt zu einem verringerten Umschlag von biogenen Chloriden und Sulphaten. Das Verhältnis Na : Ca verändert sich zugunsten von Ca, das in den oberen Horizonten angereichert wird.

Mit einer Abnahme des Gesamtmineralgehalts in den Pflanzen (ihrer Aschensubstanz) geht auch der relative Anteil an Cl, Na, Mg zurück und die Anteile an Ca, K, P_2O_5 und SiO_2 nehmen zu.[167]

Kovdas Schlußfolgerung lautet:

> Thus the plants of the steppe and the desert-steppe zones, judging by the chemical composition of ash substances and their part in the salt migration cycles can be divided into four groups.
>
> 1. The first group are typical halophytes (succulent, wet salsolas), growing on wet solonchaks with shallow ground water: they are distinguished by maximum ash content (40-55%), the highest part of ash content belongs to Cl, SO_4 and especially of Cl and Na. This group of plants actively facilitates the salinity of the upper soil horizon by isolating salt from leaves and also during the mineralization of the litterfall. At the same time they still gradually alter the $Cl:SO_4$ ratio in favour of SO_4, while the Na: (Ca+K) relation is altered in favour of Ca+K.
>
> 2. The second group - halophytes (primarily semi-dry) which grow on dry solonchaks and strongly salted soils with deeper lying ground water. The plants of the second group are still capable of maintaining a certain salinity of the upper soil horizons but are actively altering the composition of the ions which are migrating in the soil in favour of Ca, Mg, K and partially of P and SiO_2.

---

167)   Siehe hierzu im einzelnen Kovda (1980), S.133-136 u. Kovda/Hagan/van
        den Berg (1973), S.162-163.

3. The third group are dry salsolas, xerophytes and some artemisia growing on takyr-like or weakly salinized light sierozems, the hammad soils, on solonets and strongly solonetsic soils with comparatively deep ground water (below 5-7 m). The ash content is 10-20%, the prevailing share being the compounds of P, S, Ca, K. The plants of this group facilitate the desalinization and desolonetsization of desert-steppe soils.

4. The fourth group are grasses, leguminous, some artemisia etc., growing in the conditions of weakly salinized steppe and desert-steppe soils, and partially on meadow soils. They contain less than 10% of ash substance. The dominating part in the composition of ash substance belongs to SiO_2, P, Ca, and K. These plants are therefore facilitating the desalinization and desolonetsization of desert-steppe soils enriching them with P, S, Ca, K and most likely facilitating the reinstatement of the absorbing complex by accumulating active silicon and saturating the absorbing complex with exchange ions of Ca and K.[168]

Den Sukzessionen in der Pflanzendecke entsprechen Sukzessionen in der Bodenbildung und diesen wiederum höhere oder niedrigere Beträge an schädlichen oder nützlichen Salzen, die in den biogenen Salzkreisläufen involviert sind. So kann beispielsweise ein feuchter Wiesen-Tugay/Tokay auf jungen Deltabereichen oder alluvialen Ebenen mit dichter Wiesenvegetation, in dem vor allem Ca, K, P_2O_5, SiO_2 und SO_4 umgesetzt werden - es sind sehr fruchtbare, unversalzene Böden - durch Austrocknung von einem halophytisch bestockten Solontschak abgelöst werden, dessen Vegetation sehr viel höhere absolute Mineralumsätze zeigt und hohe Beträge an Cl, SO_4 und Na umsetzt.

Umgekehrt wird bei der Ersetzung des Solontschak-Prozesses durch Takyr- oder Solonez-Prozesse der Entsalzungsvorgang durch die Pflanzendecke unterstützt.

Thus at the very beginning of desalting soil, the biological cycle of ash elements facilitates the relative and absolute enrichment of soil horizons with Ca and partially K sulphates and carbonates predetermining the weakening (in time) of the development of takyr processes.[169]

---

168) Kovda (1980), S.136-137.
169) Kovda (1980), S.140. Kovdas Angaben beziehen sich auf das vormals sowjetische Mittelasien.

Da mir genauere Untersuchungen über solche biogenen Salzkreisläufe in Xinjiang oder im Tarim-Becken nicht vorliegen, können wir nur vermuten, daß
biogene Kreisläufe (einschließlich der Resorptionsprozesse durch tierische und
menschliche Organismen) an der Entsalzung von Böden beteiligt sind; dies ist
jedoch nur dann überhaupt von quantitativer Bedeutung, wenn keine direkte
kapillare Aktivität und Evaporation - in relativ hierzu größerem Umfang - Salze
in den oberen Bodenhorizonten ablagern.

2.6 Gesamteinschätzung

a)   Rezente und historische Prozesse der Boden- und Landschaftsversalzung:

Aktuelle Vorgänge der anthropogenen Versalzung, der Entwaldung und Step-
penzerstörung zeigen, daß Desertifikationen sehr vehement vor sich gehen:
Wenige, möglicherweise ungewollte Fehler im Umgang mit den vorgefundenen
Böden, Wasserressourcen und u.a. der Pflanzendecke können eine rasche Degradation der Landschaft erzeugen.

Es wäre zu untersuchen, ob und inwieweit es auch in historischer Zeit (die rezen-
ten Entwicklungen demonstrieren uns, wie es historisch zugegangen sein könnte)
anthropogene Eingriffe wie Entwaldung, Umbrechen von Steppen, Bewässerung
ohne Dränung gewesen sind, die am Nordrand des Tarim-Beckens das positive
Zusammenwirken von Klima, Böden und Pflanzendecke unterbunden und groß-
flächig versalzte Gebiete erzeugt haben. Das natürliche, d.h. ein der Klimaxvegetation angenähertes oder aus Steppe bzw. Strauch- und Baumsteppe bestehendes
ökologische Gefüge wurde - in solchen Fällen - nicht durch ein adäquates, nachhaltiges Landnutzungssystem ersetzt.[170]

Zu der Zerstörung der ursprünglichen Pflanzendecke kam/kommt im Falle einer
Landerschließung noch die allmähliche Hebung des Grundwasserspiegels durch
die Bewässerung hinzu: Die früher an den Unterläufen der Flüsse (Kuqar, Ögän,
Dina etc.) gelegenen, wüstgefallenen Siedlungen und Städte sind wahrscheinlich
weniger durch Wassermangel[171] als vielmehr durch die kombinierte Wirkung von

---

170)   Vgl. Kovda/Hagan/van den Berg (1973), S.162.
171)   Man vermutete allgemein, daß sie wegen der zunehmenden "Austrock-
         nung Zentralasiens" bzw. wegen des Rückgangs der Abflüsse auf die
         mittleren und oberen Teile der Schwemmfächer verlegt werden mußten.
         Sicherlich waren ihre Standorte auch der früher vorherrschenden Bewäs-

Langzeit-Bewässerung ohne Dränung, Hebung des Grundwasserspiegels und Zerstörung der Pflanzendecke zur Aufgabe gezwungen worden (dies sind alles Momente, die die Bodenversalzung verstärken). Neben der Bodenversalzung vermuten Lattimore und Mitarbeiter (1950) als Gründe für die Verlegung der Siedlungen flußaufwärts die starke Sedimentation in Kanälen (und auf Feldern) sowie den immer gegenwärtigen Zugriff der flußaufwärts liegenden Gemeinden auf die Wasserressourcen.[172] Die These einer Siedlungsverlegung infolge von Bodenversalzungen findet sich auch in Zhu Zhenda, Liu Shu (1981), die betonen, daß das ursprüngliche Relief inzwischen durch Übersandung verändert worden sei.[173] Als Beispiel sei hier auf Siedlungen 20-25 km südlich der heutigen Kreisstadt Bügür (Luntai) verwiesen: Siedlungsreste und Felddämme auf weiten versalzten Arealen, nur noch von *Tamarix ramosissima* bestanden, sind noch erkennbar. Es soll sich um Reste chinesischer *tuntian* (militärische Landerschließungen) aus der Han-Zeit (206 v. - 220 n.Chr.) handeln, den Vorläufern der heutigen Korps- und Staatsfarmen.[174]

b) Der anthropogene Eingriff in die fragile Geobiozönose des Tarim-Beckens verbindet sich - wenn er als negative Spirale verläuft - mit den extrem ariden Klimafaktoren, die den desertifizierenden Prozessen weiteren Vorschub leisten: Pflanzendecken, die einmal zerstört wurden, können sich nur sehr schwer oder gar nicht regenerieren. Das aride Makroklima des Tarim-Beckens wirkt als Lokal- und Bestandsklima, sofern es eine weitgehend geschlossene Pflanzendecke vorfindet, anders als in Wechselwirkung mit einem denudierten Boden.

Forts. von letzter Seite

    serungstechnik der wilden Überflutung, *culture de décrue*, geschuldet, die später von Techniken permanenter Kanalbewässerungssysteme abgelöst wurde. Der Austrocknungsthese widersprechen auch die Autoren von XJNY (1964): Bewässerung war am einfachsten in den distalen Teilen der Schwemmfächer [und in der Tarim-Aue selbst] in Form der *culture de décrue* durchführbar. Die Anbauflächen dehnten sich von dort allmählich in Richtung der höher gelegenen Teile der Schwemmfächer aus, wodurch die Abflußmengen in den Trockendelta-Bereichen und Unterläufen zurückgingen und salzhaltiger wurden, bis sie schließlich aufgelassen werden mußten. XJNY (1964), S.8.

172)   Lattimore et al. (1950), S.157-158.
173)   Zhu Zhenda; Liu Shu (1981), S.8.
174)   Zai Han-Tang tuntian yizhi (1981), S.102-106, vgl. auch Qu/Chen/Han/Li (1982), S.17, Karte der Verteilung aufgelassener Siedlungen und Städte im nördlichen Tarim-Becken.

Murzayev ist der Ansicht, daß - soweit es um die Frage einer zunehmenden Aridisierung geht - diese nicht auf einen natürlichen Selbstlauf oder auf eine Veränderung der makroklimatischen Faktoren zurückzuführen ist, sondern darauf, daß sich infolge anthropogener Eingriffe die *Wirkung des Klimas* auf Biozönosen und Wasserhaushalt verändert habe. Deflation der fruchtbaren Bodenschichten, Übersandung, Austrocknung, Versalzung treten auf, wo sie bei geschlossener Pflanzendecke - wie in dichten P. diversifolia-Beständen oder auf Steppen mit hoher Bedeckungsrate - nicht auftreten würden. Bezugnehmend auf den mittleren Westen der USA, sagt er:

> The processes of erosion and deflation have turned a country of forests into a wasteland. The climate of the Midwest has generally remained the same, but the effect of various meteorological factors has changed: the velocity and destructive force of the winds have increased and the extent of deflation has grown.[175]

Da wir es bei der agrarischen Nutzung des Landes mit diesen Wirkungen der verschiedenen klimatischen Faktoren zu tun haben, nicht (nur) mit den abstrakten, naturwissenschaftlich faßbaren Klimafaktoren, ist selbst das klimatische Glied seiner Wirkung nach letztlich ein anthropogen beeinflußter/beeinflußbarer und veränderbarer Faktor. (Siehe den enormen Unterschied zwischen der Handhabung der Pflanzendecke in traditionellen uygurischen Oasen und in chinesischen Staatsfarmen.) In bezug auf Xinjiang fährt Murzayev fort:

> It can be asserted with complete certainty that the springing up of large fertile oases on the alluvial fans of the Kunlun and Tianshan rivers was associated with the destruction of the primary forests and sparse tree vegetation which were located on good soil with sufficient moisture and devoid or nearly devoid of salinity.

> It is completely possible that man has destroyed the forests in the valleys of the rivers that flow or have once flowed through the deserts, which was also conducive to the drying up of the rivers. The process of agricultural development of virgin land is taking place before our very eyes in the Tarim valley, which, of course, involves the cutting down of tograk (Populus diversifolia) tugay forests. And one can already see irrigation erosion and active

---

175) Murzayev (1966), S.458.

deflation along the terraces of this river, and one must think that it will be stopped.[176]

Auch die Autoren von *Xinjiang nongye qihou* geben anthropogene bzw. gesellschaftliche Ursachen an, die ihrer Meinung nach für eine rezente agrarklimatische Aridifizierung mit verantwortlich sind:

- die unüberlegte Erweiterung der Ackerflächen sowie in den 50er und 60er Jahren angewendete zu extensive, auf Flächenerweiterungen abzielende Anbauformen. Intensivere Anbauformen wurden vernachlässigt;[177]
- die Zunahme des Wasserverbrauchs und des Umfangs der (auf modernen Streifenfeldern ungeschützten) verdunstenden Flächen;
- Veränderungen im Anbaugefüge, vor allem die Ausweitung der Winterweizenflächen, bei Verringerung der Luzerne- und Sommergetreideflächen. Wegen des Wasserbedarfs dieser Winterweizenflächen kommt es im abflußarmen Frühjahr zu einer Wasserverknappung, zu Niedrigerträgen und oft zur Nichterfüllung der Anbaupläne für die Frühjahrsaussaat. Es herrscht also eine Übernutzung der nur in geringem Umfang verfügbaren Frühjahrsabflüsse vor;
- Wasserverschwendung durch unrationelle Bewässerungsmethoden und den niedrigen Nutzungskoeffizienten des abgeleiteten Wassers (siehe oben Kap. 2.4.4, 2.4.3) - und eine damit einhergehende übermäßige Grundwasserbildung mit Hebung der Grundwasserspiegel (die Zerstörung natürlicher Pflanzendecken erwähnen die Autoren nicht).[178]

c) Wenn Bodenversalzungen auf einen falsch oder nicht genutzten Überschuß an Wasserressourcen verweisen, dann heißt das, daß Wasser zur Verbesserung der regionalen Pflanzenbedeckungsrate vorhanden ist. Auch der Grundwasserstau im nördlichen Tarim-Becken (vgl. Kap. 2.4.5) bietet an sich Möglichkeiten, Pflanzendecken zu unterhalten. Das Sommerhochwasser der Flüsse müßte in den Flußauen wieder vermehrt zur Bewässerung und Regeneration der Auenwälder und Weiden genutzt werden.

---

176) Murzayev (1966), S.459.
177) Vgl. auch Zordun Sabir (1984), S.12-13.
178) Xu Deyuan; Sang Xiucheng (1981), S.102-103.

152

3 Uygurische Landwirtschaft am Nordrand des Tarim-Beckens unter dem Aspekt bestehender/drohender Bodenversalzung

3.1 Einführung, Quellenlage

Ziel dieses Kapitels ist es, die von chinesischen Einflüssen unangetastete uygurische Agrarkultur, wie sie in der Zeit um 1949 etwa bestanden hat, zu beschreiben. Ihre Reaktion auf und Anpassung an die ständig drohende Gefahr der Bodenversalzung steht im Vordergrund der Analyse. Da die Agrarkultur selbst kein handelndes Subjekt ist, sind es also gesellschaftliche und individuelle Verhaltensmuster der uygurischen Bauern/Bauernschaft, die - durch Tradition selektiert - den Umgang dieser Agrarkultur mit dem Versalzungsproblem bestimmen.

Das hier verwendete schriftliche Material ist sehr disparat: Es handelt sich um verstreute, einzelne Bemerkungen, sowohl in chinesischen wie in westlichen Quellen. Es liegt außer Ludwig Golombs Arbeit[1] kein zusammenhängendes Material zur uygurischen Landwirtschaft vor. Keine Beschreibung von uygurischer Seite ist mir bislang bekannt.

Das schriftliche Material wird ergänzt durch eigene Aufzeichnungen, die ich 1989 während eines Feldaufenthaltes in den Kreisen Xayar, Kuqar, Toksu (Xinhe) und Yanqi machen konnte. Überdauernde traditionelle Schichten waren hierbei von neu hinzugekommenen Schichten zu trennen, was vielleicht nicht immer gelingen konnte.

Eine Bemerkung zum Charakter der benutzten chinesischen Quellen: Die von chinesischen Autoren wiedergegebenen Einschätzungen der Landwirtschaft der Uyguren (wie z.B. in XJNY) gehen vom präjudizierenden Axiom der Primitivität aus, das beim heutigen Stand der Diskussion völlig fehl am Platze ist. Es herrscht ein weitgehendes Unverständnis für den Gesamtkontext uygurischer Agrargesellschaft und Agrarkultur vor. Die Quellen sind daher geprägt von einem Entwicklungshilfe-Ansatz, mit dem die Chinesen sich selbst die Rolle des "Kulturbringers" zuweisen. Hinzu kommt, daß in jeder chinesischen Quelle, wenn von "Landwirtschaft" (*nongye*, im chinesischen Verständnis eigentlich "Feldbau") die

---

1) Golomb (1959).

Rede ist, die Vielseitigkeit zentralasiatischer Landwirtschaft ausgeklammert bleibt: Obstbau, Viehzucht und forstliche Kulturen werden im chinesischen Verständnis als selbständige, von der *nongye* getrennte Bereiche behandelt (*xumuye* - Viehwirtschaft, *linye* - Forstwirtschaft, *yuanyi* - Gartenbau). Die wechselseitige Verschränkung dieser "Abteilungen" und ihre Ausformung zu einem in sich stimmigen Ganzen, einer Agrarkultur, wird nicht wahrgenommen. Ziel dieses Kapitels ist es auch, diesen Mangel der Quellen zu überwinden.

Das vorliegende dritte Kapitel enthält nur einen kurzen Abschnitt über kulturtechnische Fragen der "Melioration" von Salzböden (3.12). In der bodenkundlichen Literatur sind Aspekte der kulturtechnischen Melioration eingehend beschrieben, deshalb kann hier auf die bodenkundliche Literatur verwiesen werden.[2] Dem Begriff "Melioration" (oder "Melioration von Salzböden") ist die naturwissenschaftlich-technische Beschränkung auf die rein kulturtechnischen und bodenkundlichen Aspekte des Versalzungsproblems immanent. Die Raumstruktur, das anthropogen beeinflußte Oasenklima, die sozialen und kulturellen Faktoren des gesamten (hier: uygurischen) Agrarsystems werden vernachlässigt. Es ist deswegen nicht überflüssig, Meliorationsfragen zu behandeln. Aber die Degradation der Böden und die fortschreitende Landschaftsversalzung sind eher durch eine Desorganisation des gesamten sozio-kulturellen Umfeldes hervorgerufen, und das Versalzungsproblem muß auch unter diesem Blickwinkel angegangen werden.[3]

Im traditionellen Landnutzungssystem liegt das Schwergewicht eher auf der nachhaltigen Vermeidung von Bodenversalzung, als auf der Melioration bereits versalzter Böden. Entscheidend jedoch ist, daß sowohl physische (s. Kap. 2.5) wie anthropogene Verursachungszusammenhänge, die im kultivierten Areal gar nicht voneinander zu trennen sind, mit einem Bündel kultureller "patterns" aufgefangen und abgewehrt werden. Die lokale Gesellschaft hat sich darauf eingerichtet, "mit dem Salz zu leben", und schützt sich weitgehend vor den negativen Auswirkungen der vorhandenen Salze. Die Melioration bereits versalzter Böden bildet nur einen Teilaspekt des gesamten sozio-kulturellen Verhaltens.

---

2) Vgl. Wang Ying (1988), Yuan/Stahr/Lichtenfeld (1988), Kovda (1980), Massing/Wolf (1987), Gupta/Abrol (1990), Bresler/Mc Neal/Carter (1982), Kovda/Hagan/van den Berg (1973); Xu Zhikun (1980).
3) Dasselbe gilt für den "Umwelt"-Begriff im allgemeinen: Es ist illusionär, die Umwelt "kurieren" zu wollen, denn ihre Erkrankung ist nur Ausdruck eines insgesamt "erkrankten" hochkomplexen Gesellschaftssystems.

3.2   Grundzüge uyĝurischer Landwirtschaft

Die uyĝurischen Bauern verfolgen bei der Anlage und Bestellung ihrer Felder und Gärten vor allem zwei Ziele:

1. Herstellung einer kleinflächigen Mischkultur mit exakt nivellierten Böden, in der das aufgebrachte Bewässerungswasser möglichst weitgehend verbraucht und Überschüsse auf Trockendränflächen abgeführt werden; Kanalrand- und Feldrandbepflanzungen mit Bäumen dienen der Dränung von Sickerverlusten aus Kanälen und von Feldern. Es herrscht, wenn kein Wassermangel besteht, ein vorsichtiger, kleinflächig kontrollierter Umgang mit dem Wasser vor.

2. Transpiration statt Evaporation! Ziel ist eine weitgehende Vermeidung von direkter Evaporation vom Boden mit Hilfe maximal verdichteter und, wenn möglich, mehrstöckiger Pflanzendecken, die für einen wirksamen Einstrahlungsschutz, eine Verhinderung von Bodenerhitzung und Schutz vor Verdunstung durch Luftbewegung sorgt.

Das hierbei verfolgte Prinzip ist die möglichst vollständige Verarbeitung des aufgebrachten Bewässerungswassers oder anstehenden Grundwassers durch Pflanzen und die Zirkulation der entstehenden Biomasse (Streu-, Kompostkreislauf, Aufnahme durch tierische und menschliche Organismen). Bodensalze und im Grund- oder Bewässerungswasser gelöste Salze werden auf diese Weise nicht in den oberen Bodenhorizonten abgelagert oder im Dränwasser abgeführt (Ausnahme: Trockendränflächen), sondern im Zirkulationsprozeß der Biomasse (Holz, Laub, Obst, Weidegras, Ackerbauprodukte, Gemüse, Melonen, verfütterte Unkräuter) "weiterverarbeitet", chemisch verändert und durch ihren Einbau in die organische Masse unschädlich gemacht bzw. genutzt.[4] Die Salze werden nicht "abgewehrt", dräniert, "beseitigt", sondern in weitgehend unschädlicher Form im System zirkuliert.

Die bei dieser Zirkulation der Salze vorkommenden Kreisläufe sind:
Boden - Pflanze/Streu - Boden
Boden - Pflanze - Tier/Dung - Boden
Boden - Pflanze - Mensch - Boden
Boden - Pflanze - Tier - Mensch - Boden.

---

4)   Siehe Kovda (1980), S.132.

Wichtig ist hierbei insbesondere der Kreislauf Boden - Pflanze - Tier/Dung - Boden. Die Viehpopulation eines Gebietes verarbeitet nicht nur biogen angereicherte Salze, sondern wirkt über die von ihr ausgeschiedenen Exkremente (Düngerwirtschaft) positiv auf die Bodenentwicklung und trägt zur Anreicherung von organischer Masse in den - in der Regel an organischen Bestandteilen armen - Böden der Region bei.

Alle genannten Kreisläufe sind vom Aspekt der Bodenversalzungsgefahr einem durch direkte Evaporation von Boden oder Grundwasser hervorgerufenen Versalzungsvorgang vorzuziehen. Erste Stufe dieser biogenen Salzzirkulation ist die Aufnahme von Mineralien durch die naturnahe oder kulturbedingte Pflanzendecke.

3.3 Exkurs: Uygurische Flurterminologie[5]

Die uygurische Flurterminologie spiegelt das differenzierte Verständnis uygurischer Bauern von der sie umgebenden Agrarlandschaft wider. Ein unterschiedliches Nutzungsgebaren wird in unterschiedlichen Termini festgehalten, ebenso wie unterschiedliche künstliche oder natürliche Vegetationsbestände und unterschiedliche Bodenfruchtbarkeit.

Die regelhafte Vergesellschaftung einzelner Nutzlandtypen in einer Raumeinheit ergibt unterschiedliche ländliche Reproduktionsmodelle[6], wie etwa die Hirtenkultur des Flachlands (beispielsweise längs des Tarim-, Hotän-därya oder an den intermittierenden, aus dem Kunlun austretenden Strömen) mit geringem Feldbauanteil - oder die typische Oasenlandwirtschaft mit hohem Garten- und Obstbauanteil und geringerem Viehzuchtanteil - oder die rein nomadische/halbnomadische Viehhaltung der Kirgizen auf dem Pamirplateau, die ohne eine Vergesellschaftung von Nutzlandtypen auskommt. Im folgenden sind die von mir in

---

5)   Für die Erläuterung der hier wiedergegebenen Termini bin ich verschiedenen Kadern der Kreise Xayar und Kuqar, insbesondere Herrn Eziz Ibrayim (Xayar) und meinem Dolmetscher Herrn Gäyret Tursun, zu großem Dank verpflichtet. Herr Adám Molnár (Budapest) hat diese Wortliste durchgesehen und überprüft. Auch ihm sei hier gedankt.

6)   Oder "Wirtschaftsformationen" im Sinne Waibels und seiner Schüler, vgl. Nitz (1971).

den Kreisen Xayar und Kuqar aufgezeichneten Begriffe kursiv gesetzt. Aus HWCD und WHCD entnommene Begriffe stehen in eckigen Klammern.[7] Auch dann, wenn in den Wörterbüchern auffindbare Begriffe in ihrer Definition von den lokal gebrauchten abweichen, werden sie in eckigen Klammern zusätzlich wiedergegeben. (Die Transkription des Uygurischen folgt der von mir in der *Xinjiang-Arbeitsbibliographie II* benutzten. Hauptunterschiede zur turkologischen Umschrift sind (vor dem = die turkologische Transkription): č = q, q = ḳ, ɣ = ġ, š = x, ḥ = h, j = y, ǧ = j). Zusätzlich sind Angaben aus Jarring (1964), Menges (1954) und Räsänen (1969), bezeichnet durch die Kürzel J., M., R., aufgenommen.[8]

I.　Wüste, Anökumene:

qöl/qöllük = 戈壁滩		Gebiet ohne oder nur mit marginal genutzter Wüstenvegetation wie
荒漠		Tamarix spp., Carelinia caspica
沙漠		J.　Wüste
bayawan = 荒漠		Große Sandwüste, z.B. Täklimakan, vegetationsloses Gebiet, ohne Besiedlung, aber mit Wildfauna.
bayaban		M.　Wüste
zäy = [WHCD = vernäßter Boden]		aufgelassenes, versalztes Ackerland (Kuqar); J.　damp, humid
[HWCD däxt =		Wildnis, Wüste, Ödland] J.　desert, gravel desert
[HWCD däxt-bayawan =		wie däxt]
[WHCD qöl-bayawan =		wie däxt]
[WHCD däxt-sähra =		Wüste, große Wüste (schriftspr.)]

---

7)　Diese Begriffe dürften die Gulja- bzw. Ürümqi-Mundart des sog. zentralen Dialektes des Uyǧurischen wiedergeben.

8)　Die kürzlich erschienenen Lexika *Hänzuqä-Uyǧurqä luǧät*, 2 Vols., Ürümqi 1989 und *Uyǧur tilining izaḥliḳ luǧiti*, Vol.1, A-P, Beijing (Minzu Chubanshe) 1990, wurden in dieser Aufstellung nicht berücksichtigt.

[HWCD qöl-jezira =   Sandwüste]

[HWCD ḳumluḳ =   Sandwüste]
                                       J. sandy, desert, dunes

xor/xorluḳ =   versalzte/alkalisierte
                                       Flächen mit halophytischer
                                       Vegetation
                                       J. salt, bitter, a white
                                       efflorescence of salt or
                                       nitrate on the ground
                                       M. (weiß, bleich) wie eine
                                       Salzstelle in der Wüste...

[WHCD takir yär =   (infolge Versalzung/Alkalisie-
                                       rung) vegetationsloser, nackter
                                       Boden, Takyr]

[WHCD kakas yär =   vegetationsloser Boden]

II. Ödland, Weideland, Wald (unbearbeitetes Land)
Da die Wüstenareale kaum oder nur als Durchgangsgebiet genutzt werden, ist
die erste und am extensivsten genutzte Flur der Landwirtschaft das Weide- und
Ödland, das sich in größerer oder geringerer Entfernung von den Ackerbausied-
lungen befindet. Diese Areale bilden z.T. die Lebensgrundlage für spezialisierte
Hirtenfamilien und Hirtenbrigaden wie in den Populus diversifolia-Auenwäldern
des Tarim, andererseits sind sie Grundlage der dorfnahen Viehwirtschaft, somit
der Fleisch-, Woll- und Düngerproduktion.

boz yär = 荒地   Ödland, wie versalzte Flächen
                                       mit Tamarix. Weidenutzung, mäßi-
                                       ge bis niedrige Bedeckungsrate.
                                       Wörtl.: grauer Boden
                                       (jungfräulicher Boden)
                                       J. boz = grey

janggal =   mit halophytischem, xerophyti-
                                       schem Strauchwerk oder auch
                                       mit Bäumen bestandene Flächen
                                       (Tarim-Auenwald), Weidenut-
                                       zung. (Übertragen: Haare auf
                                       der Brust eines Mannes)

[WHCD =	薪炭林	Niederwald, Brennholzwäldchen
	灌木	Strauch, Gebüsch]
jangallik/qatkal =		für Schafe nicht, jedoch für Ziegen geeignete magere Weide
[WHCD qatkal =		Gebüsch]
yaylak =		Weide mit relativ hoher Bedeckungsrate J. (yaylag) pasture
xorluk yaylak =		versalzte Wiese (z.B. Wiesensolontschak mit mittlerer bis hoher Bedeckungsrate)
qimän =		dicht bewachsene Grasfläche, die sich durch ihre dichte Vegetation von der Umgebung abhebt. Niederungsböden (z.B. zwischen bestellten, im Relief höher liegenden Teilen) J. meadow, field
qimänzar/qimänzarlik =		Rasen, Grasfläche; üppige, grasreiche Weide (Kuqar)
[WHCD qimlik =		Rasen, Grünfläche]
saz/sazlik =		Sumpfböden mit Wiesenvegetation
[HWCD =	草地	Wiese, Rasen]
[HWCD =	草泽	Sumpfland, Morast]
otlak =	草场	allgemeiner Weidebegriff
	牧场	J. a place with green, pasture
tokay =		mit Niedergras bestandene Weidefläche (älterer Begriff für das heute verwendete otlak)
[WHCD =		Gebüsch, Sträucher] J. bend, curve, river bed; meadow grove

koxkäwwät yaylak =	mehrstöckige Weide: Gräser und Bäume
orunbag =	natürlicher Hain, Wäldchen (ohne Obstbäume)
orman =	Wald, Schutzwaldgürtel
orman bälwiği =	Schutzwaldgürtel
[WHCD iptidai orman =	natürlicher Wald, Urwald]

Die Begriffe unterscheiden verschiedene Vegetationsdichten, größere oder geringere Nutzungsintensität, unterschiedliche Bodenarten. Die nächst höhere Stufe der Nutzungsintensität bilden:

III. Nicht ständig bearbeitete, aber erschlossene Flächen, Brachflächen

Aram kilingan yär = 休闲地	Brachland, ruhender Boden
J. aram/ayam	rest, repose
R. aram	Ruhe, Untätigkeit
[HWCD däm aldurulğan yär] =	Brachland
küzläk =	vom Dorf weiter entfernt liegendes Feld, nicht ständig bearbeitet, auf offenen, nicht eingehegten Flächen, geringer Versalzungsgrad (zum Melonenanbau geeignet)
[WHCD	Herbstweide]
J. küzlük =	autumn;
J. küzäk, küzläk =	melon-land
benam yär =	1. Schwarzbrache; 2. erschließbares, aber noch nicht erschlossenes, nicht bewässertes Land; 3. periodisch im Feldbau genutztes Land; 4. in Nord-Xinjiang Bezeichnung für Regenfeldbauareale
[HWCD binäm yär = 旱地	Trockenfeldbauareal]

xüdigär kilinġan yär = [WHCD xüdigär =	Brache, die im Sommer durch Pflügen, Waschen und unter Hitzeeinwirkung melioriert wird im Herbst gepflügter Boden]
ahtama = [WHCD = 休耕地	kleinere Feldfläche, die entweder ruht, nur geeggt oder aber mit geringem Wasserverbrauch bestellt wird (älterer Begriff) Brachland J. fallow
taxliwitilġan-yär =	aufgegebenes, nicht mehr bestelltes Land (häufig Versalzung als Ursache)
taxlanduḳ yär = J. taxla	aufgegebenes Land to throw, to cast off, to throw away

Bis auf *ahtama* sind alle diese Flurteile im äußeren Randbereich der Oase, des Dorfes angesiedelt. *Aram kilinġan yär* und *benam yär* sind hierbei die allgemeinsten und am weitläufigsten benutzten Begriffe, während der Begriff *küzläk* die Periodizität der Nutzung und die Entfernung vom Dorf ausdrückt. *Xüdigär kilinġan yär* dagegen verweist auf die Melioration durch Brachhaltung. Geringe Grundwassertiefe, relativ hoher Versalzungsgrad, aber auch eine nur periodische Nutzung infolge Wassermangels werden zum Ausdruck gebracht. Die Begriffe für aufgegebenes Land beziehen sich meist auf stark versalztes/alkalisiertes Land, das durch ungeeignete Erschließungsanstrengungen mittelfristig kaum nutzbar ist und als Weideland wegen seiner spärlichen Vegetation nur höchst marginal genutzt wird. *Benam yär* und *aram kilinġan yär* bilden bei längerer Nichtbearbeitung eine mehr oder weniger schüttere Pflanzendecke aus.

Dieser ersten Gruppe der (nicht ständig) bearbeiteten Böden, einer Art Steppenlandwirtschaft im offenen ungeschützten Raum, stehen die Flächen (und ihre Begriffe) gegenüber, die sich in ständiger Kultur befinden. Die folgenden Begriffe differenzieren vorwiegend unterschiedliche Flächengrößen sowie Einfriedung und Nicht-Einfriedung.

Photo 2:
Ochsengespann mit hölzernem Krümelpflug, Profil I.3. Im Vordergrund Niederungsböden (Reisanbau), im Hintergrund der ansteigende Sedimentationsfinger der 7. Produktionsbrigade, Yängimähällä-xiang von NO gesehen. (Juni 1989)

IV. Ständig bestellte Flächen

terilgu yär =	1. Ackerland, bestelltes Land im Gegensatz zu *benam yär*; 2. außerhalb der Siedlung gelegenes Feld, erschlossenes Areal, möglicherweise auch kurzfristig brachliegend; 3. die kultivierte Feldbaufläche, oft inkl. Gärten, Schutzwaldgürtel und Privatland[9]
[WHCD terim =	Ackerland]
maydan =	jüngerer Begriff für große, relativ offene Feldflächen, nicht eingefriedet; kann auch ein modernes Streifenfeld bezeichnen. Umfaßt in größerem Rahmen bisweilen bestellte Feldflächen und kurzfristig brachliegende Flächen
[WHCD mäydan =	Platz, Standpunkt
[dihanqiliḳ mäydan =	Bauernhof
totänläxkän yär =	(totän von chin. *tiaotian*) Streifenfeld
sala etiz = 条田	Streifenfeld
etiz =	klassischer Feldbegriff, kleine Feldfläche, meist eingefriedet, selten größer als 1-2 mu. Wird auch verwendet für kleine Feldflächen innerhalb des *baǧ* J. field, a bed or portion of land divided off for irrigation, square to square

---

9) (Chin.: *gengdi*, wörtlich Pflugland, Feldbauareal) bezeichnet eigentlich die zum Feldbau genutzte Fläche im Unterschied zu Forst-, Obstbau- und Weideflächen sowie Privatland. Oft wird damit jedoch die gesamte kultivierte Fläche bezeichnet.

etizlik =

eingefriedetes, kleines Feld
wie *etiz*

uxxaklik =

Feldstück, kleiner als *etiz*,
etwa von der Größe eines Filz-
stückes 1,50 x 3 m, in der Nähe
des Hauses, mit Gemüse- oder
anderem nicht feldmäßigem Anbau.
Bearbeitung mit dem *kätmän*

[WHCD uxxak = 细小的,细碎的

winzig, in kleine Stücke zerteilt]

köktatlik yär =

Gemüsegarten, Gemüsefeld

[WHCD köktatlik = 菜地,菜园

Gemüsefeld, Gemüsegarten]

[HWCD, WHCD xallik =

Reisfeld]

J. xal

rice-grain

säylik =

(Lehnwort von chin. *cai*
= Gemüse) Gemüsefeld,
Gemüsegarten, kann innerhalb
oder außerhalb des *baġ* liegen

pälämbäy etiz =

Terrassenfeld mit kleiner
Fläche

[WHCD pälämpäy = 梯田

J. staircase

Begriffe für Einfriedungen:

tussak =

Einfriedung

[WHCD tosak =

Hindernis]

J. tosandji

wooden hedge, covering

tos-

to stop, to hinder,
to keep back, to close

qit =

J. thorn, fence

qidir =

Einfriedung, Hecke

[WHCD qädir =

Zelt]

J. qadär, qädär, qäder, qadir

tent

M. qedir

Zelt, etymol. Schirm.

V. Gartenflächen, Terrasse, Haus, Hofkomplex

bag =
[WHCD = 园,园子

1. Garten, Hof mit Obstbäumen, zu einem Haus zugehörige Gartenflächen (Obst, Gemüse, Laubbäume, Wein und evtl. auch kleine Feldflächen (etiz)); 2. baumbestandene Fläche in der Nähe des Hauses; 3. großflächige Obstplantage

bagqä =

Garten, angelegter Park J. garden, a little garden

hoyla =

Hof des Bauernhauses, Terrasse an der Front des Bauernhauses (SO bis SW-Ausrichtung). Lebensraum im Freien mit barang, Sonnenschutzdach und angrenzenden Ställen (Xayar); in Käxkär wird hiermit das gesamte umwallte Hofgrundstück inkl. Haus, Garten und Terrasse bezeichnet wie in WHCD Hof, umzäuntes Grundstück J. courtyard, yard, house, palace

[WHCD = 院子,庭院

[WHCD kora, kora-jay =

Gesamtanlage von Hof und Garten, Umwallung, Hürde

barang =

Gestell für Kletterpflanzen, meist Wein (in Akirik/Xayar große, weit in die Gärten hinausreichende barang) Weingestell

z.B. üzüm baringi =

bag baran (bag waran) =

Einzelgehöft oder 2-3 Gehöfte zusammenliegend in Streusiedlung. Gehöft(e) mit Bäumen

[WHCD = 家院

ḳum döwisi =
[WHCD = 沙丘,沙包

eingefriedet, *baġ*-Fläche und *etiz* innerhalb der Einfriedung. Der *baġ baran* ist von offenen Flächen mit Feldbau umgeben. Klassische Form der Streusiedlung. Noch immer gebräuchlich auf salzhaltigen Niederungsböden home, homeland]

Sanddüne, hier assoziiert mit einem Einzelgehöft oder einer Gehöftgruppe der baġ-baran-Form, im N, NO, NW (Xayar). Besonders beliebte, traditionelle Siedlungsform (s. Abb. 11)

Im *baġ* oder *baġ baran* ist die höchste Vegetationsdichte erreicht. Die Bearbeitungsintensität der *baġ*-Flächen ist größer als die der bestellten Felder, sie werden ein bis zweimal pro Jahr gepflügt, z.t. noch mit dem speziell hierfür geeigneten Gabelpflug, *aqimak ḳox*; *baġ*, Haus und ḥoyla bilden eine Einheit, sie sind Lebens- und Arbeitszentrum der Familie. Der *baġ baran* als die klassische Form des Einzel- oder Gruppengehöfts ist ein um Felder (*etiz, uxxakliḳ*) innerhalb und außerhalb des inneren *baġ*-Bereichs erweiterter *baġ*.[10] Zudem ist er eine noch immer gebräuchliche Methode zur Erweiterung der Kulturflächen sowie Flur- und Erschließungsform (so im Kreis Xayar) auf versalzungsbedrohten, tiefer im Relief gelegenen Böden.

Die aus Bäumen und Gebüsch bestehenden Einfriedungen der Obstbau-, *etiz*- oder Gemüseanbauflächen des *baġ baran* dienen der Nutzung von überschüssigem Bewässerungswasser bzw. der Absenkung des Grundwasserspiegels. Die offenen Felder im Umkreis des *baġ baran* werden in rotierender Form, also mit hohem Brachanteil, bestellt. Die *baġ baran*-Form ist heute infolge der Flurbereinigung und Anlage von Streifenfeldern nur noch selten anzutreffen.

---

10)   Vgl. Mannerheim (1940), Vol.1, S.106-107, 115.

VI.   Oase, Siedlung, Dorf

bostan =   Oase, Stadt, Flecken, Dorf:
die von weitem als mit Bäumen
bestandene Fläche erkennbar,
Felder und Weiden dazugehörig
J. arbour, grove

bazar =   1. Flecken, kleiner Markt, Kreisstadt, Zentrum eines *xiang*
2. der Markt

mähällä =   Dorf, Produktionsgruppe

[WHCD =   Wohnsiedlung, Straße]
J. district, ward (in a town),
quarter (of a town)...

känt =   1. Dorf
2. verwaltungstechnisch Brigade
J. village

yeza =   Dorf
J. country, countryside

öylük = 居民点   im Verlauf der Flurbereinigungen und der Durchsetzung des
Streifenfeldaufbaus entstandene
konzentrierte Siedlung im Gegensatz zur ursprünglichen *baġ-
baran*-Form
J. öyläk   propertied people, possessing a
house

Für die folgende Darstellung scheint es mir gerechtfertigt, die Vielzahl der
Begriffe auf sechs, d.h. auf die wesentlichen Flurformen zu reduzieren; Begriffe
in (" ") nach Nitz (1971), S.45:

otlak	für extensiv oder intensiv genutz-te Nah- und Fernweiden ("Dau-erweideland")
benam yär	für die häufig brachliegenden Teile der Flur im offenen Raum, einschließlich *küzlek* ("Feld [Steppen]-Wechselland")
sala etiz	für die unter chinesischem Einfluß entstandenen großen Streifenfelder mit Schutzwald-gürteln (oder partiellen Schutz-waldgürteln)
maydan	für die nah bei den Siedlungen gelegenen offenen, nicht einge-friedeten, aber kontinuierlich unter Kultur gehaltenen Flächen (auch auf terrassierten Hängen) ("Dauerfeldland")
etiz	für kleine, eingefriedete Flächen unter ständiger Kultur, auch Feldflächen innerhalb eines *bag*-Komplexes. Klassische Blockflur, auch auf Konturter-rassen. (Eingefriedetes, klein-flächiges "Dauerfeldland und gärtnerisch genutztes Land")
bag	für die mit Bäumen, vorwiegend Obstbäumen, bestandenen (Garten-)Flächen der Dörfer und Plantagen ("gärtnerisch genutztes Land","Strauch-, Baumkulturstreifen")

Das Gesamtareal eines Dorfes umfaßt oft alle sechs Nutzlandtypen,[11] die regelhaft miteinander vergesellschaftet sind.[12]

Sie folgen in ihrer Lage dem Relief, dem Wasserdargebot und den Bodenarten. Diese am Nordrand des Tarim-Beckens meist langgestreckten Streifen erinnern an Thünensche Ringe mit einem kleinen (*xiang*/Brigade-)Verwaltungssitz und/ oder einem *bazar* als Zentrum.[13] Solche Zentren fehlen dem einfachen Dorf.

Die Bereiche von *bag* und *etiz* sind selten versalzungsgefährdet, die *maydan*-Flächen liegen im Übergangsbereich zum stärker versalzten Areal. Die Oberböden von *benam yär* und *otlak̲* sind meist durch vergleichsweise höhere Salzgehalte charakterisiert. Die *bag̲-baran*-Form nimmt eine Sonderstellung ein, zum einen weil sie einen Gesamtkomplex mit verschiedenen Flurtypen (*bag̲, etiz, uxxaklik̲, maydan* bzw. *benam yär*) umgreift, zum anderen weil sie, wie heute in Xayar, oft nur noch in dem von Bodenversalzung betroffenen Bereich der Niederungsböden anzutreffen ist. Die differenzierende Terminologie spiegelt das sehr flexible Verhalten und die den jeweiligen Bedingungen im Relief angepaßte Nutzungsform wider. Sie ist Ausdruck der geschickten und lebendigen Anpassung der agrarischen Nutzung an Böden, Mikrorelief, Wasserverfügbarkeit und Versalzungsgefahr.

In Tabellenform zusammengefaßt, haben die einzelnen Hauptflurformen folgende Charakteristika:

---

11) Lattimore und Mitarbeiter (1950), S.166, unterscheiden drei Stufen der Nutzungsintensität: die innere Zone stärkster Düngung (Obstgärten, Gemüsebau), die mäßig gedüngte zweite Zone mit Reis, Mais, Weizen und Baumwoll-Kulturen und die dritte, nicht gedüngte Zone mit Hirse, Gaoliang und Kartoffelanbau, in der häufige Brachhaltung stattfindet. Als vierte, unbewässerte Zone folgen das Weideland, Halbwüste und Wüste.
12) Vgl. Nitz (1971), S.45.
13) "Klare wirtschaftliche Ringe kleinster Art legten sich z.B. bei der alten Dreifelderwirtschaft um jedes Dorf; Garten-, Ackerland und Allmende-Weideland oder Wald sind die gesetzmäßig nach außen aufeinander folgenden Ringe dieses Betriebssystems." Waibel (1933), S.65.

Tabelle 25:
Hauptflurbezeichnungen und ihre wesentlichen Charakteristika, Kreis Xayar

	Bodentyp nach chin. Klassifikation	Bo-den-güte *	Boden-bearbei-tung	Kultu-ren	Anzahl der Bewäs-serun-gen	Einfrie-dung durch Flurge-hölz	Feldgröße und Lage in der Dorfflur
bag	Sedi-ment-boden**	1	Pflug (*aqimak koẋ*) *kätmän*	Wein, Obst u. Gemüse klein-flächig Weizen u. Luzerne	2-6	ja	0,5-2 mu verbun-den mit Häusern. Plantagen mit 5-15 mu
etiz	"	1	Pflug, im Dop-pelge-spann, Schlich-te, Egge	Weizen, Mais, Baum-wolle, am Feldsaum Obst, Eleag-nus, Pappel	2-3	ja	1-2 mu
maydan	Chao-Boden/ Sediment-boden	2/3	"	Melonen, Saflor, Lein Hanf, Weizen, Mais, Luzerne	2-3	halb-offen oder ganz offen	2-10 mu mehrere Feldstücke aneinander grenzend
sala etiz (Strei-fenfeld)	Sedi-mentboden/ Chao-Boden	1/2	"	Weizen, Mais, Baumwolle	2-3	moder-ner Schutz-waldgürtel	100-200 mu
benam yär	diverse marginale Böden	3	Pflug wie oben	Melonen, salztoleran-te Mais- und Weizensorten		keine	2-4 mu
otlaḳ	Wiesen-solontschak, Sumpfboden u.a.					keine	

* Die Böden werden ihrer Fruchtbarkeit nach traditionell in drei Kategorien
unterteilt: (1) fruchtbar, (2) mittel, (3) mangelhaft.
** Boden mit Bewässerungsauflage.

3.4 Morphologie, Reliefanpassung uygurischer Oasen

Optimale Reliefanpassung ist eine der fundamentalen Maßnahmen, mit denen
die uygurische Landwirtschaft der Versalzungsgefahr der Böden begegnet. Das
Prinzip ist einfach: Ein relativ zum benachbarten Flurstück höher gelegenes
Areal wird zum Pflanzbau genutzt, das jeweils tieferliegende dient als Trockendränfläche (s. Abbildung 6). Hänge mit größerem Gefälle werden terrassiert,
Niederungsböden oder Niederterrassen mit Reis oder besonders salzverträgli-
chen Wirtschaftspflanzen oder auch mit salztoleranten Weizen- und Maissorten
bestellt.

Die folgenden Landnutzungsprofile, im Juni 1989 im Kreis Xayar aufgenommen,
zeigen die hohe Variabilität und noch immer vorherrschende Kleinflächigkeit des
Anbaus.

Durch die mitgeführte Sedimentfracht erhöht sich das Bett des Ögän jährlich um
0,32 m. Er ist also - und das gilt gleichfalls für die von ihm abgeleiteten Kanäle
oder natürlichen Verzweigungen - ein über dem Niveau der Schwemmebene
fließender Fluß. Die Oasen bzw. Dörfer sind dementsprechend wie auf langgestreckten Fingern als Reihendörfer, meist in Nord-Süd-Richtung angelegt. Beim
Durchfahren dieser Landschaft in Ost-West-Richtung berührt man die schma-
len, kultivierten, erhöht liegenden Finger mit dem Kanal und Dorf in der Mitte,
d.h. man sieht hierbei stets nur einige wenige Hofgruppen, zwischen denen Nie-
derungs- und Weideflächen verteilt sind. Die Dörfer selbst sind in Nord-Süd
(oder Nordwest-Südost)-Richtung verlaufende, langgestreckte Kanalstraßendörfer. Folgt man einem solchen Kanalstraßen-Dorf in Nord-Süd-Richtung, so
wechseln sich Abschnitte mit mehr oder weniger dichter Besiedlung ab. Man
bewegt sich dann ständig im kultivierten Areal, ohne die Niederungs- und Weideflächen zu berühren.

Die hier wiedergegebenen Profile durchschneiden jeweils mehrere aufsedimen-
tierte "Finger" der in Nord-Süd-Richtung verlaufenden Siedlungen mit ihren
Gärten und der künstlichen Klimaxvegetation.[14]

---

14)   Mit dem Begriff "künstliche Klimaxvegetation" bezeichne ich die Bereiche
      größter Vegetationsverdichtung in der Umgebung der Häuser und Kanä-
      le. Die (natürliche) Klimaxvegetation eines Populus-diversifolia-Bestandes
      wird hier imitiert, übertrifft diese aber in ihrer Artenvielfalt und Mehrstök-
      kigkeit.

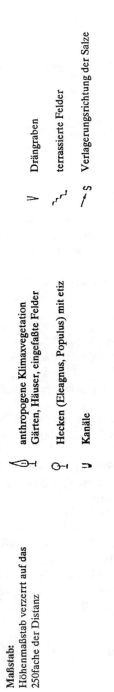

Legende zu Profil 1, 2 und 3

Maßstab:
Höhenmaßstab verzerrt auf das
250fache der Distanz

anthropogene Klimaxvegetation	𝝣 Drängraben
Gärten, Häuser, eingefaßte Felder	
Hecken (Eleagnus, Populus) mit etiz	⌐ terrassierte Felder
Kanäle	↙S Verlagerungsrichtung der Salze

Abbildung 2: Profil 1 - Neuer Ögän-Kanal, Yängierik, Bostan, Sögetkotan

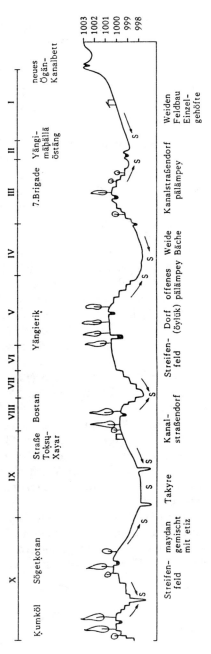

Aufnahme und Entwurf: Thomas Hoppe
Aufnahmedatum: 20.6.1989
Zeichnung: Wolfgang Straub

Erläuterungen zu Abbildung 2: Profil Nr.1 - Neuer Ögän-Kanal, Yängierik, Bostan, Sögetkotan
(nach: Blatt 11-44-94 Xinhe Xian, Kartographischer Dienst der Chinesischen Volksbefreiungsarmee)

82° 34' - 82° 41,3'   Ost
41° 26,5'   Nord
Verlaufsrichtung   270°

Zu den einzelnen Profilabschnitten:

I.   Wiesen, Niederung; kleine, eingeebnete Relieferhebungen werden im Pflanzbau genutzt (Weizen, Baumwolle, Saflor), Streusiedlung. Hürden deuten auf eine ausgiebige Weidenutzung hin, Kurzgrasweide, Felder z.T. von Eleagnus eingefaßt.
II. Yängimäḥällä östäng: Relativ junger Kanal, fließt auf der Landoberfläche, Dammaufschüttung 2 m breit, in seiner Nähe in (offener) *maydan*-Form Reisfelder auf grauem Niederungsboden.
III. Nur wenige hundert Meter weiter westlich beginnt die Vegetationsverdichtung, zunächst in (offener) *maydan*-Form: Brassica-Anbau[15], dann von O nach W 4 Reihen in *etiz*-Form, mit Eleagnus eingefaßt, in dieser Reihenfolge (von O nach W)/1 Weizen/ 2 Weizen/ 3 Saflor/ 4 Paprika, gegeneinander terrassiert - *pälämbäy-etiz*. Siebte Produktionsgruppe, hoch aufsedimentierter, besiedelter Streifen, der nach Westen sofort wieder in Terrassenform abfällt, gegen Westen (Lee-Seite) relativ offen mit nur 2 Windschutzreihen / 1 Baumwolle / 2 Mais/ 3 Reis auf Niederungsböden am Terrassenrand.
IV. Niederung mit kurzgeweidetem Gras. Niederungsboden: vermutlich Wiesensolontschak (*seǧiz tuprak*), Profil nicht durch Erschließungsversuche gestört. Z.Z. von großen Schafherden beweidet, wird von flachen Bächen durchströmt. Dränkanal im Westteil, Bedeckungsrate geschätzt auf 70%.
V.   Dorf Yängierik, im äußeren Dorfflurbereich Terrassenfelder in *maydan*-Form von unten nach oben / 1 Saflor und Weizen/ 2 Weizen, Paprika/ 3 Weizen mit ersten Eleagnus und Pappelreihen/ 4 Weizen, Baumwolle. Die Feldflächen verkleinert im oberen Bereich. 4.Produktionsbrigade Yängimäḥällä mit Gärten und Häusern - konzentriertes Wohngebiet (*öylük*), einzelne *etiz*-Flächen darin verstreut. Vermutlich handelt es sich um ein

---

15) Mögliche Arten: *Brassica campestris, B. juncea, B. napus, B. olifeira var. pekinensis, B. oleracea.*

Photo 3:
Profil 1, IX.Niederung zwischen Sögetķotan und Bostan; takyrischer Boden.
Vorn Reste von Tamarix und Halimodendron-Vegetation, im Hintergrund Halostachys
belangeriana. (Juni 1989)

durch Bevölkerungszuwachs verdichtetes Kanal-Straßendorf. Im Westteil tief eingeschnitten der Wassertransportkanal "Einheit".

VI. Nach Westen leicht abfallend ein flurbereinigtes großes Areal mit Streifenfeldern, großflächigem Baumwoll-Anbau, sonst Weizen, Mais und Paprika auf Teilflächen innerhalb der Streifenfelder.

VII. Übergang nach Bostan: Kleinflächige Terrassenfelder, offen, Kulturen (von oben nach unten): / 1 Luzerne, Weizen/ 2 Weizen / 3 Paprika, Mais, Weizen / 4 Paprika, Baumwolle, Sonnenblumen / 5 Saflor, Weizen / 6 aufgegebene Flächen mit 40-60% Bedeckungsrate, dann in der Niederung selbst versalzter/alkalisierter Wiesenboden mit weißem Salzfilm auf 50-60% der Fläche, *ķizil ot* (*Artemisia anethifolia*) und *Halostachys belangeriana*; nach Westen ansteigend / 1 Leinen, Hanf, Saflor/ 2 Paprika, Rüben, Baumwolle, Karotten, teils mit Saflor als randständiger Pflanze / 3 Brache / 4 eingefriedetes *etiz*.

VIII. Bostan, Gärten mit Häusern, Straße und Kanal, von Nord nach Süd verlaufend, auch westlich der Straße Häuser, *barang, ḫoyla* und Gärten, innerhalb der Gärten eingefriedete *etiz* mit Kulturen wie: Kartoffeln, Melonen, Baumwolle, Weizen, Paprika, Pfirsich-Plantagen, z.t. Hanf als randständige Pflanze. Eleagnus und Pappeln als Einfriedung. Straße Toḳsu (Xinhe)-Xayar.

IX. Niederungsgebiet zwischen Bostan und Sögetḳotan. Längs der erwähnten Straße auf höher liegenden Terrassen Weizenanbau, auch aufgegebene Felder und Brache. Es folgen nicht erschlossene Flächen mit Halostachys belangeriana und ein Drängraben, westlich davon kleine Salzsümpfe und Takyre mit 1-2 m² großen Schollen mit Trockenrissen, weiter westlich sind offensichtlich fehlgeschlagene Erschließungsversuche unternommen worden, mit erkennbaren Felddämmen, sonst Pflanzenreste von eingegangener Tamarix- und *Halimodendron halodendron*-Vegetation. Stellenweise Salzschaumböden mit Phragmites-Resten.

X. Sögetḳotan. Nach Westen ansteigend salzhaltige Weideflächen, weiter/ 1 versalzte Flächen mit gelegentlichem Reisanbau / 2 leicht terrassiert, Winterweizen auf versalzten Flächen / 3 Winterweizen mit mittlerem Ertrag / 4 offene halbeingefaßte *maydan*-Form gemischt mit *etiz*: Weizen, Saflor, Lein, Baumwolle, Mais, Paprika (hier keine Siedlung), offensichtlich flurbereinigt. Westlich des Kanals Gärten und die konzentrierte, neuangelegte Siedlung. 3-4 Reihen nebeneinander, jeweils mit kleinen Gärten. Außerhalb der Siedlung Streifenfelder mit Hochertrags-Weizenanbau, zur folgenden Senke abfallend, leicht terrassiert, Mais- und Weizen-Niedrigertragsfelder mit Reet durchsetzt und Brache, Dränkanal, großflächige *maydan*-Form, ansteigend Übergang zur *etiz*-Form mit Einfriedungen, es folgen Gärten mit Häusern und der Ḳumköl-Kanal. Nach Westen wieder abfallend leicht terrassiert / 1 Paprika / 2 Mais / 3 Brache / 4 Wein / 5 Reis. Auch hier in der regelhaften Abfolge *baġ-etiz-maydan* (bzw. Streifenfeld) (vgl. Abbildung 8: Vegetationsverdichtung im Dorf Ḳumköl).

Abbildung 3: Profil 2 - Ögän-Arm, Boz, Saybaġ-Brigade (östlich der Kreisstadt Xayar)

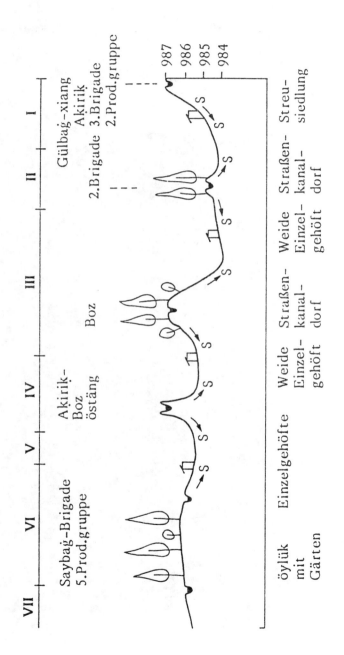

Aufnahme und Entwurf: Thomas Hoppe
Aufnahmedatum: 17.6.1989
Zeichnung: Wolfgang Straub

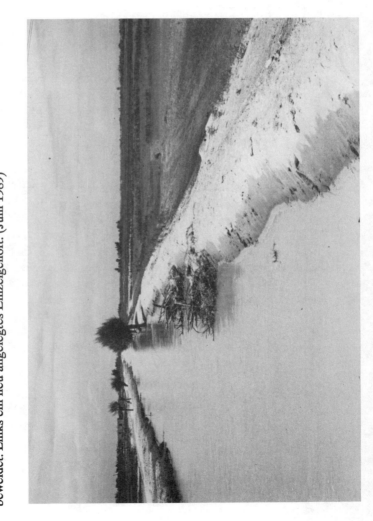

Photo 4:
Profil 2, IV. Akirik-Boz-östäng von S nach N aufgenommen. Dammbefestigungen.
Rechts früher erschlossene Niederungsböden mit erkennbaren Felddämmen, jetzt beweidet. Links ein neu angelegtes Einzelgehöft. (Juni 1989)

Erläuterungen zu Abbildung 3: Profil Nr.2 - Akirik Nord-Boz-Xayar, nordöstliches Weichbild der Kreisstadt
(nach: Blatt 11-44-106 Xayar Xian, Kartographischer Dienst der Chinesischen
  Volksbefreiungsarmee)

82° 30,35'   -   82° 30,50'   O
41° 20,68'   -   41° 20,72'   N
Verlaufsrichtung ca. 220°

Zu den einzelnen Profilabschnitten:

I.   Vom Nebenarm des Ögän abfallend Ödland mit Tamarix, Streifenfelder
     mit Baumwolle, Mais, Weizen. Nördlich des Profilverlaufs der nördlichste
     Zipfel von Akirik (Gülbag *xiang*, 3. Brigade, 2. Produktionsgruppe), Streu-
     siedlung, Gärten und Häuser. Es folgen auf Niederungsböden Brach- und
     Weideflächen, gemischt mit kultivierten Flächen, der hier angebaute Wei-
     zen ist stark mit Reet durchsetzt, Niedrigertragsfelder (40-50% Brache-
     und Weideanteil), Rinderweide.
II. Noch Akirik (Gülbag *xiang*, 2. Brigade, 1. Produktionsgruppe), unveränder-
     tes Kanal-Straßendorf mit altem Obstbaumbestand, z.T. großflächige
     Gärten. Baumwolle und Mais in *etiz*-Form angebaut, längs des Kanals
     beidseitig Häuser mit Gärten, künstliche Klimaxvegetation. Auf der West-
     seite des Dorfes geht die *etiz*-Form direkt über in Salzsteppe mit Tamarix
     und *Carelinia caspica*.
III. In der Niederung ein Ziegelwerk und ein Einzelgehöft in - nicht voll ent-
     wickelter - *bag-baran*-Form. Brache, Weizen mit Sesam und Weiden (in
     offener Form) liegen vereinzelt in der sonst beweideten Niederung. Das
     nächste Dorf Boz ist ebenfalls ein traditionelles Kanal-Straßendorf mit
     Verdichtung zur Haufensiedlung, außerhalb des eingefriedeten Bereichs
     beginnend mit der *maydan*-Form, dann *etiz* und *bag*, dies symmetrisch zu
     beiden Seiten des Kanals. Es folgen in der Niederung (Übergang III-IV)
     Einzelgehöfte mit verstreuten Anbauflächen (zwischen 2-3 mu großen
     Flächen) und Weideland. Aufgegebene Flächen und *Artemisia anethifolia*-
     Bewuchs deuten eine Sodifizierung der Böden an.
IV. Der Akirik-Boz-Östäng fließt ca. 2 m über Flur, die Dammbreite beträgt
     2-3 m. Es folgen Kurzgrasweide und Einzelgehöfte. Es herrscht eine offene
     etiz-Form vor: Die Weizenfelder in der Niederung bringen nur Niedriger-
     träge infolge Bodenversalzung (s. Photo 4).

V.   Ansteigend zum nächsten Dorf Xayar, Saybaġ-Brigade, 5. Produktions-
     gruppe: *maydan*-Form und Streifenfeld: Weizen mit mittlerem Ertrags-
     niveau, Weizen mit Melilotus als Untersaat, Baumwolle, Melone, Mais.
VI. Westlich des Kanals eine geometrisch angelegte, moderne Siedlung, jedes
     Haus von *baġ* und Einfriedungen umgeben (Eleagnus).
VII. Moderne Streifenfelder, sehr weiträumig von Schutzwaldstreifen eingefaßt
     mit diversifiziertem Anbau: Melone, Weizen, Kartoffeln, Gemüse.

Akirik-Nord in Abschnitt I hat den Charakter einer weitläufigen Streusiedlung,
die Häuser sind im Gefolge der Streifenfeldanlage verlegt worden, nur der nörd-
lichste Zipfel ist ohne staatlichen Eingriff gewachsen, es ist eine kleine Haufensiedlung miteinander verwandter Familien.

Die einzelnen besiedelten, in Nord-Süd-Richtung verlaufenden Streifen sind
durch Öd- und Weideland voneinander getrennt, diese wiederum mit Einzelge-
höften in schwach entwickelter *baġ-baran*-Form (d.h. ohne Baumeinfriedungen
und ohne größere Obstgärten) durchsetzt. Die Stufen der Vegetationsverdichtung bis zum Klimax in Kanalnähe folgen dem Schema / 1 Salzsteppe-Ödland / 2
maydan-Form (offene Niedrigertragsfelder)/ 3 *etiz*-Form/ 4 *baġ, hoyla*, Haus/ 5
Kanalsaum oder Straßensaumvegetation (vgl. die wechselseitige Spiegelung der
Vegetationsverdichtungsstufen und verschiedenen Flurtermini).

Erläuterungen zu Abbildung 4:
Profil Nr.3 - Nurbaġ-Ögän-Biegung - Xayar-Xincun (Yänikänt) (nach: Blatt
11-44-106 - Kartographischer Dienst der Chinesischen Volksbefreiungsarmee)

83° 48,7' - 83° 45,5'   O
41° 19'   - 41° 16'   N
Verlaufsrichtung ca. 210°

Die Höhenwerte des Profils sind, bis auf den Ausgangspunkt, lediglich angenä-
herte Werte. Die Höhenangaben der Karte liegen neben dem Profilverlauf (s.
Abb. 5).

Eine sinnvolle Profilführung wäre, den Höhenangaben der Karte folgend, nicht
möglich gewesen. Die Höhenwerte des hier wiedergegebenen Profils sind daher
weitgehend hypothetisch, insbesondere der Endpunkt am Toyboldi-Kanal. Neben
dem Dorf Nurbaġ ging es mir vor allem darum, die weiten Niederungsflächen in
Ögän-Nähe mit ihrer Landnutzungsstruktur zu erfassen. Das Profil wird schon
sehr bald nur noch historischen Wert besitzen, da im hier erfaßten Ögän-Ab-
schnitt den Wassertransport in Kürze ein Kanal übernehmen wird. Auf den
Niederungsflächen ist die Siedlungsweise eine (noch unentwickelte) *baġ-baran*-
Form, d.h. die Häuser stehen ungeschützt inmitten ihrer Felder.

Abbildung 4: Profil 3 - Nurbaġ, Ögän, Xincun (nördlich der Kreisstadt Xayar)

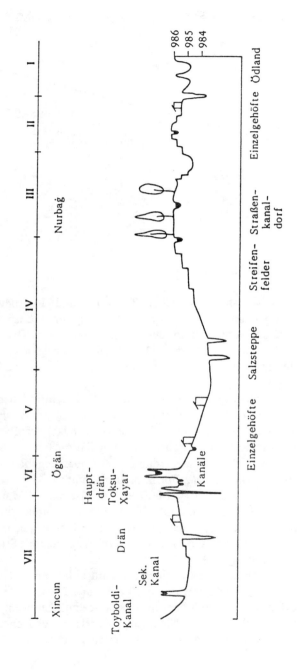

Aufnahme und Entwurf: Thomas Hoppe
Aufnahmedatum: 17.6.1989
Zeichnung: Wolfgang Straub

Abbildung 5:
Skizze: Profilverlauf und Höhenangaben der Karte (m über NN)

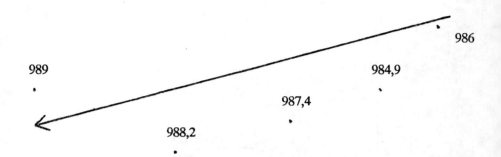

Zu den einzelnen Profilabschnitten

I.   Xor-Gebiet, Salzkrusten, spärlicher Tamarix- und Reetbewuchs, teils Salzsümpfe in kleinen Niederungen, welliges Relief, Höhenunterschiede 1-2 m, Sanddünen vereinzelt in der Umgebung. Dann Dränkanal, fließend, mit Fischbesatz, neben dem Dränkanal 2 Einzelgehöfte, offensichtlich neu angelegt, umgeben von Brachflächen, Weiden und kleinen bestellten Flächen.

II. Im Profilverlauf ansteigend zu einem Kanal Sedimentböden mit Maisanbau, leicht terrassiert (Höhenunterschied je 0,2-0,3 m), *maydan*-Form vom Kanal nach beiden Seiten abfallend zu einer Trockendränfläche mit *xor*, Salzkrusten mit Halostachys belangeriana-Vegetation.

III. Terrain ansteigend zum alten Siedlungs- und Gartengebiet von Nurbag (Ostteil), leicht terrassiert, *etiz*-Form, halb eingefaßt in der Profilfolge von unten nach oben: / 1 Weizen / 2 Melonen / 3 Luzerne / 4 Mais / 5 Baumwolle. Es folgen die Gärten mit Obstbäumen, Weingestellen und Häusern, Sekundärkanal mit Straße, dann das verdichtete Siedlungsgebiet, die südwestliche Begrenzung sind der Hauptkanal mit begleitender Straße und ein moderner Schutzwaldgürtel.

IV. Hochproduktive, offene Streifenfelder auf sanft abfallendem Gelände, sehr weitflächig und nur leicht terrassiert (0,2-0,4 m). Diese Seite des Dorfes (Leeseite) offener und weitläufiger als die Luv-Seite, Kulturen: Baumwolle, Mais, Weizen. Abfallend in die Niederung Niedrigertragsflächen in offener, kleinflächiger *maydan*-Form, ca. 60% Bracheanteil: Mais und Weizen überwiegen. Weiter abfallend sind 100% der Fläche Salzsteppe, Tamarix, zwei Dränkanäle durchziehen das Gelände. Im Übergang zu V. große, aufgegebene Fläche mit spärlichem *Sophora alopecuroides*-Bewuchs. Konzentration der Grundwasserströme von Nurbag im Norden und Nordosten und vom Ögän im Westen.

V. Auf leicht ansteigendem Relief Einzelgehöfte auf versalzten Böden (ca. 1 m Höhenunterschied gegenüber der Salzsteppe) mit reiner Weizenkultur, stark mit Reet durchsetzt, Erträge ca. 50-80 jin/mu. Längs des nächsten von West nach Ost verlaufenden Kanals ebenfalls Einzelgehöfte in Abständen von 100-150 m voneinander.

VI. Ögän-Knie, Flußrichtung ändert sich von südlich auf östlich. Weideland mit Tamarix und *Artemisia anethifolia*. Der Ögän-Damm ragt 4-5 m über die Flur hinaus, der Flußbettboden liegt schätzungsweise 2 m über Flur. Es folgen vier vom Ögän abzweigende Primärkanäle. Kurz darauf folgt der Hauptdrän Xinhe-Xayar, der Kanalauswurf ragt 2 m über die Flur hinaus, der Drän (Vorfluter) selbst schneidet ca. 4 m tief in die Flur ein.

VII. Versalzte, aufgegebene Neulandflächen, offensichtlich mit früherem Reisanbau, jetzt beweidet. Das Terrain fällt nach Südwesten ab mit Anbau von relativ salzresistenten Kulturen wie Melonenkerne, Paprika, Wassermelonen, Weizen. Die Flurform ist völlig offen, kleinflächig, der Anbau stark diversifiziert, Häuser ohne Baumbestände (chines. *Xincun* = Neudorf), kleiner Drän: Terrain weiter nach Südwesten abfallend, leicht terrassiert Weizen mit Melilotus, Paprika, zum Toyboldi-Kanalbett wieder leicht ansteigend Brachflächen, Weideflächen, Mähwiesen.

Zusammenfassung:
Die fruchtbarsten Böden im Kreis Xayar werden durch die Sedimentation der Ögän-Arme und Kanäle gebildet. Infolge ihrer im Gesamtrelief erhöhten Lage verfügen sie über einen ausreichend tiefen Grundwasserstand von 3 m unter Flur und tiefer, der jede Versalzungsgefahr ausschließt. Längs der Hauptkanäle wird Sickerwasser aus den nicht abgedichteten Kanälen durch die Kanalrandbepflanzung mit Pappeln, Weiden, Maulbeerbäumen, Eschen und durch die Vegetation der Gärten mit ihren Einfriedungen genutzt. Dies ist die Zone mit der höchsten Vegetationsverdichtung und dem im Sommer kühlsten Mikroklima. Die meist kleinflächigen *etiz*-Flächen knapp unterhalb der Gärten sind durch die Einfriedungen, durch die vorsichtige Wasserverwendung auf Kleinflächen und das - infolge der Hecken - verbesserte Mikroklima (verringerte Einstrahlung, verminderte Windgeschwindigkeit) ebenfalls von Versalzungen selten betroffen.

---

15) SYXNYQ (1987), S.187.

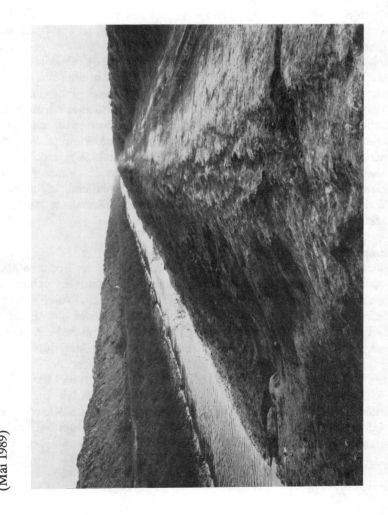

Photo 5:
Hauptentwässerungsgraben mit Grabenauswurf, südlich der Kreisstadt Xayar.
(Mai 1989)

Die Flächen der *maydan*-Form sind stärker von Versalzungen bedroht, die Grundwassertiefe nimmt hier erheblich ab, aber diese Flächen dränieren meist in noch tiefer gelegene Felder oder in die eigentlichen Trockendrän- bzw. Weideflächen. Niedrigertragsweizenflächen, Reis, Saflor und Lein, z.T. auch (salztolerante) Maissorten werden in den tiefer gelegenen Flurteilen kultiviert.

Der Lage im Relief nach zu urteilen, die bedingt über die Salztoleranz der einzelnen Kulturpflanzen Auskunft gibt, läßt sich als regelhaft feststellen:
- Reisanbau auf den untersten Terrassen oder in der Niederung,
- Saflor, Sonnenblumen, Lein, Hanf, Weizen- und Maissorten, die an höhere Salzgehalte angepaßt sind, im Bereich mittlerer Versalzung (der unteren Terrassen oder der mit Reet durchsetzten Niederungsböden),
- Paprika, Karotten, Rüben, Melone, Baumwolle, Weizen, Mais im leicht versalzten Bereich und
- auf Hochertragsböden Baumwolle, Weizen, Mais.

Weizen wird, da er Hauptnahrungsmittel ist, sogar noch auf den stark versalzten und nur schwer zu bearbeitenden Wiesenböden unter ungeheurem Aufwand angebaut; oft wird bei diesem Niedrigertragsanbau die Saatgutmenge von ca. 30 jin/mu[16] nur verdoppelt (so Profil Nr.3, Abschnitt IV).

Die Versalzung der Niederungsböden wird anthropogen - durch Kultur und Bewässerung - verstärkt. Wenn jedoch, wie in Profil 1, Abschnitte I und IV, die Niederungsweiden mit ihrem relativ hohen Grundwasserstand hinsichtlich der Pflanzendecke und Durchwurzelung intakt geblieben sind, im Profil nicht gestört und nicht erschlossen worden sind, bieten sie eine ertragreiche Weidefläche (dies im Gebiet von Yängimäḥällä vielfach zu beobachten). Werden hingegen Erschließungsversuche wie in Profil 1, IX durchgeführt und die natürliche Pflanzendecke zerstört. zusätzlich noch bewässert, kann sich nach der Aufgabe der Fläche nur eine halophythische Vegetation wie *Halostachys belangeriana* halten. Wo Niederungsböden erschlossen werden, sind Brachflächen zahlreich, ob in der *baġ-baran*-Form (Profil 3, IV und 2, IV und V) oder in der Streifenfeld-Form mit Drängräben (Profil 1, X).

Der Hauptunterschied zwischen Profilen im mittleren Teil des Kreises Kuqar und den hier gezeigten ist die dort größere Breite der aufsedimentierten kultivierten Höhenrücken.

---

16)   Wenn wir die Ungenauigkeiten der Flächengrößen außer acht lassen und diese Angabe unter Berücksichtigung des 800 m² großen Xayar-mu in dz/ha umrechnen, ergibt das einen Flächenertrag von 1,88 dz/ha.

3.5   Brachesystem und Trockendränung (Korrespond. 2.4.1)

Die Flächennutzung mit Trockendränung spielt unter den traditionellen, versalzungsprotektiven Kulturtechniken die wichtigste Rolle. Bedingung hierfür sind jedoch im Mikrorelief vorhandene Höhenunterschiede: Mit dem Grundwasserstrom werden Salzbestandteile bzw. überschüssiges Bewässerungs- und Grundwasser aus den bewässerten, höher gelegenen Teilen der Flur ins nicht bewässerte, tieferliegende Areal abgeführt und reichern sich in diesem an.

Abbildung 6:
Prinzip der Trockendränung

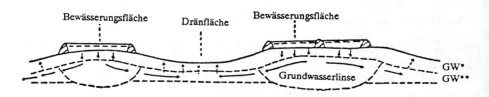

Die Pfeile zeigen die Richtung der Wasserbewegung an

*   GW unter Bewässerung

**   GW vor Bewässerung

Quelle: XJTRDL (1965), S.432 und Betke/Küchler/Obenauf (1987), S.92.

Für die Anwendung dieser Entwässerungstechnik ist ein Mindesthöhenunterschied im Mikrorelief von 1,5-2,0 m, besser 2,5-3,0 m notwendig. Die nicht bewässerte Trockendränfläche muß recht groß sein, nur etwa 20-30%, höchstens 40-50% der Gesamtflur werden bewässert, während der Rest unbestellt bleibt. Ziel ist es, ohne die Anlage künstlicher Dränung die salzauswaschende Wirkung der Bewässerung bzw. des Grundwasserstromes zu nutzen, der mittels Schwerkraft von den bewässerten zu den tieferliegenden, nicht erschlossenen, meist als Weide genutzten Flächen verläuft. Ein hoher Grundwasserstand unter den bewässerten Flächen und damit Salzaufstieg wird verhindert.

Abgewandelt auf die Bedingungen völlig ebener, meist auch nur schwach geneigter Standorte wird die Trockendränung angewandt, indem ein kleineres vereinzeltes, bestelltes und bewässertes Flurstück im Lauf der Jahre über ein größeres Areal, das 4-8mal so groß ist wie das bestellte Stück, "wandert". Hierbei dienen nicht tieferliegende Flächen als Verdunstungsflächen, sondern die jeweils an-

grenzenden Flächen des bestellten Schlages. Es entsteht ein schwacher Grund-
wasser- oder Bodenwasserstrom von der bewässerten Parzelle weg zu den umliegenden Parzellen, und es kommt auf diesen zu einer leicht verstärkten Salzanreicherung; die bestellten Flächen werden jedoch von einem Anstieg des Grundwasserspiegels und damit einhergehender Versalzung des Kulturhorizonts verschont.

Among the plowlands, they not infrequently leave fallow lands, which
previously also had been planted in crops, but now play the part of an
accumulator of salts for a considerable area of surrounding crop land![17]

Tabelle 26:
**Brachliegende Anteile erschlossener Flächen in verschiedenen Regionen Xin-
jiangs**

1949	Gesamt-Xinjiang	17,9%
1979	Gesamt-Xinjiang	13,1%
1957	Kreis Aksu	> 10%
	Aksu diqu	10-20%
50er Jahre	Kreise Kuqar, Xayar, Toksu, Bay	20%
	Kälpin	70%
1989	Kreis Xayar	
	530.000 mu kultiviert / 120.000 mu als	
	Reservefläche brachliegend.	23%

Quelle: Li Zhongguang (1984); Jingji Dili bufen (1962), S.75; XJNY (1964)
S.43-44; persönl. Mitteilg. der Kreisverwaltung Xayar, Juni 1989.
[Genaue statistische Angaben über brach gehaltene Flächen gibt es
nicht. Die hier genannten Prozentanteile und Flächen können durch
Angaben über "aufgegebene" Flächen ergänzt werden (vgl. Tab.5 u. 27).
Es findet eine dauernde Inkulturnahme, Aufgabe, Wiederinkulturnah-
me mit unterschiedlich langen Brachephasen statt.]

Insbesondere in der Gegend von Aksu ist diese Methode noch verbreitet. Bei der
Nutzung von Niederungsflächen in der *bag baran*-Form, wie ich sie im Kreis
Xayar und Kuqar 1989 beobachten konnte, wird diese Methode ebenfalls ange-

---

17) Murzayev (1967), S.337.

wandt. Sie schließt die Brachhaltung angrenzender Parzellen über längere Perioden ein. Während Flächen der echten Trockendränung mit halophilen Weidegräsern oder Gesträuch bestanden sind, bestocken sich diese periodisch brachfallenden Flächen nur mit einer sehr spärlichen Vegetation, u.a. *Sophora alopecuroides*. Die gelegentliche Brachebearbeitung verhindert die Ausbildung einer ausdauernden Vegetation.

Golomb zufolge geschah das häufigere Brachfallen von Kulturflächen weniger aus Gründen der Steigerung der Bodenfruchtbarkeit als vielmehr aus Wassermangel. Da jedoch eine Dungwirtschaft auf den extensiv genutzten Flächen nicht stattfand, dürfte das Wissen um die Steigerung der Bodenfruchtbarkeit ein ebenso wichtiger Grund für das Brachhalten der Böden gewesen sein wie der Wassermangel. Die Brache gibt dem Boden, wenn die grobe Scholle im Sommer stark erhitzt wird, "speed" (chin.: *jiayou*). Die Brache wird im Laufe des Jahres mehrmals gepflügt, um einen kapillaren Aufstieg des Boden- oder Grundwassers zu verhindern und die Wurzelsysteme zu zerstören. Die Nichtbewässerung der Parzelle führt zu einem allmählichen Absinken des Grundwasserspiegels.

Die Einschaltung kürzerer oder längerer Brachezeiten ist auch mit der geringeren Fruchtbarkeit dieser Böden verknüpft (*benam yär*-Form). Die Böden liegen oft weiter von den Siedlungen entfernt und werden gern mit salz- bzw. trockenheitstoleranten Pflanzen bestellt (Gaoliang, Saflor, Sesam, Sonnenblumen), die Bearbeitungsmethoden sind nur grob.[18]

Vor der Brache wird Sesam gepflanzt, nach der Brache Brassica-Arten. Auf vernäßten Böden, Solonez oder den sog. "Chao"-Böden wird im Wechsel von ein bis zwei Jahren Weizenbau mit nachfolgender Brache praktiziert.[19]

Weitere Fruchtfolgen mit Einschaltung von Brachezeiten:

1. Aksu-*diqu*: Winterweizen, Brassica als Nachfrucht;
   Brache Korla: Sommerweizen - Ölsaaten - Brache.

---

18) XJNY (1964), S.39, 43.
19) Dies ist möglicherweise auch eine auf Staatsfarmen gebräuchliche Anbaufolge.

Photo 6:
Brachflächen, bestockt mit Süßholz und Gräsern, Pflugspuren der hier angewandten culture de décrue erkennbar; Tarim-xiang, Kreis Xayar (Juni 1989)

2. Tarim-Aue: *culture de décrue*[20] : Sommerweizen - 6-10 Jahre Brache
3. Im Ögän-Gebiet: Sesam - Brache - Winterweizen[21]
4. Auf vernäßten Böden, Solonez oder sog. "Chao"-Böden: Weizen - 1-2 Jahre Brache - Weizen[22]

Eine fruchtbarkeitssteigernde Maßnahme ist auch die Halbbrache. Nach der Ernte des Getreides wird der brachliegende Boden zwei- bis dreimal gepflügt, dadurch das Wurzelsystem der Unkräuter zerstört und die mineralische Verwitterung beschleunigt, der Oberboden trocknet stark aus. Flächenertragssteigerungen der folgenden Kultur von 30-50% sind mit dieser Methode möglich.[23]

Extreme Bracheanteile an der verfügbaren Ackerfläche werden für 1949 und folgende Jahre aus dem Dorf Hanika (Halika, chin.: Halike, Halaha) südlich von Kuqar berichtet, wo 62-75% der Böden brachlagen. Ursachen waren hier extremer Wassermangel und ein vom Bodeneigentum getrenntes Wasserrecht, das zu einer ungerechten Verteilung des Wasserdargebots unter den verschiedenen Schichten der Bevölkerung führte. Die Landverteilung in Hanika unter den einzelnen Klassen war nicht so stark differenziert: Die einzige Grundherren-Familie des Dorfes besaß 11,78% des Ackerlandes, die reichen Bauern 14,51% des Landes und die einfachen Bauern 73,71%; aber dieser recht hohe Anteil der einfachen Bauern wurde dadurch in seinem Wert gemindert, daß sie 78,09% des in der Gesamtdorfflur brachliegenden Landes besaßen. Während die Grundherren weniger als die Hälfte (48,02%) ihrer Böden brachfallen ließen und die reichen Bauern ebenso (48,05%), mußte die größte Bevölkerungsgruppe 61,43% ihrer Böden unbestellt lassen.[24] 1989 waren dort von 6.750 mu bestellbarer Fläche (inkl. Schutzwaldstreifen und Gärten) nur 4.750 mu genutzt (Brach- oder

---

20) Während des Sommerhochwassers werden die im folgenden Jahr zu bestellenden Flächen mit Wasser überstaut, das Wasser filtriert allmählich in den Boden. Die im Boden gespeicherte Feuchtigkeit reicht aus, um die Feldgewächse in der folgenden Vegetationsperiode zu versorgen (vgl. 3.7). Dies ist eine auch heute noch längs des Tarim gebräuchliche Form extensiven Feldbaus.
21) XJNY (1964), S.44-45, 43.
22) XJNY(1964), S.39, 43.
23) Ebd., S.60, im Yanqi-Becken auf Staatsfarmen angewandte Methode, s.o. 3.3 - *xüdigär kilinġan yär*.
24) Kuche xian... (1953), S.102, pass.; Chen Gonghong (1953/1980), S.124-125.

Reserveflächenanteil 30%). Von den 1989 ungenutzten 2.000 mu waren 1.300 wegen Versalzung wieder aufgegeben worden.[25]

Während der Qing-Zeit wurde im Tarim-Becken eine Dreifelderwirtschaft praktiziert, nur ein Drittel der erschlossenen Flächen war jeweils unter Nutzung.[26]

Im Melonenanbau werden kulturbedingt, um süße und besonders schmackhafte Hami-Melonen (*Cucumis melo*) zu erzeugen, lange Brachezeiten von 7-8 Jahren angewandt.[27]

Der Flächennutzungskoeffizient[28] der Käxkär-Oase lag in den 50er Jahren bei nur 30-40% der Gesamtfläche. Hauptgründe waren die Methode der Trockendränung und das periodische Brachhalten der Flächen. An den Schwemmfächerrändern und im unteren Teil des Trockendeltas war der Flächennutzungskoeffizient noch niedriger, 20-30% der Gesamtfläche, hier verursacht durch hohe Grundwasserstände, Versumpfung und Versalzung sowie schlechte Entwässerungsbedingungen.[29]

Unter den Bedingungen der alten Kleinbauernwirtschaft [d.h. der uygurischen] wurde der Boden in zerstückelter, kleinflächiger Form erschlossen, mit einem sehr niedrigen Bodennutzungskoeffizienten. Die angewandte Form der Trockendränung schafft ein verändertes Gleichgewicht zwischen Salzen und Wasser. Obgleich häufig Land wegen Bodenversalzungen aufgelassen und die Kulturflächen verlegt werden mußten, kann doch diese Form der Salzbekämpfung als eine effektive Methode der Nutzung von salzhaltigen Böden angesehen werden.[30]

3.6   Selbstversorger-Landwirtschaft (Korrespond. 1. u. 2.3)

Wir sahen in Kap.1 und Kap.2, 3-4, wie ein von außen auf die lokalen Gefüge wirkender Produktions- und Überproduktionsdruck mittelbar zu Bodenversalzungen Anlaß gibt.

---

25)   Persönl. Mitteilg. des Brigadeleiters, Juli 1989.
26)   Qi Qingshun (1988), S.83; Golomb (1957), S.68.
27)   Auskunft eines Bauern aus der Gegend von Käxkär, 1985; Pan Xiaofang (1985), S.80, 31, 79; Qi Qingshun (1988), S.83.
28)   Anteil der effektiv bestellten Acker- und Gartenfläche an der Gesamtflur eines Dorfes, einer Brigade, eines Kreises.
29)   XJNY (1964), S.52-53; Zakharina (1960), S.111.
30)   XJNY (1964), S.54.

Die uygurische Landwirtschaft der 40er und 50er Jahre war das Gegenstück
einer auf Höchsterträge ausgerichteten Landwirtschaft, der Ertrag pro Flächeneinheit war niedrig, die Nutzungsintensität gering, was jedoch keinen Rückschluß
auf die Pro-Kopf-Erträge oder das Niveau gesellschaftlicher Reproduktion zu-
läßt. "Süd-Xinjiang ist ein sehr wohlhabendes Gebiet, das wirtschaftlich weitgehend autark ist und keiner importierten Produkte bedarf".[31]

Süd-Xinjiang hatte wegen seines hohen Selbstversorgungsgrades wenig Kontakte
zu anderen Gebieten und somit nur wenig wirtschaftlichen Austausch, was zur
Ausbildung einer Selbstisolation führte. - Uyguren betonen in privaten Gesprächen, daß es in Xinjiang bis zum "Großen Sprung Vorwärts", ganz im Gegensatz
zum chinesischen Kernland, nie Hungersnöte gegeben habe.[32]

Gründe für das niedrige Ertragsniveau pro Flächeneinheit waren extensive
Anbaumethoden (keine Reihen, sondern Streusaat, häufig keine Düngung, kein
oder ein nur unvollständiges Säubern der Felder von Unkräutern und bei den
ärmeren Schichten der Bevölkerung eine völlig unzureichende Ausstattung mit
Ackergeräten.[33]

Der Gesamteintrag an Bewässerungswasser war niedrig, ebenso der Flächennutzungskoeffizient, was zu Bodenversalzung wenig Anlaß gab.

In den präjudizierenden Darstellungen von XJNY (1964) wird die uygurische
Landwirtschaft als eine sehr 'nachlässige', wenig arbeitsintensive Kultur beschrieben; es bestand für die Bauern keine Notwendigkeit, Höchsterträge zu
erwirtschaften.

Wegen der Verteilung des Bodenbesitzes und der Pachtverhältnisse wurden
landlose Pächter oder Halbpächter durch die häufig vorkommende Teilung des
Feldertrages im Verhältnis 1:1 zwischen Pächter und Verpächter, durch zusätz-

---

31) Fan Pu (1955), S.41.
32) Eine gründliche Analyse des Selbstversorgungsniveaus, des Abgaben-
     drucks, der auf uygurischen Bauern lastete, und des monetären Einkom-
     mens, der Pacht- und Leibeigenschaftsformen kann an dieser Stelle nicht
     geleistet werden; die Quellen geben ein Bild starker sozialer Differenzie-
     rung mit rund 60% landlosen Bauern oder Pächtern um 1949, vgl. hierzu
     Chang/Helly (1981), Nanjiang nongcun shehui (1953/1980), Xinjiang
     shehui diaocha (1951), Fan Pu (1955), Davidson (1956), S.156 ff., Men-
     ges/Katanov (1976), S.II, 9 ff. u.a. Quellen.
33) Ru Yi (1953/1980), S.134-136.

lich zu erbringende Steuerabgaben sowie Abgaben an die religiösen Institutionen nicht zur Produktivität angeregt, da ihnen oft nur 30-40% des Ertrages blieben. Sie versuchten, mit Hilfe des Restes ihre Grundbedürfnisse zu sichern. Nebengewerbe waren oft entscheidend, um die Reproduktion der Familie zu sichern. Höhere Flächenerträge wären u.a. dem Verpächter oder anderen Institutionen zugute gekommen.

Erst mit der Bodenreform, Kollektivierung und planwirtschaftlichem Zwang zu ständigen Produktionssteigerungen setzt eine stetige Steigerung des Ertragsniveaus, eine intensivere Landnutzung ein (so z.B. Ersetzung von Sommer- durch den ertragreicheren Winterweizen, 2 oder 1,5 Ernten statt einer Ernte pro Jahr, Umwandlung von Wechselfeldland in Dauerfeldland).

Die Leistung von Mehrarbeit geschieht nicht mehr zugunsten der Oberschicht oder der islamischen Geistlichen, sondern zugunsten des Staates und für den Markt. Ziel dieses 'mehr, schneller, besser, wirtschaftlicher' Produzierens ist es indirekt, die selbstversorgenden, nach außen wenig aktiven Festungen einer selbstgenügsamen Produktionsweise aufzubrechen, sie in warenproduzierende (dann auch Außenhandelsprodukte wie u.a. Baumwolle, also Devisen liefernde Landwirtschaft) zu verwandeln. Deutlich sind in dieser Hinsicht die Aussagen von Bauern zu Beginn der 50er Jahre, die Davidson (1957) wiedergibt:

Als wir [1952] das Land aufteilten, sagten die Leute, das sei genug. Nahrung in den Bäuchen haben, sagten sie, das war es, was sie wollten, alle wollten genau das.[34]
Wir hatten es immer wieder gehört, die Leute hatten nichts anderes im Sinn als ihre Schulden loszuwerden, ihre Steuern, ein bißchen zu arbeiten und in Ruhe gelassen zu werden ... Sie hatten gegen das Grundherrentum revoltiert: Sie hatten nicht speziell für irgendjemanden oder für irgendetwas revoltiert, außer vielleicht für ein ruhiges Leben.
Doch dann kam die Partei und sprach davon, "mehr zu produzieren", mehr Nahrungsmittel bereitzustellen, sie sprach von einem noch besseren Leben, und es war schwierig, die Produktionsinitiative der Bauern zu stimulieren.[35]

Selbst Berichte aus den 80er Jahren und eigene Untersuchungen vor Ort zeigen, daß die autarke bis halbautarke Produktion noch immer von großer Bedeutung und Lebenskraft ist. Selbstversorgung der einzelnen Familien mit Getreide, Obst,

34) Davidson (1957), S.170 (Zitat im Zitat).
35) Ebd., S.170, 176, vgl. XJNY (1964), S.3-4.

Tabelle 27:
Kreis Xayar - Landerschließung, Aufgabe von Böden, Bodenversalzung und Brachflächen (aufgrund offizieller Angaben)

---

a) kultivierte Fläche (1949)	305.500 mu
kultivierte Fläche (1980)	611.900 mu
b) in 31 Jahren kumulativ erschlossene Fläche (1949-1980)	838.500 mu
c) davon aufgelassen oder brachliegend (1980)	532.300 mu
(von 1 mu erschlossenen Landes fielen 0,63 mu wieder brach	
d) kultivierte Fläche (1989),	530.000 mu
davon versalzen* (1989)	360.000 mu
e) zwischen 1980-1989 aufgelassene Flächen	81.900 mu
brachliegende Reserveflächen (1989)	120.000 mu
f) Bis 1989 wegen Versalzung aufgegebene Flächen, kumuliert	300.000 mu
g) vorgesehene Neuerschließung (8.Fünfjahresplan,1991-1996)	150.000 mu

---

*   "Versalzen" wurde hier definiert als Flächen mit einem mittleren Grundwasserstand von < 1,50 m unter Flur.

Quelle: SYXNYQH (1987), S.12, Angaben der Kreisverwaltung, Juni 1989; Eziz Keyim (1990), S.12, vgl. XJTJNJ (1989), S.114-115.**

**   Die unterschiedlichen Daten über die insgesamt brachliegenden und aufgegebenen Flächen entspringen unterschiedlichen Quellen und Definitionen: SYXNYQH (1987) und Angaben der Kreisverwaltung von 1989. - 532.000 mu aufgelassener und brachliegender Neulandflächen c) (1980) stehen 420.000 mu an versalzten aufgegebenen Flächen f) *und* brachliegenden Reserveflächen e) (1989) gegenüber. Die vorgesehene Neulanderschließung wird erst durch die Fertigstellung des Kizil-Reservoirs (1992) am Oberlauf des Ögän ermöglicht. Langfristig ist sogar eine Neuerschließung von insgesamt 300.000 mu vorgesehen (Angaben der Kreisverwaltung 1989).

Gemüse und Fleisch bildet das vorrangige Ziel, darüber hinausgehende Überschüsse oder Wirtschaftsprodukte (Baumwolle, Zuckerrüben, Wolle) werden verkauft oder abgeführt. So heißt es noch 1984:

> Dies zeigt, daß die Dörfer des Aksu *diqu* gerade dabei sind, von der autarken bis halbautarken Produktion zur warenförmigen Produktion, von der Naturalwirtschaft zur Warenwirtschaft überzugehen.[36]

Auch der Bericht über einen Vorort Aksus von 1987 betont, daß die Arbeitsteilung unterentwickelt und der vermarktete Anteil der Produktion gering sei.[37]

In diesem gesellschaftlichen Rahmen, der autarke Produktion verlangt und ermöglicht, findet mit den traditionellen technischen Mitteln Kleinproduktion auf kleinparzellierten Flächen statt (siehe 3.9 'die kleine Fläche'). Traditionell baute auch der landlose Pächter neben dem Getreide, das er als Pacht abzuliefern hatte, die verschiedensten Dinge an, die er zum täglichen Leben benötigte: Eine kleine Parzelle mit Baumwolle, einen kleinen Melonengarten, die verschiedenen Hauptgetreidearten Mais, Gaoliang, Weizen; Bäume, deren Holz als Feuerholz verwendet wird, wie Eleagnus angustifolia (deren Früchte ein wichtiges Nahrungsmittel darstellen), Pappeln und Weiden; Ölsaaten, die selbst zu Speiseöl gepreßt wurden. Überschüsse wurden auf dem Markt verkauft; und die Dörfer, die durch einen Markt miteinander verknüpft waren, bildeten eine autarke Einheit. Das Handwerk war/ist noch eng mit der landwirtschaftlichen Produktion verknüpft (Schmiede, Weberei, Töpferei, Sattlerei, Wagen- und Pflugherstellung). In den weiter von städtischen Zentren entlegenen Dörfern wurde in jeder Familie gewebt.[38]

Es werden nicht im Übermaß neue Böden erschlossen, der Flächennutzungskoeffizient und der Umfang der Wassernutzung bleiben auf einem für die Bodenentwicklung verträglichen Maß. Eine solche Produktion ist, ohne es zu wollen oder sich dessen bewußt zu sein, umweltverträglicher als eine durch das Diktat "sozialistischer" Planwirtschaft angestachelte Landwirtschaft. Der von zentralen administrativen Instanzen ausgehende Zwang zur gesteigerten Warenproduktion (bzw. Produktion für die Pflichtverkäufe an den Staat, was auf dasselbe hinaus-

---

36) Akesu... (1984), S.1.
37) Duan Wenbo (1987), S.50-52; in zahlreichen Gebieten u.a des Hotän-diqu oder des Käxkär-diqu waren auch Mitte der 80er Jahre noch nicht einmal die Bedingungen für eine ausreichende Selbstversorgung gegeben.
38) Gu Bao (1955/1980), S.110-111; eigene Beobachtung in Xayar, Toksu, Kuqar, Mai-Juni 1989.

läuft) hat beispielsweise im Kreis Xayar mit obigen Zahlen seine Visitenkarte hinterlassen (s. Tabelle 27).

Selbst wenn wir statistische "Ungenauigkeiten" berücksichtigen - wie schon betont, sind die tatsächlich kultivierten Flächen wahrscheinlich 30-40% größer als die statistisch erfaßten Flächen (d.h. in einem Teil der statistisch "brachliegenden" oder "aufgegebenen" Flächen verbergen sich wahrscheinlich solche statistisch nicht/nicht mehr als produktiv erfaßten Flächenanteile), erscheint die Verschwendung kurzfristig erschlossenen und wieder aufgegebenen Landes als gewaltig. Weit mehr als die 1989 effektiv bestellten Flächen sind wieder aufgegeben worden oder liegen brach. Zu den bis 1980 aus der Kultur genommenen 532.300 mu kommen bis 1989 noch einmal 81.900 mu hinzu. Es findet offensichtlich ein ständiger Flächentausch statt, indem Flächen aufgelassen, dafür neue erschlossen, diese auch wieder aufgelassen werden und nach längeren Ruheperioden ein früher aufgelassener Boden wieder (wahrscheinlich auch nur kurzfristig) "neu erschlossen" wird.[39]

Unterstellt man eine Nichtfortführung der Erschließungstätigkeit zwischen 1980 und 1989,[40] so sind von 838.500 erschlossenen mu insgesamt 624.200 mu wieder außer Kultur genommen worden; daß die Erschließung neuer Böden keinesfalls beendet ist, zeigt die Planung für den 8.Fünfjahresplan. Wir können annehmen, daß dieser Landverbrauch weitgehend staatlicher Produktionsplanung und der angestrebten Erzielung marktfähiger Mehrprodukte geschuldet ist. Daß die hier wiedergegebenen Zahlen nicht aus der Luft gegriffen sind, davon konnte ich mich während eines vierwöchigen Aufenthaltes im Kreis Xayar überzeugen. Trotzdem ist die Exaktheit der Angaben natürlich sehr wolkig.

3.7   Umgang mit der Ressource Wasser (Korrespond. 2.5.7)

Der gesellschaftliche und technische Kontext der uygurischen Landwirtschaft vor und nach 1949 bestimmte Möglichkeiten und Beschränkungen im Gebrauch der Ressource Wasser. Wie wirkten diese hinsichtlich einer Vermeidung von Bodenversalzung? Die Verfügbarkeit von Bewässerungswasser war um 1949 weit geringer als heute. Es fehlten Flachlandspeicher oder Talsperren, die das Wasser

---

39)   Vgl. hierzu XJTJNJ (1989), S.114-115, 1988 wurden in Xayar 38.400 mu aufgelassen (z.T. aufgeforstet) und 35.400 mu neu erschlossen.

40)   Wahrscheinlich fanden in diesem Zeitraum Neulanderschließungen in geringerem Umfang als Landaufgaben statt, d.h. der Flächentausch ging weiter, auch wenn er aus der obigen Tabelle nicht ersichtlich ist.

für größere Flächen und für längere Zeiträume verfügbar gemacht hätten. Allgemein hat sich seit der Gründung der Volksrepublik der Wasserverbrauch von den - jetzt austrocknenden oder schon ausgetrockneten - Endseen und Unterläufen der Flüsse auf die Ober- und Mittelläufe der Flüsse verlagert. Daß es in diesen Gebieten auch zu einer verstärkten Versalzung der Böden kommt, ergibt sich zwar nicht zwingend, aber doch mit einem gewissen Wahrscheinlichkeitsgrad.

Seit 1949 sind in ganz Xinjiang ca. 480 Speicher[41] angelegt worden; im Käxkär-*diqu* allein konzentriert sich mit 1,4 Mrd.m^3 Speicherkapazität und 70 Speichern - man sieht sie als große, glitzernde blaue Flecken vom Flugzeug aus, insbesondere längs des Yäkän-därya - etwa ein Drittel der gesamten Speicherkapazität Xinjiangs. Speicher im Aksu-*diqu* bei Aral regulieren die Abflüsse von Aksu- und Hotän-därya bzw. Tarim. Die Reste der Tarimabflüsse am Unterlauf werden in den Speichern bei Tikanlik aufgefangen, unterhalb Tikanlik ist der Tarim ausgetrocknet. Im Kreis Xayar sind (am Tarim und am Ögän, der nicht zum hydrologischen System des Tarim gehört) 6 Flachlandspeicher angelegt worden, drei am Ögän mit 24 Mio.m^3 Speicherkapazität und drei am Tarim mit 33 Mio.m^3 Speicherkapazität.[42]

Die Speicheranlagen sollen während der Niedrigwasserperiode des Frühjahrs und Frühsommers - die Hochwasserwelle setzt beispielsweise am Ögän bisweilen erst Mitte Juli ein - Bewässerungswasser verfügbar machen.

Der niedrige Flächennutzungskoeffizient, verbunden mit der beschränkten Wasserverfügbarkeit, ließ wenig Raum für verschwenderischen Umgang mit der Ressource Wasser und gab relativ wenig Anlaß zu steigendem Grundwasserspiegel, Vernässung und Versalzung der Böden.

Mit zunehmender Wasserverfügbarkeit entsteht als psychologisches Element die Tendenz zur übermäßigen Wassernutzung und Wasserverschwendung. Sehr deutlich ist dies ablesbar am Ausmaß der Bodenversalzung im Kreis Yanqi, die unter anderem bedingt ist durch die Gunstlage des Kreises am wasserreichen Kaidu (siehe Kap.1).[43]

---

41) XJTJNJ (1989), S.18, bestätigte nachträglich die Schätzung "ca. 480 Speicher" in Tab.1 mit 479 Speichern (1987) und 476 (1988).

42) Persönl. Mitteilg. der Wasserbauabteilung der Kreisverwaltung Xayar, Juni 1989.

43) Ein ähnliches Beispiel gibt A. Stein (1928), S.780-781.

Auch Wasserrechte und Bewässerungsorganisation konnten einzelne, Gruppen oder ganze Dörfer in eine gesellschaftlich bedingte Wassermangelsituation bringen.[44]

Ein traditionelles Hilfsmitttel zur Überbrückung von Trockenperioden und abflußarmen Zeiten ist die Speicherbewässerung: Diese Methode wird auch heute noch in den Kreisen Xayar und Kuqar angewendet, um die Niedrigwasserperiode des Frühjahrs und Frühsommers zu überbrücken: Herbst- und Winterabflüsse werden zur Tränkung der Böden genutzt, um den Jungpflanzen oder beispielsweise dem Winterweizen und dem im Frühjahr ausgesäten Mais ausreichende Bodenfeuchtigkeit während der Niedrigwasserperiode (April-Juni) ohne zusätzliche Bewässerungsgaben zur Verfügung zu stellen.

Urform dieser Wasserspeichertechnik ist die auch heute noch längs des Tarim geübte Praxis der wilden Überflutung (*culture de décrue*), bei der Flächen, die die Sommerhochflut des Tarim bestreicht und mit Wasser tränkt, im darauffolgenden Frühjahr gepflügt und bestellt werden. Der Bodenfeuchtevorrat genügt für eine ganze Vegetationsperiode (Ölsaaten und Weizenanbau).

Neben der wilden Überflutung (*culture de décrue*)[45] werden zwei Formen der Speicherbewässerung angewandt: *serik osa* (Frühjahrsbewässerung, wörtl. "Gelb-Bewässerung"), wobei Flächen mit Winter- oder Frühlingsabflüssen überstaut und unmittelbar danach bearbeitet werden; und *tong osa* (wörtl. "Frostboden-Bewässerung"), bei der beispielsweise im Oktober bewässert wird, der Boden überfriert und im kommenden Frühjahr bestellt wird.[46]

Im Kreis Xayar wurden 1989 von 350.000 mu, die im Frühjahr/Frühsommer zu bestellen waren (Mais, Baumwolle, Reis, Brassica spp. etc.), nur 150.000 auch im Frühjahr bewässert. 80.000-100.000 mu waren mit Winterabflüssen und Speicherbewässerung für die Bestellung vorbereitet worden, während auf weiteren 100.000 mu von April bis Mai gar kein Bewässerungswasser zur Verfügung stand. Baumwolle erhält nach der Aussaat ihre erste Bewässerung dort erst Anfang Juli. Die Voraussaat-Bewässerung findet im Januar/Februar als Speicherbewässerung statt. Winterweizen wird nach der Aussaat im Herbst einmal bewässert und nur einmal im Frühjahr. Dieses Bewässerungsregime wird durch die Verteilung der Ögän-Abflüsse über das Jahr erzwungen.

---

44) Kuche xian...(1953), S.125-129.
45) Vgl. Feldbau in periodisch überfluteten Flußbetten im Hotän-Gebiet. Mannerheim (1940), Vol.1, S.106-107.
46) Angaben von Kadern aus den südlichen Teilen des Kreises Kuqar, in Tarim-Nähe, Juli 1989.

Tabelle 28:
Verteilung der Ögänabflüsse im Jahresverlauf

Frühjahr	10%
Sommer	50%
Herbst	20%
Winter	10%

Quelle: Persönl. Mitteilg. der Kreisverwaltung Xayar, Mai 1989. Hochwasserperiode sind die Monate Juli und August.

Die Hochwasserperiode am Ögän beschränkt sich auf 1,5 bis 2 Monate, das abflußarme Frühjahr kann bis in den Juli hinein anhalten.

Im Toyboldi-*xiang*, südlich der Kreisstadt, gab es während des Winters, Frühjahrs und Frühsommers bis Anfang Juni 1989 ein Wasserdefizit von ca. 47% gegenüber dem Vorjahr. Von insgesamt 52.000 mu Winterweizen-Fläche waren am 14.6.89, zur Zeit meines Besuchs, d.h. bereits kurz vor der Ernte, 36.000 mu nach der Aussaat nur ein einziges Mal bewässert worden. Auch Winterweizen, auf relativ stark versalzten Flächen angebaut, war nur vor der Aussaat und einmal im Frühjahr bewässert worden. In anderen Gebieten Xinjiangs (Turpan, Yäkän-Gebiet) wird mit Hilfe von winterlicher Speicherbewässerung ebenfalls die Trokkenperiode bis Anfang oder sogar Mitte Juli überbrückt.[47]

Der Wassermangel in Xayar und Toksu kann auch durch einen ungünstigen Verteilungsschlüssel zwischen den drei Kreisen Kuqar, Xayar und Toksu bedingt sein. Ab 1940 mußten beide Kreise gegen hohe Bestechnungsgelder, 3.000-3.500 Silberyuan, wahrscheinlich während des abflußarmen Frühjahrs Wasser kaufen.[48]

Staatliche Normen sehen im Ögän-Flußgebiet eine sehr viel häufigere Bewässerung vor, so für Winterweizen vier Bewässerungsgaben + Voraussaatbewässerung.[49]

---

47) XJNY (1964), S.57, vgl. Li Zhongguang (1984).
48) Chen Gonghong (1953/1980), S.122-123.
49) Winterweizen wird erst seit den 50er Jahren wegen seiner höheren Ertragsleistung in größerem Umfang angebaut, ursprünglich war die Som-

Die niedrige Bewässerungsfrequenz im Kreis Xayar deutet im Vergleich mit den staatlichen Normen eher auf ein Wassermangelsyndrom hin, wegen der selteneren Wasserlieferung werden die einzelnen Bewässerungsgaben größer angesetzt (bis 150 m³).

Tabelle 29:
Zeitliche Verteilung der Bewässerungsgaben und Bewässerungsnormen im Ögän-Flußgebiet

Winterweizen -	4 Bewässerungen à 55-60 m³/mu
	+ Voraussaatbewässerung
Mais -	2 Bewässerungen bis zum Einsetzen des Sommerhochwassers
	+ Voraussaatbewässerung
Baumwolle -	3 Bewässerungen bis 1.Juli + Voraussaatbewässerung

Netto-Bewässerungsgaben/Vegetationsperiode
Winterweizen	- 350 m³/mu
Sommerweizen	- 300 m³/mu
Mais (Hauptfrucht)	- 300 m³/mu
(Nachfrucht)	- 220 m³/mu
Brassica spp.	- 300 m³/mu
Baumwolle	- 350 m³/mu
Obst	- 300-400 m³/mu
Brutto-Bewässerungsnorm:	- 1.100 m³/mu
Nutzungskoeffizient	ca. 35%

Quelle: Weigan he liuyu guanlichu, Kuqar [Verwaltungsstelle des Ögän-Flußgebietes], internes Material, 1989).

Forts. von letzter Seite

merweizenkultur, die der Verteilung des Wasserdargebots besser entspricht, neben Mais die wichtigste Getreidekultur.

Photo 7:
Kleinflächige, terrassierte Schläge, offene Form, einfache Ackerschleife (yopurga), im Hintergrund eine vegetationsverdichtete Insel (bag baran). Südlicher Teil des Nurbağxiang, Kreis Xayar

Bewässerungstechniken: Entscheidend für eine erfolgreiche Bewässerung ohne Versalzungsschäden ist bei der üblichen Beckenbewässerung das Volumen der einzelnen Bewässerungsgabe:

Sollen die Felder gut bewässert werden, so ist ein gleichmäßiges Überfluten notwendig, das so lange fortgesetzt wird, bis die äußerste Grenze des Feldes erreicht ist und keine Luftblasen mehr aus dem Boden aufsteigen. Wenn die Luftblasen aufhören, ist das ein Zeichen, daß der Boden genügend, d.h. 30-40 cm tief mit Wasser durchtränkt ist.[50]

Die Größe des jeweils bewässerten Flurstücks und seine möglichst vollständige Einebnung entscheiden ebenfalls über die richtige Bewässerungsmenge und ihre gleichmäßige Verteilung (siehe auch 3.10).

Versuche, die auf Staatsfarmen in den 50er Jahren durchgeführt wurden, zeigten, daß kleine Landstreifen einen um 20-23% niedrigeren Bewässerungsbedarf hatten als eine Überstaubewässerung auf großen Parzellen. Die Breite der Landstreifen bestand aus der Saatbreite einer Sähmaschine. Weitere 30% Wassereintrag können gegenüber der Landstreifenbewässerung bei Anwendung einer Furchenberieselung eingespart werden. Diese Methode wird traditionell im Melonen-, Baumwoll- und Maisanbau genutzt.[51]

Wie wir im Abschnitt 3.4 - Reliefanpassung - sahen, ist die Anlage kleiner, gut eingeebneter, oft leicht gegeneinander terrassierter *etiz*-Flächen mit Beckenüberstau die klassische Feldform.

Nutzung des Sommerhochwassers: Die Sommerflut wird zur Auswaschung versalzter Böden verwendet. Kochsalz löst sich bei jeder Temperatur gleich stark, Glaubersalz und Alkali werden jedoch am besten bei hohen Temperaturen gelöst. Im Aksu-diqu gelten deshalb die Monate August bis Oktober als günstigste Monate für Salzauswaschungen, im Yanqi-Becken sind Juli bis September die am besten geeigneten Monate.[52]

---

50) Golomb (1959), S.64.
51) XJNY (1964), S.67-68. Zur Anordnung mehrerer hintereinander liegender Landstreifen oder Berieselungsfurchen, vgl. Futterer/Nöthling (1905), Vol.2.1, S.67.
52) Xu Zhikun (1980), S.113-114, Zhao Feng (1963), S.306.

In chinesischer Sicht stellte sich der traditionelle Umgang mit den Wasserressourcen in den 50er Jahren folgendermaßen dar:

Der Wasserbau ist primitiv, so findet man z.b. im Rahmen der Bewässerungssysteme keine ingenieurtechnischen Bauwerke, es wird teils in offenen
dammlosen Kanälen, teils zwischen vertikal und horizontal verlaufenden,
kleinen aufgeschütteten Dämmen Wasser herangeführt, oder es wird mit
mehrfachen Auslaßöffnungen gearbeitet. Die Bewässerungskapazität wird
vollständig durch das natürliche Wasserdargebot bestimmt, d.h. während
der Niedrigwasserperiode ist in den Bewässerungsgebieten nicht genügend
Wasser verfügbar, die Felder leiden unter Trockenheit. Während der
Hochwasserperiode dagegen wird zuviel Wasser herangeführt, die Kanäle
sind überlastet, es entstehen Vernässungen, Versalzungen und Versump-
fungen. In den nicht ausreichend versorgten Gebieten kommt es zu Verlusten durch Trockenheit. Viele der Kanäle sind zu klein, jede Siedlung ist
nach Kräften bemüht, einen eigenen Kanalkopf und ihren eigenen Kanal zu
besitzen. Das führt dazu, daß in den traditionellen Bewässerungsgebieten
Kanäle oft parallel zueinander verlaufen. Zu viele parallel verlaufende
Kanäle steigern jedoch die Sicker- und Verdunstungsverluste. Da die Kanalsysteme unausgereift sind, liegt ihr Nutzungskoeffizient bei nicht mehr
als 0,2-0,3. Außerdem gibt es kein ausgebildetes Drän- oder Vorflutersy-
stem, ein Grund, weshalb Versalzungen des Ackerlandes oder Versump-
fungen an der Tagesordnung sind und die Erträge auf niedrigem Niveau
verharren.[53]

Die Struktur des Kanalsystems, die Flurgliederung des Dorfes und seine Reliefanpassung sowie die Kleinflächigkeit der einzelnen Schläge (siehe 3.9), Vegetationsverdichtung (siehe 3.8) und das Prinzip der Mischkultur (siehe 3.10) bilden
ein in sich verschränktes Ganzes. Der Landschaftsverbrauch durch verwinkelte

---

53) XJNY (1964), S.64, ähnlich kritisch, aber auch verständnislos gegenüber
der mikroklimatisch sinnvollen Kleinräumigkeit uygurischer Landwirtschaft "Shule xian...."(1959), S.5-6; dieses Dokument stammt aus der
Anfangsphase der Durchsetzung großer Streifenfelder mit entsprechend
"flurbereinigten" Kanalsystemen.

Abbildung 7:
Flächengliederung, Vegetationsverdichtung, Einstrahlungsschutz einer traditionellen Siedlung im Dorf Xorköl ("Salzsee"), 6.Produktionsgruppe, Bexiwaġxiang, Kreis Kuqar

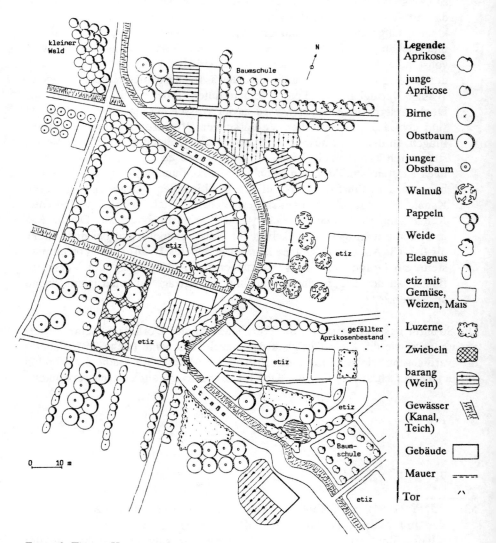

Entwurf: Thomas Hoppe
Zeichnung: Christel Seyfert
Aufnahmedatum: 11.7.1989

Kanalsysteme und die daran entlang führenden Wege war/ist zwar nicht unbe-
deutend, aber es wurde gerade in diesem vegetationsverdichteten Bereich (vgl.
Abbildung 7) ein günstiges Mikro- und Bodenklima geschaffen. Es ist der eigentliche Habitat-Bereich und die oben beklagten Sickerverluste aus den Kanälen
werden im Dorfkern durch die verdichtete Baum- und Gebüschvegetation dränierend verwertet.

Diese miteinander vernetzten Elemente bilden die wichtigsten Strukturelemente
der uygurischen Oasenkultur, die in krassem Gegensatz zur sterilen Streifenfeld-
form der Staatsfarmen mit ihren geometrisch angelegten Kanälen und Schutz-
waldgürteln steht.

3.8 Vegetationsverdichtung und Oasenklima (Korrespond. 2.4.11, 2.5.5)

Dichte Vegetationsbestände wirken einer potentiellen Bodenversalzung entgegen: Das Mikroklima im dichten Bestand reduziert die unproduktive, direkte
Evaporation vom Boden. Wasserüberschüsse, die von den Feldfrüchten nicht
verbraucht werden, werden durch mehrstöckige, randständige Vegetationsbestände (Hecken, Bäume) aufgenommen, transpiriert und pflanzlich dräniert. Die
Gefahr einer Hebung des Grundwasserspiegels, selbst bei häufiger und intensiver
Bewässerung, ist gering.

Modell dieser anthropogenen Klimaxvegetation dürften die natürlichen Vorkommen an Auen- und Schwemmfächerwäldern sein. Die Tugayböden dieser
Wüstenwaldvegetation mit Populus diversifolia (P. pruinosa)-Beständen sind in
den oberen Bodenschichten salzarm (leicht sodahaltig) und, verglichen mit anderen Wüstenböden, reich an organischer Masse (1-3%) (vgl. Anhang II).[54]
Wegen ihrer Fruchtbarkeit und des geringen Mineralisierungsgrades waren und
sind diese Böden ein begehrtes Landerschließungsobjekt.[55]

---

54) XJTRDL (1965), S.66, Zhang/Cheng/Fan/Li/Lei (1988), S.13.
55) Bis in die 50er Jahre besaß auch der nördliche und mittlere, nicht zur
Tarim-Aue rechnende Teil des Kreises Xayar noch natürliche Populus
diversifolia-Gehölze. Bei meinem Besuch in Xayar 1989 gab es nur noch
einige reife Populus diversifolia-Restbestände rund um Mazare.

Von der Gestaltung ihres Habitat her müssen die uyġurischen Bauern und Hirten als ein "Waldvolk" bezeichnet werden.[56] Ihre Häuser, Terrassen und Gärten verschwinden während der Vegetationsperiode unter einem dichten, künstlich geschaffenen Blätterdach aus Weinreben, großen Laubbäumen, Obst- bäumen und Einfriedungspflanzen wie Eleagnus und Pappeln. Diese Habitatge- staltung bildet einen scharfen Kontrast zu der der Chinesen in Xinjiang. So stehen beispielsweise auf der chinesischen Staatsfarm Nr. 29 westlich von Korla kahle, gegen Einstrahlung völlig ungeschützte Ziegelhäuser auf kahler Erde, meist ist nicht einmal ein Garten oder Gärtchen an der Rückfront der Häuser angelegt, sondern lediglich ein umzäunter kleiner Abstell- und Lagerplatz. Aber auch sonst lassen sich chinesische Siedlungen innerhalb uyġurischer Kreise an der gegen Einstrahlung ungeschützteren Hofgestaltung erkennen.

Neben den privaten Hof- und Gartenflächen bildet die Straßenrand- und Kanal- randvegetation (Weiden, Pappeln, Maulbeerbäume) ein wesentliches Element dieser Klimaxvegetation. In größerem Abstand vom Kanal und der ihn beglei- tenden Straße und den Häusern bilden eingefriedete, teils auch mit Obstbäumen durchsetzte Garten- und Feldflächen (*uxxaklik, etizlik, baġ*) die noch immer recht dichte Vegetationsstufe im Übergang zu den offenen, gegen Wind und Einstrah- lung ungeschützten Feldflächen des Freilands. Der Querschnitt (Abb.8) durch ein Kanalstraßendorf, Kumköl, aus Profil 1 zeigt die Vegetationsverdichtung, die, vom Rand des Dorfes ausgehend, zum Verdichtungszentrum mit Häusern, Gär- ten und Kanal hin kulminiert, sowie die Mehrstöckigkeit der Vegetation.

Abbildung 9, der Grundriß eines seit 1949 angeblich nicht veränderten privaten Gartens im Dorf Hanika, Bexiwag-*xiang*, Kreis Kuqar, zeigt die Vegetationsver- dichtung im Bereich eines einzelnen Gartens innerhalb einer Haufensiedlung.

Die Anlage dieses traditionellen Gartens ist nicht geometrisiert, geradlinig, sondern verschachtelt. Überall sind Schatten oder Halbschatten verteilt. Direkte Einstrahlung dringt nur, und das auch nicht während des ganzen Tages, auf die kleinen Feldflächen (*etizlik*). Die Gemüseanbauflächen befinden sich im Halb- schatten, in der Nähe von Bäumen. Bodenerhitzung und eine unproduktive, zu Bodenversalzungen Anlaß gebende, direkte Evaporation vom Boden unterbleibt weitgehend. Etwaige Bewässerungswasserüberschüsse werden durch die Baum- und Einfriedungsvegetation dräniert. Die Vegetation im Garten- und Hausbe-

---

56) Vgl. Hedins immer wiederkehrende Beschreibung von Hirtensiedlungen am Tarim, die unter Baumgruppen liegen. Hedin (1903), Vol.1 und ders. (1904) Vol.1, S.76 ff.

Abbildung 8:

Vegetationsverdichtung im Querschnitt des Kanalstraßendorfes Kumköl, Yängimähällä-xiang, Kreis Xayar

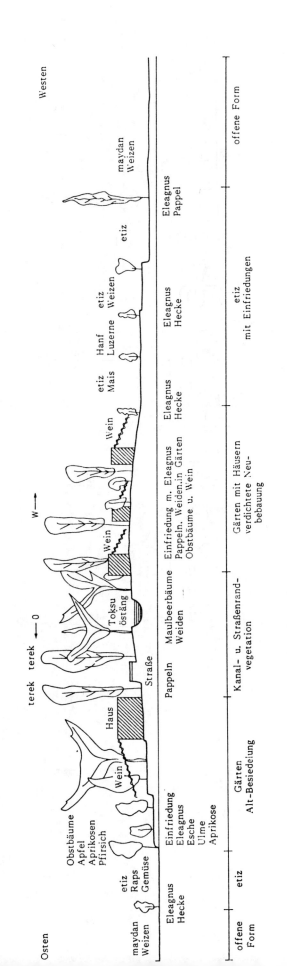

Aufnahme und Entwurf: Thomas Hoppe

Zeichnung: Wolfgang Straub

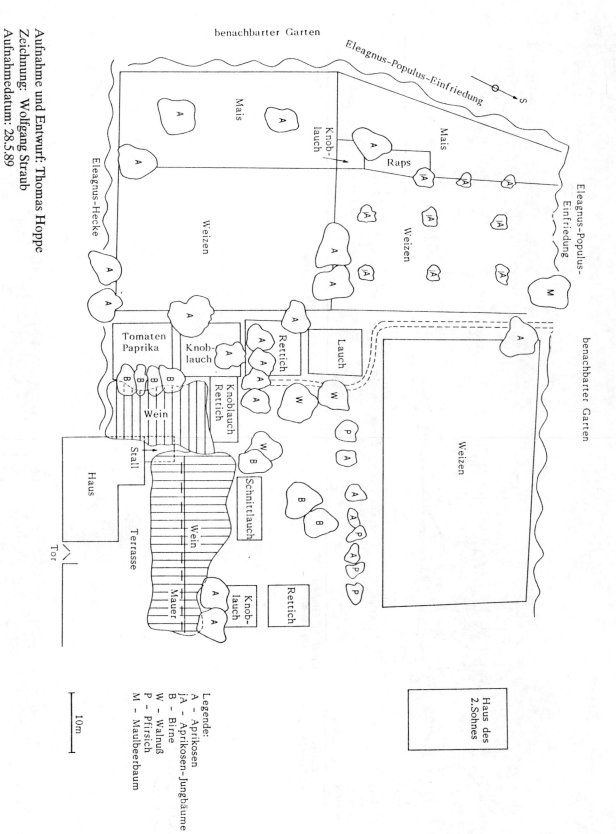

Abbildung 9:
Vegetationsverdichtung, Flächengliederung, Mischkultur eines Gartens im Dorf Hanika, Bexiwag-xiang, Kreis Kuqar
(Gesamtgröße ca. 6 mu)

benachbarter Garten

Eleagnus-Populus-Einfriedung

Mais

Mais

Knob-
lauch

Raps

Weizen

Weizen

Eleagnus-Hecke

Eleagnus-Populus-
Einfriedung

benachbarter Garten

Weizen

Tomaten
Paprika

Knob-
lauch

Rettich

Lauch

Knoblauch
Rettich

Wein

Stall

Schnittlauch

Wein

Haus

Mauer

Terrasse

Tor

Rettich

Knob-
lauch

Haus des
2.Sohnes

Legende:
A – Aprikosen
jA – Aprikosen-Jungbäume
B – Birne
W – Walnuß
P – Pfirsich
M – Maulbeerbaum

10m

Aufnahme und Entwurf: Thomas Hoppe
Zeichnung: Wolfgang Straub
Aufnahmedatum: 28.5.89

Photo 8:
Garten (baġ), Obstplantage im traditionellen Stil mit 3-stöckiger Vegetation: Apriko-
sen (1), junge Pfirsichbäume (2), Lauchzwiebeln (4), Furchenberieselung, Uzun-xiang,
Kreis Kuqar

reich ist 3-4stufig. Hochwüchsige Laubbäume wie Eschen, Pappeln oder veredelte Ulmen (*sene*), auch ausgewachsene Obstbäume wie Walnuß oder Aprikosen, bilden die erste und höchste Ebene; Jungbäume, Birne-, Apfel-, Pfirsichbäume die zweite; die Weinreben nehmen eine Zwischenstellung ein, die in einer Höhe von 2-3 m die Terrassen und Häuser beschatten, z.T. wie in Akirik, Kreis Xayar (Profil 2), verlaufen sie auch, vom Haus ausgehend (in 1-2 m Höhe), weit in die Gärten hinaus. Mais, Weizen, Hanf und andere Wirtschaftspflanzen bilden das 3. Stockwerk, unter dem als 4. Stockwerk die Krautschicht zu finden ist.

Das Wirkungsgefüge des Oasenklimas im vegetationsverdichteten Bereich setzt sich vor allem aus folgenden Faktoren zusammen:

- aktive Transpiration der Bäume u.a. Vegetationsstockwerke,
- hohe Wasserdampfsättigung in den bodennahen Schichten,
- verringerte Einstrahlung auf Boden und bodennahe Schichten,
- verringerte potentielle und aktuelle Evaporation vom Boden,
- ausgeglichene Bodentemperatur,
- verringerte - in ihrer Wirkung ebenfalls austrocknende - horizontale und vertikale Luftbewegung und
- pflanzliche Dränung von Bewässerungsüberschüssen.

Mikroklimatische Effekte und die Transpiration bzw. pflanzliche Dränung bilden einen wirkungsvollen Schutz gegen einen Anstieg des Grundwasserspiegels und gegen kapillaren Aufstieg von Salzen (vgl. auch 3.12.2).

3.9 Die "kleine Fläche" (Korrespond. 2.4.9, 2.4.7)

Die einzelnen Parzellen der uygurischen Flur sind als solche kaum größer als 0,5-2 mu (ca. 350-1500 m²),[57] bisweilen sogar kleiner, wie im Melonen- und Gartenbau. Im unebenen Relief sind sie gegeneinander terrassiert, im ebenen Gelände durch Kanäle und Felddämme voneinander getrennt.[58]

---

57) Regelgröße bei Käxkär 1-2 mu, kleinere Parzellen 0,1-0,2 mu. Maximalgröße 3-4 mu, Shule xian....(1959), S.6.
58) "Each plot of ground is made as level as possible, so that it can be watered evenly. Sloping land is shaped into terraces. Each plot (they are only about one or two mu in area) is encircled with a dirt wall, somewhat like the ricefields", Golab (1951), S.197. Golab gibt eine unrichtige Größe für ein mu: 3/4 acre, das wären 3055,1 m², anstelle von offiziellen 666 m². Go-

Um eine gleichmäßige Bewässerung zu erreichen, werden sie möglichst
horizontal gehalten, wobei abschüssiges Gelände terrassenförmig geebnet
wird. Die einzelnen Felder sind nicht größer als 1-2 dou (1 dou = etwa
20 x 50 m = 1/10 ha) und mit einem niedrigen, grasbewachsenen Erdwall
umgeben, ähnlich wie bei Reisfeldern.[59]

Moderne Streifenfelder auf chinesischen Staatsfarmen sind 100-200 mu groß
(Korpsfarm 29: 120-170 mu, Richtgröße 150 x 1.000 m = 125 mu = ca. 15 ha)
und werden in Reinkultur bewirtschaftet. Streifenfelder in uygurischen, flurbereinigten Gebieten sind ebenfalls 150-200 mu groß, sind jedoch, selbst wenn
einheitlich bewirtschaftet ("Flurzwang" seitens des *xiang* oder der Brigade), in
kleinere 2/4/6 mu große Parzellen, die von einzelnen Familien bewirtschaftet
werden, unterteilt; dies ist eine Folge der Auflösung der strengen Kollektivwirtschaft seit Anfang der 80er Jahre und der Übertragung der Landnutzungsrechte
und (-pflichten) auf die einzelnen Familien. Bei gelockertem Flurzwang, dies ist
je nach Kreis und *xiang* verschieden, erscheint auch auf den Streifenfeldern die
Kleinflächigkeit eines diversifizierten Anbaus wieder, Weizen neben Mais oder
Baumwolle, Luzerne und auch Brachstücke wechseln sich innerhalb des Gesamt-
Streifenfeldes ab. 1989 fand ich auch neu gepflanzte Obstbäume inmitten dieser
Streifenfelder.

Die zu den Bauerngehöften gehörenden Äcker haben ganz verschiedene
Flurformen. In den wenigsten Fällen sind sie quadratisch oder rechteckig,
vielmehr sind sie in allen möglichen Formen gehalten, je nachdem die
Bewässerungsgräben und das Gelände es erfordern. Auch ihre Größe ist
verschieden. Ist das Gelände ziemlich eben, so werden die einzelnen
Felder größer, ist es etwas abschüssig, entsprechend kleiner gehalten, um
große Terrassenanlagen zu vermeiden. Zu große Flächen sind unbeliebt,
weil sie schwierig eben zu halten sind und noch schwieriger zu bewässern
wären.[60]

Die kleinflächige Struktur dient der möglichst vollkommenen Beherrschung der
Bewässerungstechnologie und kommt der Einebnung der Flächen entgegen.
Unebenheiten im Mikrorelief der Parzellen (sie sollen 3 cm nicht übersteigen)

Forts. von letzter Seite
    lomb dagegen richtig: 100 mu = 6 ha, also etwa 600 m², Golomb (1959),
    S.56, siehe auch Einleitung 5.
59)   Golomb (1959), S.64.
60)   Golomb (1959), S.54.

werden so vermieden und damit auch Versalzungen, die durch diese Unebenheiten hervorgerufen werden. Die Dosierung der Bewässerungsgaben läßt sich
besser kontrollieren, Bodenwaschungen können leichter durchgeführt werden.[61]

Nur kleine Flächen in Gemengelagen lassen eine Durchmischung der Flur mit
bearbeiteten und bewässerten Flächen einerseits, brachliegenden oder biologisch
dränierenden Flächen andererseits zu und ergeben einen niedrigeren Flächennutzungskoeffizienten. Nur so können auch Feld-, Obst- und Gemüsebauareale
sowie Einfriedungen auf relativ kleiner Gesamtfläche (z.B. 1 ha) miteinander
durchmischt sein. Die günstigen mikroklimatischen Effekte der Verdichtung und
Mehrstöckigkeit des Vegetationsbestandes sind nur auf der Grundlage kleinflächiger Parzellierung erzielbar. Streifenfelder mit Windschutzgürtel haben zwar
auch ein leicht gemildertes Mikroklima gegenüber völlig offenen Flächen, doch
erreichen sie weder im Einstrahlungsschutz (Bodenerhitzung) noch im Windschutz oder in ihrer Funktion als Biodränung die Wirksamkeit der vegetationsverdichteten Bereiche in traditionell angelegten Dörfern.

Die Durchmischung eines größeren Schlages mit Hecken/Einfriedungen/Laub-
und Obstbäumen, die selbst nicht bewässert werden, sondern eine dränierende
Funktion erfüllen, ist sehr sinnvoll. Ein größeres Areal kann, wenn es in kleinere
Blockparzellen gegliedert ist, auch mit Kulturen ganz unterschiedlichen Wasserbedarfs durchmischt werden. Eine solche Durchmischung von einem ha mit
einzelnen, unterschiedlich bestellten Parzellen wirkt auf einem vollständig in
Kultur genommenen Flurabschnitt ähnlich wie die Durchmischung der Flur mit
bestellten und brachgehaltenen Flächen. Bewässerte und "Pflanzendrän-Flächen"
grenzen aneinander. Die nicht oder nur in geringem Umfang bewässerten Flächen wirken wie Dränflächen gegenüber den voll bewässerten Flächen:

Beim Saflor-Anbau, er braucht während der Vegetationsperiode nur einmal
bewässert zu werden, kann eine wasserbedürftigere Frucht auf dem benachbarten Flurstück ausgiebig bewässert werden, während der Saflor nach der ersten
Bewässerung keinen zusätzlichen Wassereintrag benötigt. Die mit Saflor bestellte Fläche nimmt von der Nachbarparzelle gebotene Grundwasser-/Bodenwas-

---

61) "Bei tonigen, undurchlässigen Böden mit hohem Salzgehalt muß 2-3mal
    gewaschen werden. Die Salze müssen bis zu einer Tiefe von 80 cm verla-
    gert werden, damit die Weizenwurzeln nicht beeinträchtigt werden. Die
    Auswaschungsmethode heißt: Waschen mit viel Wasser, auf kleinen Flä-
    chen, bei rascher Durchführung." Zhao Feng (1963).

serbeträge auf, ohne daß es zu einer Versalzung der mit Saflor bestellten Flächen kommt. - Saflor ist seiner Salztoleranz wegen auf stärker versalzten Flächen oder Niederterrassen eine beliebte entsalzende Feldfrucht. Für dieses "gleichzeitige" Nebeneinander von Kulturen gibt es (siehe 3.10) eine ganze Reihe von Beispielen, die sich gegenseitig positiv beeinflussen. Diese Mischkulturtechnik könnte weiterentwickelt werden. Luzerneschläge und kleine baumbestandene Flächen erfüllen eine ähnliche Funktion. Auch Feldrandbepflanzungen mit Hanf oder Saflor auf den nicht unmittelbar bewässerten Felddämmen, wie man sie im nördlichen Tarim-Becken häufig antrifft, erfüllen eine solche Funktion.

Weiter ist die "kleine Fläche" Spiegel der Besitzverhältnisse und der technischen Möglichkeiten der Bauern, ihres Arbeitsmittelarsenals.

"Im Tarim-Becken ist wohl die Hälfte aller Bauerngüter sehr klein, 1.5-3 ha. Die mittlere Größe dürfte hier 3-6 ha betragen und nur ein geringer Hundertsatz 10 ha erreichen."[62] Lattimore und Mitarbeiter (1950) gaben die mittlere Hofgröße mit 2-3 ha an.[63]

Klein ist also der Gesamtbesitz an Boden einer Familie, klein sind daher auch die einzelnen Schläge und Parzellen. Die kleine Farm soll die verschiedensten Feldfrüchte produzieren, ihre insgesamt schon recht kleine F... h: muß w:d:: in mehrere Klein- und Kleinstparzellen untergliedert werden. Da nicht die Produktion für den Markt die Größe der Parzellen bestimmt, sondern das Selbstversorgungsbedürfnis, ist die Größe der Parzelle weitgehend vom Nahrungsbedarf (Getreide, Öl, Obst, Gemüse), weiter vom Bedarf an Viehfutter und Gespinstpflanzen abhängig.

Um das Ziel wirtschaftlicher Autarkie zu erreichen, wird der Boden bis zum äußersten zerstückelt, es werden die verschiedensten Dinge angebaut. Wenn ein Bauer 10 mu Land besitzt, baut er Reis, Weizen, Mais, Gaoliang und Sesam an, außerdem noch Melonen und Gemüse. Getreide ist die

62) Golomb (1959), S.56-57. - Im Dorf Hanika bei Kuqar betrug die "man-land-ratio" für effektiv bestelltes Land (1950) 2,61 mu/pro Kopf, 1.036 Personen teilten sich 2.708,5 mu. Die chinesische Quelle beklagt die Zersplitterung der Anbauflächen durch die Kleinbauernwirtschaft, s. Kuche xian... (1953), S.103. 1989 teilten sich 1.860 Personen 4.780 mu effektiv bestellter Fläche: man-land-ratio = 2,47 mu pro Kopf (Angaben der Brigadeleitung, Juni 1989).
63) Lattimore et al. (1950), S.169-170.

Hauptnahrung, Gemüse und Melonen ergänzen sie, Sesam wird zu Öl
verarbeitet und die Baumwolle verwebt. Schafe werden von Baumweiden,
Gräsern und Unkräutern ernährt, sie geben Dünger und Wolle für Filze,
Hühner liefern Eier.[64]

Fan erwähnt nicht die für die Selbstversorgung wichtigen Obst- und Weinkultu-
ren.

Um dem Leser einen Eindruck von der heutigen Selbstversorgungswirtschaft mit
geringem Produktionsanteil für den Markt zu geben, sei hier das Beispiel eines
Hofes aus dem Dorf Nurbaġ (Nurbaġ-*xiang*), aus Profil 3, III des Kreises Xayar
zitiert. Die Familie steht für eine Schicht von Bauern, die ein recht gutes Einkommen erwirtschaften ("obere Mittelbauern"), aber nicht zu den reichen Familien zählen. Im Vergleich mit sehr armen Bauernfamilien, wie es sie u.a. südlich
der Täklimakan gibt, würde diese Familie jedoch als wohlhabend gelten:
Sie besteht aus 4 Personen, Vater, Mutter und zwei Kindern, umfaßt also 2 Ar-
beitskräfte. Sie verfügt über 14 mu Land, inkl. des Eigenlandes, das 2,8 mu
umfaßt. Das letztere besteht aus dem eigentlichen Garten (*baġ*) mit 1,3 mu, in
dem Gemüse und Obst gezogen werden, und 1,5 mu, die (1989) mit Melonen
bestellt waren. Das sonstige Anbaugefüge umfaßt 7 mu Weizen, 3 mu Frühmais
und 4 mu Baumwolle. Auf dem Weizenland wird eine zweite Ernte Spätmais
eingebracht. Die Fruchtfolge ist Winterweizen + Spätmais - Baumwolle - Frühmais. Es wird mit organischem Dünger, 4 t pro mu, und chemischem Dünger,
u.a. Phosphat, gedüngt. 4 mu des Landes gelten als versalzen, dort erbringt der
Weizen nicht mehr als 150 jin/mu (etwa das Vierfache der Saatmenge). Die
sonstigen Ertragsleistungen sind:
- Winterweizen 750 jin/mu;
- Mais 850 jin/mu (Mittel aus Früh- und Spätmais);
- Baumwolle (unentkörnt) 115 jin/mu.
Sie liegen weit über dem Provinz-Durchschnitt (außer bei Baumwolle).
- An Tieren sind vorhanden: 1 Pferd, 1 Esel, 15 Schafe (die z.T. von Nachbarn
  gegen ein Entgelt von 15 Yuan/Monat geweidet werden), 15 Hühner und 2
  Rinder. Die Kühe werden während der Laktationsperiode gemolken (Juni-
  November/Dezember), und es wird täglich Yoghurt gegessen. Der Tierbesatz
  ist mit 4 Großtieren und 15 Kleintieren pro 16,8 mu recht gut und liegt über
  dem in Kap. 3.11 errechneten Minimum an Tierbesatz für salzgefährdete
  Böden (3 Großtiere + 7 Kleintiere pro 20 mu Ackerfläche).

---

64)   Fan Pu (1955), Vol.1, S.51-52.

- An Obstbäumen sind vorhanden: 3 Birnbäume, 2 Jujuben (*Zizyphus jujuba, qilan*), 10 Aprikosenbäume, 2 Walnußbäume, 1 *barang* mit Weinstöcken.
- Das Einkommen aus der Viehhaltung liegt allein bei etwa 2.000 Yuan jährlich. Eine einjährige Färse erbringt 1.300 Yuan beim Verkauf.
- Die Familie ist in Fleisch, Holz, Gemüse, Früchten und Wolle für Filze selbstversorgend. Der geerntete Weizen (5.000 jin) wird folgendermaßen verbraucht:

Verkauf an den Staat (Pflichtverkauf)	1.200 jin
Saatgut	500 jin
Eigenverbrauch	3.300 jin (825 jin/pro Kopf)

- Aus den Verkäufen der Feldbauprodukte werden erlöst:

Baumwolle	-	800 Yuan
Mais	-	60 Yuan

- Die Jahresgesamteinnahmen ohne Abzug von Kosten, Steuern und Abgaben beträgt 4.000 Yuan.
- An staatlich organisierten Arbeitsdiensten sind zu leisten vom Mann 50 Tage/Jahr, von der Frau 25 Tage (die aber meist nicht voll in Anspruch genommen werden).
- An Abgaben sind zu leisten: Wassergeld 1,80 Yuan/mu/Jahr, Bodengeld 9,00 Yuan/mu/Jahr, Viehzuchtsteuer, Weidelandsteuer.
- Die Produktionskosten (hier berechnet nach Angaben aus dem Hotän-Gebiet) von 1987 dürften betragen:
Weizen 82,5 Yuan/mu, Baumwolle 98,3 Yuan/mu.
- Die Werkzeugausstattung umfaßt: 1 einscharigen Pflug (*kox*), 1 tiergezogenen Kultivator (*kutuwatsiye*), 1 tiergezogenen einachsigen Wagen (*lalaqe*), 1 Steinroller zum Dreschen und Andrücken der Saat (*tuluk*), Grabhacken (*kätmän*). Der Garten wird teils mit dem *kätmän*, teils mit dem Pflug bestellt.

Vernetzt mit dem Phänomen der kleinen Fläche sind agrarkulturelle und kulturtechnische Aspekte wie:

- niedriger Erschließungskoeffizient, rotierender Anbau,
- gute Einebnung der Parzellen,
- Reliefanpassung,
- mikroklimatische Faktoren (Baumbestände, Hecken, assoziiert mit Feldbau),
- Bewässerungstechnik,
- Mischkultur innerhalb eines Schlages,
- Werkzeugausstattung, aber auch 'soziale' Faktoren:
- Eigentums- und Besitzverhältnisse,
- Selbstversorgung der Familien,
- Nahrungsgewohnheiten oder
- die Bevorzugung eines waldähnlichen Habitat.

Das Phänomen "kleine Fläche" bildet einen Kristallisationspunkt uyġurischer Agrarkultur.[65] Ökologische, agrartechnische, soziale und anthropologische Aspekte fließen hier zusammen. Kein Wunder, daß die Flurbereinigung, d.h. Schaffung großflächiger Streifenfelder, das hervorstechende raumplanerische, aber auch politische und ökonomische Instrument der KP Chinas war und ist, um die Strukturen des alten Landnutzungssystems aufzubrechen. Die großflächige Raumstruktur, wie sie das Produktions- und Aufbaukorps Xinjiang praktiziert, galt und gilt noch als die einzig gangbare Methode. Das Streifenfeld ist Produkt und Ausdruck zentralstaatlich geplanter Wirtschaft, und es sollte ihr mit entsprechender Surplus-Produktion entgegenkommen.[66]

Die Aufgabe der kleinflächigen Fluraufteilung zugunsten großer Streifenfelder zerstört die vielseitige Funktion dieser Raumstruktur (als Habitat, Obst-, Gemüsebau-, Maulbeerkultur-Areal und ihren Vegetationsbestand als Brennholzlieferant) sowie ihre mikroklimatische Funktion. Indem die autochthone Agrarkultur auf den reinen Feldbau - chinesischer Prägung ("Getreide als Hauptkettenglied") -reduziert wird, verarmt sie im buchstäblichen Sinne.

Die Ansprüche an den Boden und die Ziele landwirtschaftlicher Produktion und Reproduktion in den uyġurischen Dörfern unterscheiden sich tiefgreifend von denen der Staatsfarmen: Die soziale und wirtschaftliche Organisation der Staatsfarmen ist auf die Erzielung von marktfähigen Produkten ausgerichtet. Der Boden, das Land sind nicht primär Wohnplatz, Ort der Reproduktion des Lebens und der eigenen Kultur, sondern bloße "Ressource", die - mit menschlichen "Arbeitskräften" kombiniert - Rohstoffe wie Baumwolle, Getreide, Öle etc. auszustoßen hat.

Die heute auf den flurbereinigten Streifenfeldern zu findenden Reminiszenzen an die Kleinräumigkeit oder das sehr rationelle Fortbestehen kleinflächiger, reliefangepaßter Landwirtschaft auf den Sedimentationsfingern der Flüsse und Kanäle im nördlichen Tarim-Becken deuten jedoch darauf hin, daß die kleinflächige Landwirtschaft ihre Lebenskraft noch nicht völlig eingebüßt hat. Der Prozeß des Streifenfeldaufbaus geht derweil unter staatlichem Zwang weiter. Mir scheint es, daß diese erzwungene Aufgabe der Kleinflächigkeit nur unnötige Verluste, vor allem einen Kulturverlust, für die uyġurischen Bauern mit sich bringt.

---

65)   In ihrer Bedeutung vergleichbar sind das traditionelle Ensemble an Akkerwerkzeugen und Arbeitsbehelfen oder die Rolle der Viehzucht/Weidewirtschaft und des Obstbaus.
66)   Vgl. Hoppe (1991) u. Betke/Hoppe (1987).

3.10   Mischkultur (Korresp. 2.4.12)

Eine monokulturähnliche Einheitlichkeit des Anbaus ist der traditionellen uygu-rischen Fluraufteilung fremd. Auf einem Hektar Fläche eines Sedimentationsfin-gers, d.h. im Bereich der *etiz-* und *bag-*Flächen mit Einfriedungen und Obstbau, fand ich 1989 nebeneinander: *Ulmus pumila, U. dewan, Fraxinus spp.*, Maul-beere, Aprikose, Pfirsich, *Populus alba, P. nigra, Eleagnus angustifolia,* Hanf, Baumwolle, Mais, Luzerne, *Brassica spp.*, Weizen, Gemüse, Wein... Auf der Stufe der Einzelparzelle (eines *etiz*) wiederholt sich das Prinzip der Mischkultur in kleinerem Maßstab.

Beim Gang über eine ca. 3 ha große Fläche des *bag-* und *etiz-*Bereichs des Dor-fes Päxämbä bazar, einem der relativ unverändert gebliebenen Kanalstraßen-Dörfer im nördlichen Teil des Kreises Xayar,[67] fand ich die folgenden Misch-kulturen auf je einer Parzelle (die Zahlen in Klammern geben die Wuchshö-he entsprechend den 4 Pflanzenstockwerken wieder):

1. Junge Pfirsichbäume (2/3), Paprika, Lauchzwiebeln, Kohl je in einer Reihe (4),
2. Lauchzwiebeln, Paprika flächig (4), als randständige Pflanze Saubohnen (3),
3. Paprika und Lauchzwiebeln, Tomaten (4) gemischt in einer Reihe, Pfirsich-bäume als Überschirmung (2/3),
4. Paprika flächig (4), randständig Saflor (3), Einfriedung: Populus (1) und Eleagnus (2),
5. Paprika und Lauchzwiebeln in Reihen gemischt (4), randständig: Tomaten und *Lactuca sativa* (chines. *wosun*)[68] (4),
6. Mais und Populus-Jungpflanzen in einer Reihe (3),
7. Paprika und Lauchzwiebeln (4) mit Hanf als Randbepflanzung (3),
8. Baumwolle (3) mit Karotten (4) gemischt, randständig Saflor (3).

Weitere beobachtete Mischkulturen in den Kreisen Xayar, Toksu und Kuqar waren:
9. Lein (4) mit Hanf (3),
10. Melonen (4) mit (gelben) Karotten (4) in der Mitte des aufgeworfenen Melonenbeetes,
11. Melonen (4) mit Rettich (4),
12. Lauchzwiebeln und Rettich in einer Reihe (4),

---

67) In Profil 1, ca. 1 km nördlich des Ortes Bostan.
68) Eine chinesische *Lactuca*-Art, deren Stengel verzehrt werden.

13. Paprika (4) mit Hanf (3) als Randpflanze.
14. Im Obstbau (2) Weizen (3) als Untersaat.
15. Im Obstbau (2) Luzerne (4) als Untersaat.
16. (Sehr verbreitet) Baumwolle (3) mit Saflor (3) als Randbepflanzung.
17. (Ebenfalls sehr verbreitet) *Cuminum cyminum* (Kreuzkümmel) (4) in Reihen zwischen der Baumwolle (3)
18. Weizen (3) wird in Xayar bisweilen im Gemenge mit *Melilotus suaveolens* (3) angebaut.
19. Maisreihen stehen gemischt mit Sojabohnenreihen.
20. Knoblauch und Weißkohl (4),
21. *Wosun* (3) und Paprika (4) durcheinandergewürfelt,
22. Lauchzwiebeln (4) als Randbepflanzung; Kohl (4) und Catjangbohne (*Vigna sinensis*) (4),
23. Tomaten (3) als Randpflanze,
24. Lauchzwiebeln und Rettich (4) in einer Reihe.

Häufig werden Pflanzen verschiedener Wuchshöhe miteinander kombiniert. Es wiederholt sich im Kleinstmaßstab das *etiz*-Prinzip: Einfriedung höherwüchsig, Feldgewächs niedriger, Bäume überschirmen kleinwüchsigere Pflanzen.

Gewiß wird diese Kombination verschiedener Kulturen auch aus Gründen optimaler Flächenausnutzung durchgeführt. Es entsteht eine maximale Bodenbedeckung, und die direkte Bodenevaporation wird auf ein Mindestmaß reduziert. Abbildung 9 ist ein gutes Beispiel für die auf kleiner Fläche versammelte Artenvielfalt.

Die Frage, welche wechselseitigen Einflüsse die Pflanzen in diesen Mischkulturen aufeinander ausüben, liegt außerhalb des Rahmens dieser Arbeit. Als gesichert können nur positive bestands- und bodenklimatische Effekte angesehen werden, so etwa bei der Kombination von Lauchzwiebeln und Paprika (der strauchige Paprika beschattet den Boden, was der Lauch nicht vermag) oder bei der Kultur randständiger Einfriedungspflanzen wie Hanf, Saflor und Saubohnen. Der in bezug auf die Bodenversalzung wichtige Grundsatz vollständigster Bodenbedeckung hat für das Bodenklima und das Klima der bodennächsten Luftschichten in jedem Fall einen positiven Effekt. Da solche Formen intensivster Mischkultur - und das heißt auch optimaler Ausnutzung der Bewässerungswassereinträge - nicht nur versalzungsprotektiv sind, sondern auch wassersparend, ist die in Xinjiang offiziell vertretene Ansicht, Streifenfelder seien durch ihre effektivere Bewässerungsorganisation dem traditionellen System überlegen, in Frage zu stellen.[69] Dies gilt insbesondere, wenn alle Nebeneffekte der Bewässerung bzw. des raumprägenden Bewässerungsnetzes im traditionellen System - die zusätzliche Produktion von Hecken, Brennholz, Bäumen, Obst sowie die positiven mikroklimatischen Wirkungen und die statistisch nicht faßbare Schaffung eines ästhetischen Habitat - berücksichtigt werden.

3.11 Rolle des Viehbesatzes und der Düngerwirtschaft

Neben seiner Rolle als Fleisch-, Milch-, Fett-, Haut- und Energielieferant (Zugtiere) erfüllt der Viehbesatz, wie in Kap. 3.2 bereits angesprochen, eine ökologische Funktion:

Die Tiere dienen
1. als Lieferanten von Dünger, humusbildender und damit bodenverbessernder Materie;
2. verarbeiten sie die natürliche Vegetation auf den meist stärker versalzten Niederungsböden der Nahweiden sowie der Fernweiden mit den von diesen Pflanzen aufgenommenen Mineralien. Hinzu kommen Anteile der Feldbaufrüchte (Weizenstroh, Mais etc.). Die von den Pflanzen bei der Transpiration resorbierten Salze werden dem Boden und dem direkten Kreislauf Boden - Pflanze - Boden entzogen;
3. durch die Mineralstoffaufnahme sorgen die Tiere für einen Zirkulations- und Transformationsprozeß der Mineralien. Ein Teil gelangt unmittelbar im Harn oder Frischmist wieder auf die beweideten Flächen, ein Teil gelangt als Stalldung auf die kultivierten Flächen, während im tierischen Gewebe eingelagerte Bestandteile den Kreislauf Boden - Pflanze - Tier/Dung - Boden verlassen.

---

69) Eines der Hauptargumente für die Einführung der Streifenfelder ist die behauptete Einsparung von Bewässerungswasser auf großen, einheitlich bewirtschafteten Schlägen. Ob ein komparativer Vorteil bei Berücksichtigung aller Faktoren beider Systeme tatsächlich besteht, ist nur mit großem Aufwand zu beweisen. Der Nutzungskoeffizient der Kanalsysteme im traditionellen System ist nur scheinbar so niedrig (wenn er mit dem Ertrag der Feldflächen korreliert wird), denn zumindest im Bereich der Kanalstraßendörfer oder Siedlungskerne werden die Sickerverluste durch die kanalnahe künstliche Klimaxvegetation, die Obstbaumbestände und Eleagnus-Einfriedungen genutzt, gehen also nicht unproduktiv verloren. Dasselbe gilt für die Trockendränflächen, deren Vegetation beweidet wird und die sich aus den Dränwasserbeträgen der bewässerten Flächen ernährt.

Die bodenmeliorierende Funktion des organischen Düngers ist in der bodenkundlichen Literatur eingehend beschrieben[70] (vgl. Kap.3.12). Fraglich sind eher
die verschiedenen Salzkreisläufe: Boden - Pflanze - Tier/ Dung - Boden ebenso
wie die des Kompostkreislaufes: Boden - Pflanze (Streu) - Kompost (Mist) -
Boden und die für die Bodenmelioration notwendige Größe des Viehbesatzes.

Quantitative Daten zu den beiden genannten Kreisläufen liegen mir nicht vor.
Viehhaltung auf gewisser Stufenleiter ist unverzichtbar, wenn salzgefährdete
oder versalzte/alkalisierte Böden nachhaltig genutzt oder melioriert werden
sollen.

Traditioneller Umfang des Viehbesatzes: Während XJNY (1964) den geringen
Anteil gedüngter Böden in Gesamt-Xinjiang vor 1949 hervorhebt - nur 5% der
kultivierten Flächen seien gedüngt worden -, so unterstreicht Zhang Zhiyi (1946)
für Süd-Xinjiang - wegen des dort geringen Umfangs der Kulturfläche pro Kopf
der Bevölkerung - die Notwendigkeit organischer Düngung, dies im Gegensatz
zu den damals noch sehr extensiv genutzten Böden in Nord-Xinjiang.[71]

Der Umfang des Viehbesatzes gibt für Süd-Xinjiang einen gewissen Anhaltspunkt für die Intensität der Bodendüngung. Für die von Bodenversalzungen
besonders betroffenen Regionen dürfen wir die Nutzung des anfallenden Mistes[72]
und eine besondere Betonung der Viehhaltung annehmen.

---

70) Für Xinjiang, s. Xu Zhikun (1980), S.151 ff.
71) XJNY (1964), S.70, Zhang Zhiyi (1946), S.29-30.
72) Fäkalien werden meinen Beobachtungen zufolge nicht überall, aber häufig
    im Mist bzw. Kompost mitgenutzt, wenn der Stall als Abort der Familie
    dient. Mit Hygiene-Kampagnen versuchte man in jüngerer Zeit eine ge-
    trennte Fäkalienbeseitigung einzuführen, so in Turpan 1985.

**Abbildung 10: Zirkulations- und Transformationsprozesse der Mineralstoffe -
Viehbesatz und Düngerwirtschaft**

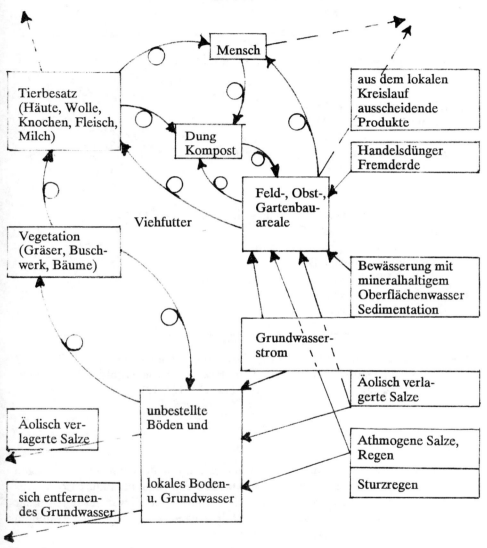

Legende:

Chemische Veränderung: Ionenselektion, Ioneneinbau in die organische Substanz, Re-
mineralisierung der organischen Substanz; innerer, sich abschwächender (beleben-
der) Salzkreislauf

- - - ►   Ausscheiden von Produkten oder Mineralien aus dem lokalen Kreislauf

———►   Zufuhr von Mineralienbeträgen

220 Uygurische Landwirtschaft

Tabelle 30:
Relation kultivierte Flächen/Viehbestand 1906/07 - 1950
(GT - Großtiere, KT - Kleintiere/je 20 mu Ackerfläche)

1. Durchschnittlicher Viehbesatz und Hofgrößen im Dorf Bextugemen bei Aksu
   (1907):
   20 mu, 1 Pferd, 4 Rinder, 2 Esel, 12 Schafe   = 7 GT, 12 KT
2. Einzelne Höfe im Yäkän-Gebiet (1906):
   50 mu, 1 Pferd, 6 Rinder, 4 Esel, 17 Schafe   = 4,4 GT, 6,8 KT
   40 mu, 40 Rinder, 3 Esel   = 27,5 GT
3. Kaderhaushalt im Yäkän-Gebiet (1956-57):   [keine Flächenangabe
   1 Pferd, 8 Rinder, 2 Esel, 25 Schafe   vorhanden]

Oder, nach Klassen gegliedert, in einem Dorf nahe Aksu (1950):
4. Grundherren-Haushalt:
   222 mu, 2 Rinder, 1 Esel, 40 Schafe
5. Haushalt eines reichen Bauern:
   160 mu, 2 Pferde, 8 Rinder, 4 Esel, 50 Schafe
6. Haushalt eines armen Bauern:
   12 mu, 1 Rind, 1 Esel

Quelle: Mannerheim (1940), Vol.1, S.60, 163, Davidson (1957), S.173, Liu/
Wang/Gao (1951), S.50-51. [Zur Beziehung von Wohlstand und Vieh-
besitz, vgl. Mannerheim, ebd., S.117, 122, 123, 127.]

Haushalte 4, 5 und 6 verfügen pro Flächeneinheit nur über einen sehr geringen
Viehbesatz. Sie erreichen nicht den von Mannerheim genannten Durchschnitt für
das Dorf in der Aksu-Region im Jahre 1907. Wahrscheinlich war nur ein Teil der
verfügbaren Ackerfläche in ständiger Kultur. Angaben aus dem obenerwähnten
Dorf Hanika bei Kuqar vermitteln folgendes Bild:

Tabelle 31:
Kultivierte Flächen und Viehbestand in Hanika-känt, Kreis Kuqar, 1949/1951/1989

	Pferde	Pflugochsen	Rinder	Esel	Schafe
1949	23	122	51	121	733

2,48 GT; 5,73 KT/pro 20 mu

213 Familien - 317 Stück Großvieh
2.560 mu effektiv bestellt, brachliegend 4.076 mu
12,0 mu/Familie

	Pferde	Pflugochsen	Rinder	Esel	Schafe
1951	46	161	97	257	1.333

3,76 GT; 8,94 KT/20 mu

2.978 mu effektiv bestellt - 561 Stück Großvieh

| 1989 | 796 Stück Großvieh | | | | 1.704 |

3,21 GT; 7,12 KT/20 mu

1.860 Personen, 364 Familien
4.780 mu effektiv bestellt, 1.800 brachliegend
13,1 mu/Familie

Einzelne Haushalte in Hanika (1989):
8,5 mu   - 1 Rind, 9 Schafe
17 mu + 2,5 mu Eigenland - 1 Pferd, 1 Rind, 10 Schafe

Quelle: "Kuche xian..." (1953), S.104-105; Angaben der Brigade (*känt*)-Leitung und eigene Erhebung, Juli 1989. [Nach 1952 wurden 2 Produktionsgruppen mit ca. 500 Personen aus der Brigade ausgegliedert.]

1989 kommen in Hanika bei den beiden zufällig aufgenommenen Einzelhaushalten 2 Großvieheinheiten und ca. 10 Schafe auf 20 mu. Für das gesamte Dorf sind es 3 Stück Großvieh und ca. 7 Schafe pro 20 mu. Der Tierbesatz pro 20 mu Ackerfläche ist 1949, zu Beginn der Rekonstruktionsperiode, am niedrigsten, steigt vor der beginnenden Landreform auf ein (lokales) Optimum von 3,8 GT/9 KT pro 20 mu, das 1989 noch nicht wieder erreicht ist. Die kultivierte Fläche pro Familie ist fast konstant geblieben. Überhaupt fällt hier das Fehlen von "Entwicklung" auf: Die Bevölkerung, die Zahl der Familien, die Menge des kultivierten Bodens und der Viehbesatz sind alle in der etwa gleichen Proportion gewachsen. Auch heute spielt das Nebengewerbe - 1989 das Knüpfen von Teppichen - eine entscheidende Rolle für die Reproduktion des Gemeinwesens. Da Hanika relativ stark mit Versalzungen zu kämpfen hat (1.300 mu früher erschlossenen Landes waren bis 1989 aufgelassen worden, 500 mu kultivierter Flächen galten 1989 noch als versalzen) und am unteren Rand der Einkommensskala liegt, können wir die (1989) vorgefundene Proportion von Kulturfläche zu Viehbesatz als Minimalsoll für die Bewirtschaftung salzgefährdeter Böden am Nordrand des Tarim-Beckens ansetzen. Dies wären also 3 Stück Großvieh und 7 Schafe je 20 mu Ackerfläche.[73] Die von Mannerheim für 1907 genannte Relation (7 Großvieheinheiten, 12 Schafe pro 20 mu) kann als ein nur noch selten erreichtes Optimum gelten.

Zum Vergleich soll der Viehbesatz der Korpsfarm Nr.29 (1989) bei Korla herangezogen werden:

129.000 mu kultivierter Fläche stehen 1.392 Stück Großvieh (810 Rinder, 75 Pferde, 175 Esel, 90 Kamele, 242 Stück Rotwild), 22.000 Schafe und Schweine (Geflügel - 40.000 Enten und Hühner - nicht berücksichtigt) gegenüber, das sind: 0,2 Großvieheinheiten pro 20 mu und 3,5 Kleinvieheinheiten pro 20 mu. Der Viehbesatz dieser Modellfarm liegt damit weit unter dem oben errechneten Minimal-Tierbesatz für salzgefährdete Böden. 1989 wurde auf der Korpsfarm Nr. 29 nur vor dem Reisanbau mit 3 t pro mu organisch gedüngt,[74] dann 2 Jahre lang dem Boden kein organischer Dünger, sondern nur Handelsdünger zugeführt.[75]

---

73) Täglicher Frischmistanfall bei Stallhaltung pro Rind 40 kg, pro Pferd 23 kg, pro Schaf 2,5 kg, *Brockhaus abc der Landwirtschaft* (1974), S.1047.
74) Fruchtfolgen waren 1989 Naßreis - Baumwolle - Baumwolle - Naßreis; Naßreis - Weizen - Baumwolle - Baumwolle - Naßreis; Naßreis - Weizen - Luzerne (2-3 Jahre) - Naßreis oder Baumwolle, vgl. Kap. 3.14.
75) Angaben der Staatsfarm-Leitung, Juli 1989. Dagegen Xu Zhikun über Korpsfarm Nr.29 (1980), S.160-161: Es werden jährlich 1,5 t Stalldung/mu

In der chinesischen, auf Feldbau ausgerichteten Korpsfarm wird eine für Salz-Alkaliböden sehr geringe organische Düngung praktiziert. Die mittlere Dung-gabe in den Dörfern der Kreise Kuqar und Xayar lag 1989 bei 3-4 m³ Stalldung/mu/Jahr auf intensiv bewirtschafteten bzw. salzgefährdeten Böden.

Zuführung anderen organischen Materials: Gebräuchliche Gründünger sind Weiße Bitterbohne (*Sophora alopecuroides*), eine als Unkraut auf salzhaltigen Böden gedeihende Leguminose, und die Rote Bitterbohne (*Swainsona salsola*) sowie Kameldorn (*Alhagi pseudalhagi*). Sie werden gesammelt und als Zusatz-dünger im Reis- und Maisanbau verwendet. Sophora wird im Melonenanbau in ein Loch nahe der Wurzel eingebracht. Weitere Gründünger sind Sojabohnen, die chinesische Klettertrompete (*maotiaozi*), *Sesbania cannabina* und *Brassica spp.*[76] dienen als Gründünger, wenn sie z.B. als Vorfrucht vor Mais unterge-pflügt werden. Medicago und Melilotus werden z.T. mit Weizen im Gemenge ausgebracht und verbleiben nach der Weizenernte auf dem Feld; sie bedecken den Boden, verhindern einen Salzaufstieg und ersparen eine zusätzliche Feld-bearbeitung; nach einem Grasschnitt im Herbst werden sie untergepflügt.

Fremderde: Salpeter(Nitrat)- und Tamarixböden werden in Süd-Xinjiang tradi-tionell als Dünger verwendet, besonders im Naßreisanbau. Pro mu werden 1-7,5 t zusammen mit Pferde- oder Schafdung aufgebracht, evtl. mit einem Sandzu-schlag. Gelber und roter Salpeterboden gelten als besonders brauchbar, schwar-zer und weißer hingegen werden nicht verwendet. In diesen Salpeterböden ist der Gehalt an rasch verfügbarem Kalium hoch, der Sandzuschlag verhindert ein Verbacken der Böden. Tamarixböden verfügen über einen hohen Anteil an organischer Masse (5-20%), ihr Gesamtstickstoffgehalt beträgt 0,12-0,85%, der Gesamtphosphorgehalt liegt bei 0,119-0,19%. Der relativ hohe Salzgehalt der Tamarixböden wird in Kauf genommen.

Weitere Düngerarten sind Fluß- und Kanalsand, Seeschlamm, Wegerde, Ölpreß-rückstände von Brassica, Soja, Erdnuß, Sonnenblume und Baumwolle.[77]

Forts. von letzter Seite
aufgebracht. Dies ergab gegenüber nicht organisch gedüngtem Boden eine Verringerung des Gesamtsalzgehaltes um 11,6% und Ertragssteigerungen von 50-80%. Zur Korpsfarm Nr.29, vgl. Gruschke (1991), S.120-123.
76) Xu Zhikun (1980), S.155 ff., XJNY (1964), S.73.
77) XJNY (1964), S.71-77.

Die direkte Rückführung von Weizen- und Reisstroh, die sonst an Tiere verfüttert werden, gilt als wirksame Maßnahme, um die Bodendurchlüftung, die Anreicherung von organischer Masse und die biologische Aktivität des Bodens zu steigern und damit Bodenversalzungen zu bekämpfen.[78]

3.12   Überkommene Meliorationsmaßnahmen und Nutzungsformen versalzter Böden

Da die schriftlichen und historischen Quellen keine detaillierten Beschreibungen jenes Bündels an Maßnahmen und Voraussetzungen wiedergeben, die für eine Melioration von versalzten Flurstücken angewandt wurden, sollen hier einige Meliorationsmaßnahmen, die ich 1989 aufzeichnen konnte, wiedergegeben werden. Mit ihrer Hilfe wird versucht, eine fortschreitende Versalzung zu verhindern, Niedrigerträge durch höhere abzulösen oder aufgegebene Flächen erneut in Kultur zu nehmen.

3.12.1   Nurbaǧ-Südteil, Niederung im Profil 3, IV (Auskunft eines Bauern)

- Bodenart seǧiz xor-tupraḳ ("lehmiger Salzboden") 3. Qualität, in alter Kultur, Grundwasser bei 1,5-2 m unter Flur.
- Stalldungaufbringung 4-5 m³/mu.
- Nach der Winterbewässerung wird Sand aufgetragen.
- Im Frühjahr Folgedüngung mit 10 kg chemischem Dünger/mu.
- Beim Aufstieg der Salze im Frühjahr wird ca. alle 3-4 Tage, bisweilen auch in kürzeren Abständen mit timä (Zinkenegge oder Harke) bearbeitet.
- Winterweizen wird vor der Aussaat einmal und im Frühjahr einmal bewässert. Eine dritte Bewässerung gibt es nur, falls Wasser zur Verfügung steht.
- Mais wird auf diesen Böden nur vor der Aussaat bewässert, danach nicht mehr.
- Regenfälle haben ausschließlich negative Wirkung, sie ziehen die Salze an die Oberfläche.
- Weizenerträge: 105-110 jin/mu, Saatgutaufwand 40 jin/mu.
- Maisertrag: 250-300 jin/mu.
- kontinentale Baumwolle: 40-50 jin/mu (unentkörnt).
- Brachezeiten werden nicht systematisch zur Bodenverbesserung eingesetzt.

---

78)   Xu Zhikun (1980), S.161-162 und persönl. Mitteilg. der Kreisleitung des Kreises Yanqi, Qigexing-xiang, Juli 1989.

Der Kulturpflanzenbestand ist stark mit Reet durchsetzt. Hauptmeliorations-
maßnahmen sind Dung- und Sandauftrag. Die Anlage eines weiteren Drängra-
bens ist vorgesehen. Fruchtfolge: Winterweizen/Nachfrucht Spätmais - Baumwolle - Mais. Pro-Kopf-Einkommen der Familie: 150 Yuan/Jahr, sehr niedrig.[79]

3.12.2   Yängimä̧hällä-xiang (Auskunft von xiang-Kadern)

25% der Anbaufläche gelten hier als versalzen. 30.000 von insgesamt kultivierten
90.000 mu[80] sind Niedrigertragsflächen. 92% der kultivierten Flächen gelten als
flurbereinigt (sala etiz) (vgl. hierzu Profil 1).

Bewässerung:
- Winterweizen wird dreimal bewässert: einmal vor der Aussaat, einmal wäh-
  rend des Winters (November) und einmal im April/Mitte Mai mit 120 m^3/mu.
- Baumwolle wird zweimal bewässert: einmal vor der Aussaat und einmal Ende
  Juli mit 150 m^3/mu.
- Mais wird dreimal bewässert (Hochleistungsmais), einmal vor der Aussaat,
  einmal Ende Juni und einmal Ende Juli.

Meliorationsmethoden:
- Pflanzen von Bäumen und Eleagnus an den Rändern des Feldes; sie senken,
  insbesondere Eleagnus, den Grundwasserspiegel,
- Aufbringen von Stalldung 3-5 m^3/mu,
- Aufbringen von Sand aus Kanälen,
- (ausdrücklich) keine Verwendung von chemischem Dünger,
- meliorierende Fruchtfolge: 1. Jahr Saflor (der nur vor der Aussaat bewässert
  wird, danach nicht mehr), 2. Jahr salztoleranter, weißkörniger Mais (Lokalsor-
  te), 3. Jahr Anbau einer speziellen, nichtlokalen Weizensorte,
- Einschaltung von Brachzeiten: im April beim Wiederaufstieg der Salze wird
  zwei- bis dreimal gepflügt, im Sommer bleibt der Boden unbearbeitet und
  trocknet stark aus. Im Herbst wird er mit Winterweizen bestellt.[81]
- Gerste wird nur in sehr geringem Umfang angebaut, bisweilen auf versalzten
  Flächen,

---

79) Eigene Erhebung, 12.6.1989.
80) "Kultivierte Fläche" schließt Gärten, Obstbauareale, Privatland und
     Schutzwaldgürtel ein.
81) Angaben der xiang-Verwaltung, 19.6.1989.

- auf Niederungsböden wird die *bag-baran*-Form genutzt, die Einzelhöfe sind von Brache oder Ödland sowie einzelnen bestellten Flächen umgeben (Saflor, Weizen, Mais),
- der Rinderbesatz ist relativ hoch, jedoch ist der Gesamtviehbestand mit 58.433 Stück (Ende 1988) sehr niedrig. Der Durchschnitt liegt bei 3-4 Tieren pro Familie.[82]
- 5.000 mu sind mit Luzerne bestellt und
- 2.500 mu mit Naßreis.

Als versalzen gelten Böden mit folgenden Ertragsniveaus:
Weizen   unter 300 jin/mu
Mais   unter 600 jin/mu
Baumwolle unter 100 jin/mu

Während der Landerschließungskampagnen in den 60er Jahren wurden laut Angaben der *xiang*-Verwaltung 110.000 mu Land erschlossen (wovon heute allenfalls noch ein kleiner Teil unter Kultur zu sein scheint, siehe kultivierte Gesamtfläche).

3.12.3   *Hirten/Bauernfamilie auf der Zuchtverbesserungsfarm des Kreises Xayar, südlicher Teil des Gülbag-xiang*

Meliorationsmethode:
- Waschen der Böden mit großen Wassermengen,
- verstärkte Aufbringung von Stalldünger,
- Einebnung der Böden und
- dreijährige Luzernekultur als Vorfrucht vor Weizen bzw. Mais.

3.12.4   *Toyboldi-xiang (Angaben der xiang-Verwaltung)*

40.000 von 115.000 mu tatsächlich bestellter Fläche gelten als versalzen. Es wird anhand des Grundwasserstandes und der Ertragsleistung bestimmt, ob Böden versalzen sind.

Moderne und traditionelle Meliorationsmethoden:
- Ein Hauptdrän wird 1989 zwischen Toyboldi und Gülbag fertiggestellt.

---

82)   Keine genaueren Daten mitgeteilt.

- Durch die Anlage von Streifenfeldern und gründliche Einebnung der Ackerflächen versucht man einen im Vergleich zur traditionellen Flurgliederung geringeren Gesamtbewässerungseintrag zu erzielen. Die gebräuchliche Fruchtfolge ist: Winterweizen, Spätmais als Nachfrucht - Baumwolle - Frühmais.
- Auf salzhaltigen Böden wird oft keine Frühjahrsbestellung durchgeführt, sondern erst im Sommer - nach Einsetzen des Sommerhochwassers - Spätmais angebaut.
- Luzerne gedeiht auf Böden 3. Güte nicht sehr gut, Eleagnus und Populus diversifolia können jedoch gepflanzt werden.
- Häufige Bodenlockerung und verstärkte Aufbringung von Stalldung sind die Hauptmeliorationsmethoden.

Eine systematische Meliorationsplanung, wie in 3.12.2 wiedergegeben, gibt es hier offensichtlich nicht. Dies zeigt auch das folgende Beispiel einer versalzten Parzelle, für die es trotz völligen Ernteausfalls kein umfassendes Meliorationskonzept gibt:

Feld östlich der Straße Xayar-Toyboldi, Niederungsboden in leicht terrassierter Umgebung mit abgestorbenen Baumwoll-Jungpflanzen, Saflor als randständige Pflanze hat überlebt.
- Baumwollanbau (besichtigt Anfang Juni 1989) wird durch die von der Kreisverwaltung vorgegebenen Anbaupläne diktiert. Jeder Bauer muß Baumwolle anbauen und an den Staat abliefern.
- Der durch Regenfälle verursachte Salzaufstieg hat die Baumwoll-Jungpflanzen zu ca. 97% vernichtet.
- Auf dem etwas höher gelegenen Nachbarfeld wächst die Baumwolle ohne Folie gut, das höher gelegene Feld dräniert in das tieferliegende.
- Der Grundwasserspiegel schwankt auf diesem Schlag zwischen 1,5-2 m unter Flur im Frühjahr und 2,5-3 m unter Flur im Sommer.
- Die Böden der näheren Umgebung sind alle salzgefährdet, traditionelle Flurform war hier der *baġ-baran* (siehe 3.13), der weiter östlich und nördlich noch zu finden ist.
- Nach dem fehlgeschlagenen Baumwollanbau wird jetzt Spätmais angebaut. Vorfrucht war ebenfalls Mais.
- Meliorationsmethode: Sandauftrag, verstärkter Stalldungauftrag, ausgiebige Lockerung des Bodens. (Luzerneanbau wäre wegen des hohen Salzgehaltes des Bodens nicht möglich.)

Es wird hier keine besondere, meliorierende Fruchtfolge vorgesehen. Die Anbauplanung ist starr, da von staatlicher Seite vorgegeben. Das gesamte Areal hat ungeschütztes Freilandklima, es gibt weder Hecken noch Schutzwaldgürtel.

Photo 9:
Die hier beschriebene Parzelle mit Baumwollanbau. Randständiger Saflor überlebt sowie einzelne kümmernde Baumwoll-Jungpflanzen, Toyboldi-xiang, Kreis Xayar. (Juni 1989)

Einige noch stehengebliebene Maulbeerbäume (Maulbeerbäume haben für Uyġuren eine spirituelle Bedeutung - zumindest im Kreis Xayar, denn man glaubt, daß ein Mitglied der Familie stirbt, wenn ein Maulbeerbaum gefällt wird; daher widersetzten sich die Bauern dem Fällen der Maulbeerbäume, die meist innerhalb oder in der Nähe des Hofes gepflanzt werden. Man findet deshalb auf den flurbereinigten Streifenfeldern häufig stehengebliebene Gruppen von Maulbeerbäumen) zeigen an, daß sich an der betreffenden Stelle vor der Flurbereinigung ein Einzel- oder Gruppengehöft befand. Dies konnten wir während der Feldarbeit anhand der mitgeführten Generalstabskarten aus den 60er Jahren, als die alte Form der Streusiedlung noch intakt war, überprüfen.

Der Erschließungskoeffizient in der unmittelbaren Umgebung ist zu hoch, weder Weide- noch Bracheareale mischen die in Dauerkultur befindlichen Flächen auf (dies im Unterschied zur Nutzung von Niederungsböden östlich des Bazars von Toyboldi, dort ist die *baġ baran*-Form noch lebendig.[83]

Infolge seiner ungünstigen Lage zum Nachbarfeld, das 20 cm erhöht liegt, hat das hier beschriebene Baumwollfeld zusätzlich zu den Regenfällen Dränwasserbeträge aus dem Nachbarfeld erhalten. Andere benachbarte und mit Baumwolle bestellte Parzellen zeigten bis zu 70% Jungpflanzenausfälle. Mais gedeiht noch recht gut. Trockendränflächen liegen in (zu) weiter Entfernung südlich. Die neu errichteten Höfe sind längs der Straße aufgereiht.

3.12.5   Yanqi Beidaqu-xiang

Die hier zum Vergleich angeführten Meliorationsmethoden im Kreis Yanqi lassen sich ethnisch nicht mehr den Uyġuren zuordnen, sie sind eher durch chinesischen bzw. Hui-Einfluß gekennzeichnet:

- Aufbringung von organischem Dünger.
- Einebnung der Felder.
- Auswaschen der Salze durch große Bewässerungsgaben während der größten Sommerhitze. Dies gilt auch als fruchtbarkeitssteigernd.

---

83)   Der Toyboldi-*xiang* südlich der Kreisstadt Xayar ist wegen seiner Nähe zum Tarim durch hohe Grundwasserstände gekennzeichnet. Die Grundwasserströme des Ögän-Schwemmfächers und des Tarim treffen hier aufeinander.

Photo 10:
Maisfeld mit beträchtlichem Ertragsausfall infolge Bodenversalzung. Wudaoqu-xiang,
Kreis Yanqi. (Juli 1989)

- Fruchtfolge: Sommerweizen - Mais - Zuckerrübe - Sonnenblume - Mais (Sonnenblume und Saubohne benötigen nur eine Bewässerung, die Zuckerrüben wurden zweimal bewässert, daher geringerer Wassereintrag pro mu und somit Absinken oder Stabilisierung des Grundwasserspiegels).
- Die administrative Unterbindung des Naßreisanbaus, der hier traditionell verbreitet war, wirkt ähnlich.
- Der Luzerneanbau ist seit der Aufhebung des strikten Flurzwangs (1984) und der Auflösung der Kollektivwirtschaft stark rückläufig.
- Auch durch die Anlage von Streifenfeldern werden Meliorationsziele verfolgt: 1. einheitliche Bewässerung mit strikter Kontrolle der Bewässerungsgaben. 2. Einheitliche Dränung des Streifenfeldes. 3. Vollständige Einebnung. 4. Ausreichender Auftrag von organischem Dünger. 5. Einfriedung der Streifenfelder durch Schutzwaldgürtel.
- Im Qigexing-*xiang* wurden, wie schon erwähnt, hervorragende Meliorationsergebnisse durch das Unterpflügen von Weizenstroh erzielt.

Zwischen 1979 und 1989 konnten die Bruttobewässerungsbeträge des Kreises pro mu folgendermaßen reduziert werden:

1979	-	1253,3 m^3/mu
1981	-	1168 m^3/mu
1982	-	881 m^3/mu
1986	-	814 m^3/mu
1987	-	739 m^3/mu
1989	-	718 m^3/mu

Der mittlere Flächenertrag im Getreideanbau stieg zwischen 1976 und 1988 von 165 jin/mu auf 394 jin/mu.

3.13   Die Flur- und Gehöftform bag baran

Bag baran ist die im nördlichen Tarim-Becken gebräuchliche Grundform uygurischer Streusiedlung, sie ist Ausdruck für ein relativ selbständiges Habitat, sei es tatsächlich selbständiger Bauern oder Sippengruppen oder ursprünglich abhängiger Bauern (Pächter, Leibeigene).[84] Der *bag baran* ist eine sich von den Nachbarn und von der lokalen Siedlungsgruppe, dem Dorf, distanzierende, selbständi-

---

84)   Vgl. Mannerheim (1907), Vol.1, S.142, mit einer auf Domänen hindeutenden Form von Siedlungsagglomerationen.

ge Wirtschaftseinheit. Der Dorfzusammenhang erscheint als sehr lose. Da eine zu nahe Nachbarschaft bzw. größere Siedlungsdichte den Flächennutzungskoeffizienten und damit den Gesamtwassereintrag steigern würden, war/ist die Streusiedlung u.a. eine versalzungsprotektive Maßnahme. Eine typische Beschreibung dieser Siedlungsform aus der Gegend südlich von Aksu um 1949, vor der Bodenreform, betont, daß jede der Grundherren-Familien mit ihren Pächter- oder Festarbeiterfamilien (6-7, aber auch über 10 solcher leibeigenen oder freien Pächterfamilien) eine Gruppe bildete, von denen wiederum jede ein eigenes Areal (*baġ baran*) bewohnte; zwischen den einzelnen Hofstellen bestand ein Abstand von 500-1000 m oder auch von 2 bis 2,5 km.[85]

Die im Feldbau bestellten Böden liegen z.T. in unmittelbarer Nähe des *baġ baran*, ihre Nutzungsintensität nimmt mit der Entfernung vom Gehöft ab. Das forstähnliche Mikroklima, erzeugt durch die Vegetationsverdichtung, Laub- und Obstbaumbestände, verbessert die Lebensbedingungen für Mensch und Tier; Einfriedungen und Baumbestände erfüllen zudem die Funktion pflanzlicher Dränung im näheren Umkreis des Hauses und Gartens.

Der *baġ baran* ist Ausdruck eines niedrigen Erschließungskoeffizienten der Gesamtdorfflur sowie, technisch betrachtet, die Wirtschaftsform eines mit einfacher Gerätschaft ausgestatteten Kleinbauerntums. Er ist Siedlungs- und Meliorationsform in einem.

Die Ersetzung dieser Flurform durch die des Streifenfeldes sollte zum einen individuelles Wirtschaften auflösen und in die "höhere" Form kollektiver, großflächiger Landwirtschaft überführen. Zum anderen sollte die Steigerung des Erschließungskoeffizienten mehr Land in ständige Bewirtschaftung bringen und moderne Ackerbaugeräte anwendbar werden lassen.

Daß die *baġ baran*-Form sich gerade auf salzgefährdeten Niederungsböden erhalten hat, deutet darauf hin, daß sie eine brauchbare Erschließungsform ist, mit deren Hilfe hoch anstehendes Grundwasser und eine relativ hohe natürliche Bodenversalzung unter Kontrolle gebracht werden können.

---

85)   Xinjiang shehui diaocha... (1951), S.1-2. Hier hatte sich im Verlaufe von drei Generationen das Dorf aus einer Grundbesitzerfamilie entwickelt, die (1950) 18 Grundbesitzerfamilien waren mithin alle miteinander verwandt. Dorfentwicklung, Raumstruktur und das Netz verwandtschaftlicher Beziehungen innerhalb der Oberschicht (in der Regel Endogamie, Cousinen-Heirat) waren eng miteinander verflochten.

Grundriß eines baġ baran im Windschatten einer Sanddüne, östlich der Straße Xayar-Toyboldi

Niederung

Brachflächen (Sophora al.)

Weiden

Eleagnus und Dornenhecke

S

Eleagnus

Tamarix

etiz

etiz

Felddämme

etiz

etiz

Felddämme

Apf

A

A

M

A

A

M

A

A

Apf

M

A

A

A

A

A

A

K

Apf

A

M

P

K

A

A

A

M

M

A

M

M

J

M

M

A

M

Verlagerungsrichtung der Düne

fixierte Düne mit Tamarix

Erdikeller

Haus

barang

Erdwall

Brachflächen (Sophora al.)

A

A

A

M

Populus

10m

Legende:

Apf - Apfel
A - Aprikose
M - Maulbeerbaum
P - Pfirsich
K - *Karaürük* (Prunus mume)
J - jüjüle

Anmerkungen zu Abbildung 11:

Haus und Garten errichtet um 1959 (1989)
11 Bewohner, davon 7 Kinder

Vertragsland der Familie : 30 mu Eigenland: 3 mu (= *baġ baran*)*
*) 3 mu wären = 1.998 m². Legt man das größere "Xayar-mu" (= 800 m²) zugrunde, wären es ca. 2.400 m².
Tatsächlich sind allein die 3 *etiz*-Flächen ca. 3.200 m² groß, die gesamte *baġ baran*-Anlage ist etwa 9.000 m² groß.

Alle *etiz* innerhalb des *baġ baran* lagen 1989 brach, da kein Wasser geliefert worden war.

Anbaugefüge der Familie (nicht in unmittelbarer Umgebung des *baġ baran*):
Weizen 10 mu
Baumwolle 7 mu
Mais 5 mu
Paprika 2 mu
Brache 9 mu (darin enthalten auch die 3 mu *etiz* des *baġ baran*) 3 mu versalzte Böden mit Weizenerträgen < 150 jin/mu.

Einkommen (1988) (ohne Abzug der Produktionskosten): 3.600 yuan

Viehbestand:
1 Pferd
1 Rind
1 Esel
100 Ziegen

Aufnahme und Entwurf: Thomas Hoppe
Zeichnung: Wolfgang Straub
Aufnahmedatum: 16.6.1989

Photo 11:

Baġ baran westlich Yängisar, Kreis Bügur; im Vordergrund Ödland, bestellte Felder in der Nähe des baġ baran, der vegetationsverdichteten Insel im Hintergrund. (Mai 1989)

Den Kern der Hofanlage bilden 1-2 mu große *etiz*, mit Pappeln und Eleagnus eingefriedet. Die Vegetation kulminiert von den Feldflächen ausgehend in Richtung Haus und *ḫoyla* mit dem Obstbaumbestand, Laubbäumen und den Weingestellen. Gemüseanbau fehlt im hier wiedergegebenen Beispiel. Die Feldflächen innerhalb des *baġ baran* waren zum Besichtigungszeitpunkt nicht bestellt, da kein Wasser geliefert worden war (!). Außerhalb des *baġ baran* liegen Böden mit (vermutlich) höherem Versalzungsgrad. Sie werden, unterbrochen durch Brachzeiten, im extensiven Feldbau genutzt (Flächenrotation).

Eine genauere Analyse dieser Erschließungsform hinsichtlich ihrer Wirkung auf Bodenentwicklung, Grundwasser, Mikroklima und Dränung existiert meines Wissens bislang nicht.

Der *baġ baran* ist in weiten Teilen des nördlichen Tarim-Beckens durch Streifenfelder und neuangelegte Reihen- oder Haufensiedlungen (*öylük*) zwangsweise abgelöst worden. Die kleinflächige Blockflur und die im Kern der Anlage gesteigerte Vegetationsverdichtung sind seine konstituierenden Elemente.

3.14   Vergleichsmaterial: Bodenversalzung und ihre Melioration auf der Korpsfarm Nr.29[86]

Die Farm wurde ab 1950 errichtet, ihr Aufbau war 1956 abgeschlossen. Sie umfaßt 16.000 Personen, davon 6.700 Arbeiter und Angestellte (Kader). Ihre Dauerkulturlandfläche, inkl. Windschutzgürtel und Privatparzellen, beträgt 129.000 mu (8.060 ha). Sie erhält aus dem Konqe-System 96 Mio.m^3 an Abfluß/ Jahr.[87] Nach einer Umstrukturierung, die durch die Sterilität von 40% der Ackerfächen erzwungen wurde und 1964 beendet war, wurde die Größe der Streifenfelder, insgesamt gibt es jetzt 690 Streifenfelder, von 50 ha auf knapp 15 ha (nach meinen Angaben, 1.000 m x 150 m pro Feld), nach Gruschke auf 11 ha verringert.[88]

Bei der Gründung der Farm wurden Sulfat-Chlorid-Solontschaks mit einem Gesamtsalzgehalt von 3% in der 1 m-Schicht, 5-9% oder > 10% in der 0-25 cm-Schicht vorgefunden. Der Salzgehalt zeigte die typische Stundenglasverteilung innerhalb des Profils mit hohen Konzentrationen in der Nähe der Oberfläche und in tieferen Horizonten. Der Ausgangsboden wurde als Steppensolontschak

---

86)   Vgl. hierzu die kurze Darstellung bei Gruschke (1991), S.120-123.
87)   Persönl. Mitteilg. der Staatsfarmleitung, Juli 1989.
88)   Gruschke (1991), S.121.

klassifiziert. Der Salzgehalt der Böden ist nach 30 Jahren kontinuierlicher Nutzung auf 1,02% in der 1 m-Schicht zurückgegangen. Versalzungstypen sind vorwiegend Chlorid-Sulfat und Sulfat-Chlorid. Soda-Solontschaks bedecken nur kleine Teile der Ackerflächen, an einigen Stellen gibt es aber Natriumhydrogen-karbonat-Versalzungen mit pH-Werten von etwa 8,1. Der Grundwasserspiegel lag vor den Erschließungen bei 6 m unter Flur, z.Z. beträgt er im Mittel 1,8 m, die Grundwassertiefe schwankt zwischen 0,75-2,5 m unter Flur. Unter Baumwollkulturen liegt der Grundwasserspiegel in der Regel bei 2 m, im Naßreisanbau steht er kulturbedingt sehr hoch an. Der Grundwasserspiegel fällt im Winter auf 2,5-3 m unter Flur.

Das Anbaugefüge der Gesamtfarm besteht (1989) aus 44.600 mu langfaseriger Baumwolle, 44.000 mu Naßreis, 11.000 mu Weizen, 6.000 mu Melonen und Gemüse sowie 5.000 mu Luzerne, 1.000 mu Obst- und Weinanbauflächen, 11.000 mu Windschutzgürtel und 2.000 mu Privatparzellen der Staatsfarmarbeiter. (4.400 mu lagen offensichtlich brach.) Hauptfruchtfolgen, die gleichzeitig der Kontrolle der Salzgehalte dienen, sind: Naßreis-Baumwolle-Baumwolle-Naßreis, Naßreis-Weizen-Baumwolle-Baumwolle-Naßreis, Naßreis-Weizen-Luzerne (2-3 Jahre)-Naßreis (oder Baumwolle). Vor allem der Naßreisanbau senkt den Salzgehalt der Böden.

Weizen wird fünfmal bewässert + Voraussaatbewässerung (300 m³/mu), Baumwolle wird ebenfalls fünfmal bewässert (300 m³/mu), Obstgärten werden sechsmal bewässert (600 m³/mu). Naßreis benötigt 1.200-1.300 m³/mu während der Wachstumsperiode. Verglichen mit den obigen Angaben zum Bewässerungsregime im Kreis Xayar, steht hier erheblich mehr Bewässerungswasser zur Verfügung.

Der Mineralgehalt des 1. Grundwasserhorizonts beträgt im Mittel 30-40 g/l und erreicht Höchstwerte von 100 g/l. Auch der 2., 3. und 4. Grundwasserhorizont sind mineralisiert. Trinkwasser erhält die Farm aus künstlich angelegten Brunnen im Tianshan.

Die Qualität des Bewässerungswassers, das aus dem Konqe abgeleitet wird, hat sich seit den 60er Jahren, als der Mineralisierungsgrad bei 0,5 g/l Gesamtsalz lag, auf jetzt 1,3 g/l (SO₄-Cl-Na-Ca) verschlechtert, die Wasserqualität beeinträchtigt den Weizen- und Baumwollanbau nach Angaben der Farmleitung noch nicht. Die beschriebene Veränderung dürfte auf die allgemeine Zunahme der Salzgehalte im Baġrax-köl und Konqe-därya zurückzuführen sein, die wiederum ein Ergebnis der umfangreichen Landerschließungen im Yanqi-Becken sind.[89]

Detailliertere Angaben erhielt ich dankenswerterweise von der Bodenuntersuchungsgruppe des 8. *lian* (Kompanie) der Korpsfarm:

Vor dem Naßreisanbau beträgt der Salzgehalt, gemessen in der 60-80 cm-Schicht, in der Regel 1-1,5%, nach dem Naßreisanbau 0,5-0,1%, gemessen in der 0-50 cm-Schicht. Durch den Naßreisanbau werden: der Cl-Gehalt verringert, der SO_4-Gehalt nur geringfügig reduziert, der HCO_3-Gehalt (neben dem alkalischen Milieu wesentliches Indiz für eine Sodifizierung der Böden) verändert sich nicht (!), die Mg- und Ca-Gehalte verringern sich.

Gips ist in den Böden als Einlagerung, nicht als kompakter Horizont vorhanden. Der Gips verhindert, solange er nicht vollständig ausgewaschen wird, die Alkalisierung der Böden. Das Bewässerungswasser führt den Böden vor allem SO_4 (60%) und Chloride sowie CO_3 (zusammen 20%) zu.

Beim Weizenanbau werden die Salzgehalte im Gleichgewicht gehalten, beim Baumwollanbau nehmen sie zu. Durch Dränanlagen, deren Bau erst 1956 begann und 1964 fertiggestellt war (Dränung in offenen Gräben, jetzt z.T. mit holländischer Hilfe auch durch verdeckte Kunststoffröhren), entsteht die Tendenz, daß Cl-Anteile rasch ausgewaschen werden, während sich SO_4- und HCO_3-Anteile allmählich erhöhen. Mit dem Naßreisanbau konnte erst nach 1964 begonnen werden.[90] Die verdeckten Dränröhren mit 7 cm Durchmesser aus chinesischer Produktion (1989 auf > 6.000 mu verwendet), werden in einer Tiefe von 2,50 m unter einer Sandschicht in Abständen von 50-70 m in den Boden eingebracht. Als Vorfluter dienen die früher angelegten offenen Drängräben. Der Investitionsbedarf (reiner Materialbedarf?) beträgt 100 Yuan/mu. Die Dränverlegemaschine war ein holländischer Import.

Zusätzlich zu diesen Dränmethoden werden mit Hilfe von Pumpen 20 Mio.m³/Jahr Grundwasser aus dem Bewässerungsgebiet abgeleitet. Dieses Grundwasser enthält 7-11 g/l Gesamtsalz, es wird zur Bewässerung von Reet und Tamarix genutzt, es erreicht den Tarim nicht. Es ist dies ein typischer, bodenkundlich begleiteter Modellfall moderner Landwirtschaft mit Versalzungsproblemen. Die Dränung steht als Problemlösung im Vordergrund.

Weitere Maßnahmen sind:

---

89) Persönl. Mitteilg., Angaben der Korpsfarm-Leitung, Juli 1989.
90) Persönl. Mitteilg., Angaben der Bodenuntersuchungsgruppe 8. *lian*, Korpsfarm Nr.29, Juli 1989.

- Aufbringung von organischem Dünger - nur einmal pro Fruchtfolgezyklus - mit 3 t/mu vor dem Naßreisanbau, Baumwolle z.B. wird danach nur mit Handelsdüngern versorgt (45 kg/mu). Zum Tierbesatz vergleiche 3.11 - Einebnung mit Hilfe von Schleppern;
- Auftrag von Sand auf Salzflecken (etwa auf 2.000 mu jährlich);
- Aufforstung und Pflege der Windschutzstreifen.[91]

Es handelt sich bei dem hier dargestellten Fall um eine sehr wohlhabende, mit großen staatlichen Investitionen und technischem Aufwand aufgebaute Modellfarm, die nicht dem Durchschnitt der Staatfarmen in Süd-Xinjiang entspricht. Durch die staatliche Verfügungsgewalt über die Zentralressource Wasser wird eine zumindest quantitativ günstige Wasserversorgung gewährleistet, die sich stark von den Problemen der Wasserversorgung beispielsweise im Kreis Xayar abhebt. Ohne die bevorzugte Wasserversorgung könnten nicht in dem hier gegebenen Umfang Flächen mit Naßreis bestellt, also das Produktions- und Meliorationsgefüge auch nicht aufrechterhalten werden. Nur durch den Naßreisanbau wird die Bodenversalzung unter Kontrolle gehalten. Die technologische und wissenschaftliche Ausstattung, Aussaat und Schädlingsbekämpfung, z.T. mit Flugzeugen, Vollmechanisierung bis auf die Baumwollernte, ist mit uygurischen Siedlungsgebieten nicht vergleichbar. Die Staatsfarm ist ein paramilitärisch organisierter, kombinierter agrar-industrieller Komplex. Die Gewinne der Korpsfarm, 1988 7 Mio. Yuan, kamen zu 50% aus der industriellen Produktion, die industrielle Produktion nahm 41% des Gesamtproduktionswertes der Farm ein. Die monetären Gesamtinvestitionen der Farm zum Belauf von 33 Mio.Yuan sind durch abgeführte Gewinne von insgesamt 40,5 Mio. Yuan amortisiert worden.[92]

Selbst wenn die Korpsfarm Nr. 29 die Versalzungsprozesse auf ihrem Areal langfristig unter Kontrolle halten kann, was anhand des hier wiedergegebenen Materials nur unvollständig beurteilt werden kann, ist sie ein Beispiel für die in Kap. 2. dargestellten Boden- und Umweltbelastungen:

- Hoher Abflußverbrauch pro bestellter Fläche,
- starke Salzauswaschung aus den bestellten Böden und Landschaftsversalzung in der Umgebung der Korpsfarm,
- ständige zusätzliche Salzausfällung auf den bestellten Flächen,
- Zufuhr von Salzen aus dem Bewässerungswasser in die Böden,
- geringer Viehbesatz, geringe Zufuhr organischen Düngers,
- nur mäßige Eindämmung von Einstrahlung und Ventilation in den bodennahen Schichten durch die Schutzwaldstreifen,
- Gefahr langfristiger Alkalisierung/Sodifizierung der Böden.

91) Persönl. Mitteilg. Leitung der Korpsfarm Nr.29, Juli 1989.
92) Persönl. Mitteilg. der Korpsfarmleitung, Juli 1989.

Photo 12:
Traditionelles Ackerwerkzeug: hölzerner Gabelpflug (Krümelpflug) aqimak boġursa/ aqimak ḳox. Hier zur Bodenlockerung im Baumwollanbau mit Folie auf flurbereinig- tem Streifenfeld genutzt, Zugtier Esel. Gülbaġ-xiang, Kreis Xayar. (Juni 1989)

Photo 13:
Korpsfarm Nr.29. Mähdrescher aus der DDR. Vorn Herr Mao Baodi. (Juli 1989)

4 Schluß

4.1 "Reproduktion anthropologischer Gefüge"

Die Leithypothese der vorliegenden Arbeit besagte: Die Verursachungszusammenhänge, die Bodenversalzungen herbeiführen, lassen sich nicht allein damit erklären, daß der Boden selbst und seine unmittelbare kulturtechnische Handhabung auf dem Mikroniveau analysiert werden; ebenso sind gesellschaftliche Rahmenbedingungen, wie sie Kap.1 beschreibt, oder Kultur- und Verhaltensmuster, wie sie in Kap. 2.4 und Kap. 3 dargestellt wurden, zu berücksichtigen, um zu einer angemessenen Erfassung der Versalzungsproblematik zu kommen.

Anhand des hier zusammengetragenen Materials wären drei Ebenen zu unterscheiden:

a) Die Ebene der (zunächst) autarken Geobiozönose, d.h. der sich selbst stabilisierenden natürlichen Ökosysteme. Ihre vereinzelten Bestandteile werden utilitaristisch als Ressourcen (Böden, Wasser, Klima, biotische Ressourcen) gefaßt. Auch sie unterliegen in zunehmendem Maße anthropogenen Einflüssen, von ihrer Nutzung und Veränderung bis hin zum Verbrauch und zur Vernutzung.[1] Auf dieser Ebene besteht ein kompliziertes Netz von Wechselwirkungen (beispielsweise zwischen Grundwasserstand, Populus diversifolia-Bestockung, Bodenart und entsprechenden Pflanzengesellschaften, makroklimatischen Faktoren in der Tarim-Aue), die für die Gesamt-Reproduktion der Geobiozönose unabdingbar sind.

b) Die Ebene der Agrarkultur auf dem Mikro- und Mesoniveau, die sich in einem sehr unmittelbaren reproduktiven Zusammenhang mit a) befindet. Diese Ebene ist auch mit c) verknüpft, in ihrer Existenz jedoch zunächst nicht von c) abhängig, sondern, zumindest in den uygurischen Gebieten, noch weitgehend "self-sustaining". Diese Ebene ist auf den ländlichen Raum beschränkt, sie ist kulturell, historisch und ethnisch-gesellschaftlich bestimmt. Die Agrarkultur ist ein anthropologisches Gefüge im kleinen (s. Kap. 3). Im

---

1) Eine dieser "physischen Bedingungen", die lange unbeachtet als selbstverständliches Inventar zur Verfügung stand, löst sich aufgrund eines unerwarteten Nebeneffekts auf: die Ozon-Schicht. Ob nach der Auflösung dieser einen "physischen Voraussetzung" überhaupt noch biotische Prozesse auf der Erde möglich sind und wenn ja, welche, ist offen.

Untersuchungsgebiet können wir zwei Agrarkulturen, die der traditionellen uygurischen Oasen einerseits und die der Korpsfarmen andererseits, unterscheiden.

c) Die Ebene des nördlichen Tarim-Beckens bzw. des gesamten Autonomen Gebietes Xinjiang unter Berücksichtigung aller gesellschaftlichen, staatlichen und dem Weltmarkt geschuldeten Rahmenbedingungen und Anforderungen, weiter der Stadtkultur, der Industrie, des Bergbaus usw. Diese Ebene steht sowohl mit a) als auch mit b) in einem reproduktiven Gesamtzusammenhang, und ihre Reproduktion beruht in Xinjiang wesentlich auf den Stoffwechselprozessen der Ebene b) (bzw. auf deren reproduktivem Gesamtzusammenhang mit a) (vgl. Abschnitt Getreideversorgung in Kap. 1).

Ziel dieser drei Ebenen (Ebene a besitzt eine nicht artikulierte Entelechie, a hat keinen "Fürsprecher") ist bei der unterstellten Bindung an die lokale Ressourcenbasis, sowohl sich selber als auch die natürlichen Ökosysteme zu erhalten (kontinuierlich zu sein): sich im jeweiligen Zusammenhang mit den anderen Ebenen zu erhalten und nicht zu zerstören.

Das Fallbeispiel Bodenversalzung zeigt, wie der Reproduktionszusammenhang zwischen den drei Ebenen zu gestalten wäre.

Was ist mit dem Begriff "Reproduktion anthropologischer Gefüge " gemeint? Ich benutze den Begriff "anthropologisches Gefüge" (*anthropological complex*), um den Zusammenhang zwischen gesellschaftlicher und physischer Reproduktion innerhalb einer begrenzten Einheit kognitiv zu wahren. So wie die von einem Bauern angepflanzte Pflanzendecke kein rein physisches Phänomen ist, dürfen wir "Umwelt" und "Gesellschaft" ["Umwelt" und Agrarkultur, "Umweltpolitik" und "Gesellschaftspolitik", gesellschaftliche Produktion/Output und Reproduktion der hierfür erforderlichen natürlichen und gesellschaftlichen, kulturellen Bedingungen] nicht auseinanderreißen. Entscheidend ist, ob ein (begrenztes) anthropologisches Gefüge sich als Ganzes, d.h. sowohl die "Naturressourcen" als auch die Gesellschaft selbst und beide in ihrer wechselseitigen Abhängigkeit, reproduzieren kann. Die uns noch immer und viel zu leicht von der Zunge gehenden Begriffe "Produktion", "Ressource", "Entwicklung" und "Umwelt" sind verbraucht: Sie entpuppen sich als ideologisch und einseitig, wenn man den notwendig zyklischen oder reproduktiven Aspekt, die wechselseitige Abhängigkeit der Ebenen und die erforderte Nachhaltigkeit von "natürlichen" und "gesellschaftlichen" Zuständen betonen will, die jeder "Produktion", jeder "Entwicklung" zugrundeliegen. Der Umweltbegriff ersetzt nur *ex post* und unvollständig den (*ex ante*) gegebenen Gesamtzusammenhang zwischen den drei Ebenen eines anthropologischen Gefüges.[2]

Den Begriff "Reproduktion" verwende ich, weil beide Elemente, sowohl die gesellschaftlichen wie die physischen, sich zunächst reproduzieren müssen und "wollen"; ihr *telos* ist zunächst nur, kontinuierlich zu sein. Der Begriff Reproduktion wendet sich polemisch gegen den Entwicklungsbegriff und gegen den Umweltbegriff, das erst spät entdeckte Waisenkind des Entwicklungsbegriffs. Im Entwicklungsbegriff werden beide Seiten (hier die Gesellschaft und ihre "Produktion", dort die "Umwelt") auseinandergerissen, und man jagt nur dem statistisch faßbaren "Wachstum" isolierter Indikatoren wie Ackerfläche, Weizenausstoß, Zunahme der Wasserspeicherkapazität usw. usf. nach, während die negativen Seiten eines Entwicklungsprozesses, wie sie in Kap. 1 und 2 angesprochen wurden, oder der Gesamtzusammenhang der Reproduktion eines anthropologischen Gefüges aus der Wahrnehmung herausfallen. Das Entwickeln wird zu einer blinden Ersatzreligion. Die tatsächlich vor sich gehende allmähliche Desertifikation des gesamten anthropologischen Gefüges durch "Entwicklung" wird erst an den externalisierten "Umweltproblemen" nachträglich spürbar (Austrocknung von Flußläufen und Endseen, Bodendegradation, Entwaldung, Landschaftsversalzung, Weidelandverlust und Überweidung, Wüstenausdehnung). Bodenversalzung und -alkalisierung sind nur eines von vielen "Umweltproblemen", die aus den (fast) immer positiven Wirtschaftsstatistiken herausfallen. In den meisten Fällen werden irgendwelche ("vergessenen") Teile des jeweiligen anthropologischen Gefüges, seien es "physische Bedingungen" wie Wasserressourcen und Böden oder gesellschaftlich-agrarkulturelle Elemente - beispielsweise die Kleinräumigkeit, Mischkultur und das Oasenklima traditioneller Landnutzung oder die Rolle der Viehhaltung -, durch von außen hereingetragene Entwicklungsprozesse degradiert oder zerstört. Es entsteht meist nur ein Schein von Entwicklung. Eine erweiterte Reproduktion der gesellschaftlichen Lebensprozesse ohne Zerstörung ihrer "Ressourcenbasis" oder anderer Sektoren des Gefüges, d.h. eine *erweiterte Reproduktion des vorhandenen anthropologischen Gefüges* ist nur extrem schwierig zu verwirklichen. Würde man - in umfassender Weise - die negativen und positiven Resultate eines "Entwicklungsprozesses" gegeneinander bilanzieren, wäre das Ergebnis in vielen Fällen negativ (das Erstellen einer solchen Bilanz ist ein äußerst schwieriges Unterfangen, das vor allem neben naturwissenschaftlich oder ökonomisch greifbaren Bilanzierungsposten nur schwer zu valorisierende ethische, ästhetische oder religiöse Momente enthält). Oder in den gängigen Begriffen "Ressource", "Umwelt" und "Gesellschaft" ausgedrückt:

---

2)   Vgl. dazu Hoppe (1987) und Urbanajeva (1989).

Worum es also geht, ist folgendes: Wie das Industriesystem gewisse Grenzen im Verbrauch natürlicher Ressourcen und der Belastung von Raum und Landschaft respektieren sollte, wenn es mit seiner Naturumwelt in einem tolerablen Verhältnis leben will, so muß es offenbar auch gewisse Grenzen in der Beanspruchung und Belastung des menschlichen Organismus und des sozialen Gemeinschaftslebens respektieren. Anderenfalls wird es die gesellschaftliche Umwelt, in die es eingebettet ist und von der es lebt, zerstören, anstatt ihr zu dienen. Dies genau ist die Problematik einer Sozialökologie. (Huber, 1989, S.65)

Zum Begriff "Gefüge": Nicht nur die physischen Bedingungen, das natürliche Ökosystem in sich (siehe Kap. 2.5), sondern auch die Agrarkultur (siehe Kap.3) bilden je für sich ein vielschichtiges, ineinandergreifendes Gefüge, dessen Elemente funktional aufeinander bezogen sind. So werden z.B. die als konstant und unveränderbar gesehenen natürlichen Bedingungen (wie makroklimatische Faktoren oder der mineralische Eintrag ins Tarim-Becken), da anthropogen (sehr unterschiedlich) wahrgenommen und ins "Landnutzungssystem" eingefügt, in ihrer Wirkung verändert. (Verschiedenheit des Oasen- und Bodenklimas in uygurischen bzw. chinesischen Landbaueinheiten, obwohl sie sich aus denselben physisch-geographischen und makroklimatischen Faktoren ableiten). In exemplarischer Weise dokumentiert Ibrahim (1982) diese wechselseitige Abhängigkeit von in ihrer Wirkung veränderten Naturbedingungen einerseits und Agrarkultur andererseits am Beispiel des ägyptischen Niltals nach dem Bau des Großen Aswan-Staudammes (vgl. auch Vester bei Huber, 1989, S.69). Umgekehrt setzen die Naturbedingungen einen Spielraum, innerhalb dessen sich die produktiven und kulturellen Ansprüche der Gesellschaft realisieren müssen.

Den Begriff "anthropologisch" verwende ich, weil der Mensch als wahrnehmendes, aktives, verändernd eingreifendes Element im Mittelpunkt dieses Gefüges steht (was nicht heißt, daß daraus ein anthropozentrischer Anspruch erwachsen muß) und weil eine (kultur-)anthropologische Herangehensweise am ehesten in der Lage ist, diese Gefüge zu erfassen ("... auch wenn es den Anthropozentrismus zu überwinden gilt, kann menschliche Weltanschauung doch nie etwas anderes sein als eben anthropogen", Huber, 1989, S.74).

Beispiele für die ganz unterschiedliche Wahrnehmung und Einbindung physischer Faktoren in die jeweilige Agrarkultur (Beziehung a-b) sind:

4.2 Pflanzendecke, Wirksamkeit klimatischer Faktoren, Integration/Beseitigung der Salze

An diesen drei Faktoren:

- Pflanzendecke,
- Wirksamkeit der klimatischen Faktoren,
- Integration oder Beseitigung der Salze

und an ihrer unterschiedlichen Spiegelung im jeweiligen Landnutzungssystem lassen sich die Differenz zwischen den beiden Agrarkulturen einerseits und die unterschiedliche Wirksamkeit physischer Faktoren in jedem der beiden Systeme andererseits nachvollziehen:

Vegetationsverdichtung, Hecken, Obstbau und Maulbeerkulturen, Weinanbau und gesteigerte Vegetationsdichte durch Mischkultur, eng verknüpft mit der Kleinflächigkeit der Fluren, sind typisch für das uygurische Gefüge. Große, offene, im reinen Feldbau genutzte Flächen, die Einebnung der Landschaft, die Rodung von Forstland oder das Umbrechen von Weideland und der Ersatz dieser Verluste durch Dauerfeldland und Windschutzgürtel zeichnen das chinesische Gefüge aus.

In der uygurischen Bodenkultur finden wir die versalzungsprotektiven Wirkungen der Pflanzendecke selbst kombiniert mit dem durch die Pflanzendecke erzeugten versalzungsprotektiven Oasenmikroklima: eine positive, die Bodenentwicklung fördernde Spirale. In den Staatsfarmen dagegen das relativ ungeschützte Ausgesetztsein gegenüber den makroklimatischen Faktoren Einstrahlung, Luftbewegung und Evaporation.

Mit der anthropogenen Entfaltung und Klimax der Pflanzendecke im uygurischen Nutzungssystem geht eine weitgehende Integration der gefürchteten Salze ins Landnutzungssystem einher. Man lebt mit dem Salz. Die Salze werden genutzt. Auf der Seite der chinesischen Staatsfarmen muß eine Beseitigungsstrategie der stetigen Salzanreicherung in den Böden zu Hilfe kommen.

Aridifizierungsprozesse, die als Fernwirkung der Landerschließungen (Wirkungen der Ebenen b und c) oder im Umkreis der Oasen auftreten, die Zerstörung von Pflanzendecken (großflächige Populus-Rodungen, Süßholzabbau, Weidelanderschließung, Bau von Flachlandspeichern etc.) und die ineffektive, die Wasserversorgung naturnaher Pflanzendecken nicht berücksichtigende Bewässerungswirtschaft sind nicht naturgesetzmäßig ablaufende Prozesse, sondern wesentlich der Installation des Machtfaktors Produktions- und Aufbaukorps sowie planwirtschaftlichen Entwicklungsmaßnahmen geschuldet. Sie verändern selbst das Lokal- oder Mesoklima.

4.3 Gegensatz von uygurischem und hanchinesischem Gefüge

Krasse Gegensätze bestimmen die beiden im gleichen Raum angesiedelten Agrarkulturen: die uygurische Oasenlandwirtschaft und die hanchinesische Staatsfarmwirtschaft.

Die Ethnizität drängt sich als Unterscheidungsmerkmal im nördlichen Tarim-Becken, aber auch überall sonst, wo Staatsfarmen angesiedelt sind, auf.[3]

Die chinesische Staatsfarmwirtschaft als Produkt politischer Entscheidungsprozesse entbehrt des Moments einer im Raum verwurzelten und gewachsenen Kultur. Sie ist ein unvermittelt in den Raum gesetztes Ressourcennutzungsmodell und Ansiedlungsschema für überschüssige Bevölkerungsteile aus den inneren Provinzen Chinas, die zu einem Teil ihrer Selbstversorgung, wesentlich jedoch einer auf die Erzielung von Überschüssen für den Markt ausgerichteten Produktionstätigkeit nachgehen.

Die dort praktizierte entfremdete "Produktion" unterscheidet sich tiefgreifend vom "genre de vie" in den uygurischen Oasen. Beide Agrarkulturen unterscheiden sich in ihrer Angepaßtheit bzw. Fremdheit gegenüber dem Raum und seinen Naturbedingungen. Platte Nutzungsansprüche stellt das chinesische Landnutzungssystem nicht nur an die dinglichen, sondern auch an die "menschlichen Ressourcen", die hier angesiedelt wurden. Ihr Dasein zu Zwecken der Produktion, militärische Kommandostrukturen, eine strikte agroindustrielle Arbeitsteilung und die stark eingeschränkte Freizügigkeit der chinesischen Bevölkerung

---

3) Weiter gibt es die kirgizische und mongolische Agrarkultur, wenn wir die randlichen Gebirgsregionen des nördlichen Tarim-Beckens mit ihren Nomadenkulturen berücksichtigen. Daß die Ethnizität nicht unbedingt der entscheidende Faktor für die Abgrenzung verschiedener Agrarkulturen ist, zeigt sich an den Übergangsformen beispielsweise bei seßhaft gewordenen Kirgizen (Kreis Uqturpan), deren Agrarkultur sich kaum von der der Uyguren unterscheidet, oder in der Ähnlichkeit der Agrarkulturen von Kirgizen und Tajiken im Pamir, wo diese ethnischen Gruppen die gleichen Ökotopen besiedeln.

248 Schluß

sowie nicht zuletzt die Exterritorialität der Staatsfarmen gegenüber den lokalen Verwaltungen Xinjiangs sind die bestimmenden Elemente dieses Landnutzungssystems. Die Staatsfarmen bilden einen selbst von der Regierung des Autonomen Gebietes nicht kontrollierbaren Machtfaktor, sie sind der zweite und oft sogar stärkere Machtfaktor, außerhalb der Machtkompetenzen der lokalen Administrationsschienen, vor allem in ihrer weitgehend ungehinderten Aneignung von Naturressourcen wie Böden, Weideflächen, Wasserressourcen (dem strategisch wichtigsten Gut neben den Böden). Die Nutzung und z.T. rigorose Vernutzung dieser Ressourcen (ihr entspricht eine umfangreiche, kritisch-ökologische Literatur) entspringen schon aus dieser militärisch und zentralstaatlich abgesicherten Machtstellung des gesamten Produktions- und Aufbaukorps.[4]

Die politischen Intentionen der Grenzsicherung und ethnischen Durchmischung des Raumes sowie die Erwartung einer Surplus-Produktion für den nationalen und internationalen Markt standen und stehen im Vordergrund. Zusammen mit der als modern und notwendig angesehenen Großflächigkeit und Geometrisierung der Fluren, die in Rein- oder Monokultur bestellt werden, blieb kein Raum für eine vorsichtige Anpassung an die klimatischen und pedologischen Verhältnisse. Das Staatsfarmsystem sollte auch bewußt die Regeln der traditionellen, als rückständig empfundenen Kleinbauernwirtschaft negieren und die Überlegenheit moderner agroindustrieller Produktionsmethoden unter Beweis stellen. Die in Kap. 2.4 dargestellten Fehlverhaltensweisen sind großenteils schon durch den hier beschriebenen Satz an Rahmenbedingungen gegeben. Die Stärken der traditionellen Agrarkultur und ihre Entwicklungsmöglichkeiten werden bis heute von chinesischen Wissenschaftlern, aber auch von uygurischen Wissenschaftlern und Verwaltungskadern verkannt. Das dauernde Reden von der "Rückständigkeit der uygurischen Landwirtschaft" hat unter gebildeten Uyguren durchaus Wirkung gezeigt.

---

4) Ein Beispiel hierfür ist der Anfang der 80er Jahre unternommene Versuch, alle Anrainer und Nutzer von Tarim-Abflüssen an einen Tisch zu bringen und in einer der Regierung des Autonomen Gebietes (!) direkt unterstellten "Kommission zur Regulierung des Tarim" die Fragen der Übernutzung des Tarim zu klären, u.a. um den Tarim-Unterlauf unterhalb Tikanlik zu retten und wieder zu begrünen. Die Arbeit dieses Ausschusses ist vermutlich am Widerstand des Produktions- und Aufbaukorps gescheitert, denn mit seinen zahlreichen Staatsfarmen an den Tarim-Zuflüssen Yäkän und Aksu ist es selbst einer der Hauptnutznießer der Tarim-Abflüsse. Eine vorsichtigere, d.h. reduzierte Nutzung der Abflüsse hätte primär Nutzungseinschränkungen für das Produktions- und Aufbaukorps oder die Auflösung von Korpsfarmen nach sich gezogen, wie sie auch in der geographischen Literatur Anfang der 80er Jahre diskutiert wurden.

4.4 Gesellschaftliche Rahmenbedingungen - Naturwissenschaft - "Soziale Naturwissenschaft"

Ein weiterer Aspekt bei der Analyse des anthropologischen Gefüges "Xinjiang" oder "nördliches Tarim-Becken" ist die Beziehung zwischen gesellschaftlichen und politischen Rahmenbedingungen einerseits und der Wissenschaft (in unserem Zusammenhang vor allem der Bodenkunde) als einem separierten Erkenntnisinstrument andererseits, das den Zusammenhang zwischen landwirtschaftlicher Praxis und staatlicher Steuerung oder Kontrolle dieser Praxis vermittelt.

Die Agrarkulturen im Tarim-Becken haben sich nach 1949 nicht frei entfalten können. Die uygurische Oasenlandwirtschaft ebenso wie die Staatsfarmwirtschaft waren und sind in politisch vorgegebene Rahmenbedingungen eingebunden, die die Landnutzung des gesamten Autonomen Gebietes bzw. des nördlichen Tarim-Beckens diktierten. Ebene c) bestimmt über die Reproduktion von Ebenen b) und a) bzw. das Zusammenspiel von a) und b).

Die Bodenkunde bleibt, wenn sie in der dem Fach immanenten Weise die Böden untersucht und eindimensional auf die Böden bezogene Meliorationsvorschläge erarbeitet, diesen vorgegebenen Rahmenbedingungen komplementär; sie setzt lediglich zentrale, staatliche "Entwicklungs"vorgaben um.[5] Sie wird instrumentalisiert durch Ebene c).

Die Bodenkunde müßte, um das sozio-kulturelle Umfeld, in dem sie arbeitet und wirksam ist, wahrzunehmen, eine sozialwissenschaftliche Dimension bekommen. Sie würde nicht mehr nur instrumentell den ihr vorgegebenen politischen und

---

5) So gibt es meines Wissens keine bodenkundliche Untersuchung des *bag baran*. Es gibt keine bodenkundliche Analyse der Versalzungsdynamik und Salzkreisläufe der Wiesenböden auf Niederungs- bzw. Trockendränflächen im Nahbereich uygurischer Oasen. Es gibt meines Wissens keine bodenkundliche oder biologische Analyse der Salzzirkulationsprozesse, wie sie verschiedene Pflanzendecken vollziehen. Auch ein Vergleich von Mikroklima und Bodenentwicklungsprozessen auf Streifenfeldern einerseits und auf traditionellen uygurischen Garten- oder *etiz*-Arealen andererseits ist mir nicht bekannt. Wie überhaupt der wissenschaftliche Input in diesem Bereich zum überwiegenden Teil den Staatsfarmgebieten zugute kommt. Es ist bedauerlich, wenn internationale Entwicklungshilfefonds, wie sie die Weltbank vergibt, oder auch deutsche Forschungsprojekte diese Einseitigkeit noch verstärken.

250 Schluß

gesellschaftlichen Zielen konform sein und deren soziale und technische Zwecke umsetzen, sondern den gesamten gesellschaftlichen Reproduktionszusammenhang mit berücksichtigen. Sie würde die Form einer "Sozialen Naturwissenschaft" annehmen, wie sie die Darmstädter Gruppe um Böhme, Grebe und Schramm proklamiert hat.[6]

> Der nicht mehr vernachlässigbare Einfluß des Menschen auf die Natur verlangt nach einer sozialen Rekonstruktion der Natur, nach einem Entwurf von Reproduktionszusammenhängen, deren gesellschaftliche Ziele mit den Möglichkeiten der Natur abgestimmt werden. - Die Soziale Naturwissenschaft zielt auf den Entwurf von Reproduktionsniveaus für den regionalen und globalen Stoffwechsel, die gleichermaßen mit den Bedürfnissen des Menschen wie mit den ökologischen Regelvorgängen verträglich sind. Dazu muß sie Kriterien entwickeln, inwieweit menschliche Eingriffe mit außermenschlichen Regelzyklen harmonieren bzw. wo Raubbau und Destruktion ökologischer Teilsysteme einsetzen.[7]

Die vorliegende Arbeit versucht, einen empirischen Beitrag zu einer solchen "Sozialen Naturwissenschaft" zu leisten. Die im nördlichen Tarim-Becken (noch) auffindbare autochthone Agrarkultur stellt m.E. einen solchen "Reproduktionszusammenhang" dar, in dem gesellschaftliche Ziele und Möglichkeiten der Natur aufeinander abgestimmt sind.

Die seit 1949 erzwungenen und vollzogenen Veränderungen der uygurischen Agrarkultur (die durch die ab 1979 eingeleiteten Reformen zum Teil rückgängig gemacht wurden und eine Wiederbelebung traditioneller Elemente des Landnutzungssystems erlaubten), zeigen die immer wiederkehrende Erschütterung dieser Agrarkultur durch von außen hereingetragene Anforderungen und erzwungene Veränderungen. Diese tendieren dazu und werden weiter dazu tendieren, die Reproduktionsfähigkeit der Agrarkultur und des natürlichen Ökosystems zu überfordern (dies erkennbar an der kontinuierlichen Durchsetzung von großflächigen Baumwollmonokulturen oder den per Planvorgaben erzwungenen Umwandlungen kleinflächiger Fluren in große Streifenfelder).

---

6) Böhme/Grebe (1985), S.35-36.
7) Ebd., S.33-34.

4.5   Ausblick: Ecodesign, Design (reproduktiver) anthropologischer Gefüge

In Kap.3 wird versucht, das "Design" einer versalzungsprotektiven Agrarkultur aufzuspüren. Von den dargestellten Maßnahmen ausgehend, könnte in interdisziplinärer Zusammenarbeit von Biologen, Bodenkundlern und Sozialwissenschaftlern ein "Ecodesign" versalzungsprotektiver Landnutzung für das Tarim-Becken (oder andere versalzungsgefährdete Gebiete) entwickelt werden.[8]

Weitere Elemente uygurischer Agrarkultur wie Obstbau, Weinbau, Techniken und soziale Organisation der Viehhaltung, Werkzeugausstattung, religiöse und geistige Vorstellungen. die mit der Landnutzung in Verbindung stehen, sind noch weitgehend unerforsch..

Die Lösung für die Versalzungsproblematik ist, wenn man die Maßnahmen der traditionellen Agrarkultur heranzieht, offensichtlich eher im Bereich sylvo-pastoraler Landnutzungssysteme und in der Kombination von kleinflächigen Garten- und Feldbausystemen mit Baum-, Strauch- und Steppenvegetation zu suchen als in der technisch und ökonomisch sehr aufwendigen Ausweitung von verdeckten Dräninstallationen, wie sie auf der Korpsfarm Nr. 29 mit holländischer Hilfe erprobt werden.

Fragen der Bevölkerungspolitik, ökonomischer Planung oder der Gewichtung von extensiven Formen der Viehhaltung und des Ackerbaus sind - aus negativer Sicht - als Ergebnisse eines Versuchs "nachholender Entwicklung" in Kap.1 angesprochen worden. Planung, bislang verstanden und mißbraucht als Instrument zentralstaatlich forcierter "nachholender Entwicklung", die in den meisten Fällen eher ein Mischmasch aus Degradation von Reproduktion und Zunahme statistischer Indikatoren ist, könnte in diesem neuen Kontext zu einem rationalen Kern finden. Denn wir werden in absehbarer Zeit überall auf dem Globus ohne solche Instrumente wie Ecodesign oder die Planung/das Design lokal begrenzter reproduktiver anthropologischer Gefüge kaum mehr auskommen.

Auch die Aufgabe der Wissenschaft wäre, wie das vorliegende Beispiel zeigt, in diesem Kontext neu zu bestimmen.

---

8)   Vgl. Egger/Rudolph (1991), S.395.

Anhang

I - Tabellen

Tabelle 1: **Für den "Ackerbau geeignete Ödlandflächen" in N und NW-China**

Provinz, autonome Region	Fläche der für den Ackerbau geeigneten Ödlandflächen	Prozentualer Anteil an der Gesamtregion nördliches und nordwestliches China
Xinjiang	11.642.600 ha (174.640.000 mu)	56,8%
Gansu	3.740.000 ha (5.609.000 mu)	18,3%
Ningxia	1.152.000 ha (17.280.000 mu)	5,6%
Innere Mongolei	3.492.000 ha (52.380.000 mu)	17,5%
Qinghai	445.300 ha (6.680.000 mu)	1,8%
	20.471.333 ha (307.070.000 mu)	100%

Quelle: *Zhongguo nongye dili zonglun* (1980), S.96.

Tabelle 2: Xinjiang. Für den "Ackerbau geeignete Ödlandflächen" in Flußauen und Talniederungen (in Mio.mu)

Nord-Xinjiang

Am Ertix (Irtysch) und Urungu	14,29
am Burqin- und Kaba (Mittel- und Unterlauf)	4,12
am Buk	4,16
am Jiamu	1,31
im Yili-Tal	10,84
im Künes (Gongnai)-Tal	4,64

Zwischensumme (Nord-Xinjiang)	39,36
	(2,62 Mio.ha)

Süd-Xinjiang

In den Konqe-Auen	3,27
Tarim (Mittel- und Oberlauf)	18,29
Tarim (Unterlauf)	3,93
im Delta des Ögän (Weigan)-därya	6,84
im Einzugsbereich des Aksu-därya	5,27
im Delta des Terang-därya	2,82
Einzugsgebiet des Yäkän(Yarkant)-därya	21,15
Käxkär-Ebene	11,83
am Hotän (Hetian)-därya	3,71
am Keriya (Yutian)-därya (Mittel- und Unterlauf)	2,62

Zwischensumme (Süd-Xinjiang)	79,73
	(5,33 Mio.ha)
insgesamt	119,09
	(7,94 Mio ha)

Quelle: *Zhongguo nongye dili zonglun* (1980), S.96.

Die hier aufgelisteten Flächen gehören zu den Böden der besten Kategorie von "ackerbaulich geeigneten Ödlandflächen". Sie befinden sich in Flußauen und -tälern und machen 62% der insgesamt für den Ackerbau nutzbaren Ödlandflächen im Autonomen Gebiet Xinjiang aus.

Tabelle 3: Zulässiger Salzgehalt für ausgewählte Kulturpflanzen in der 100-cm-Schicht (zulässiger Salzgehalt in %)

Bodenart	Weizen	Mais	Gaoliang	Baumwolle	Gräser	Sesbania
Chlorid-, Sulfat-Chlorid-Solontschaks	0,20	0,20	0,25	0,30	0,35	0,40
Chlorid-Sulfat- und Sulfat-Solontschaks	0,30	0,25	0,32	0,40	0,45	0,55

Quelle: *Nongye jishu jingji shouci* (1985), S.543.

Tabelle 4: Grundwassertiefen und Mineralgehalt in Grundwasser und Boden, Korpsfarm 12, Aral

Bodenart vor der Erschließung	Meß-daten	Grundwasser Tiefe (m)	Grundwasser Mineral-gehalt g/l	Böden Salzgehalt 0-30cm Schicht %	Böden Salzgehalt 1 m-Schicht %
Tamarix-Solontschak (1)	1958	5,00	29,4	20,62	7,99
	1961	2,80	30,6	-	0,92
	1965	1,56	25,4	-	0,78
	1974	1,90	22,9	0,85	1,44
	1977	1,82	2,8	1,59	0,23
Tamarix-Solontschak (2)	1958	5,35	35,89	30,84	7,61
	1961	3,15	11,69	1,30	0,43
	1965	2,26	10,30	-	0,79
	1974	1,95	-	1,30	1,00
	1977	2,23	7,75	0,74	0,38
Populus diversi-folia-Boden (Tugay/Tokay)	1958	4,45	1,92	1,58	0,58
	1961	3,00	7,75	0,20	0,19
	1965	1,56	3,70	-	0,78
	1974	1,00	11,60	1,98	1,52
	1977	1,37	5,13	2,39	0,86

Quelle: Han Qing (1984), S.13.

Tabelle 5: Richtwerte für die "zulässige Tiefe" des Grundwassers in Süd-Xinjiang

Bodenart	Mineralisierungs-grad des Grundwassers in g/l	zulässige Tiefe (m)	Vergleich Nord-Xinjiang (m)
sedimentierte Böden	< 5 5-30	1,8 2,1-2,3	1,6 1,9-2,1
mittlere Böden	< 5 5-30	1,6 1,9-2,1	1,3 1,6-1,8
tonige Böden	< 5 5-30	1,3 1,6-1,8	1,1 1,4-1,6
Durchschnitt	< 5 5-30	1,5 2,0	1,3 1,7

Quelle: Luo Jiaxiong (1985), S.22.
Anmerkung:
Für den unbearbeiteten Boden wären 0,5-0,8 m zusätzlich zu berechnen. Die Daten für tonige Böden gelten ebenfalls bei Böden mit tonigen Zwischenhorizonten.

Hier gehen in die Bestimmung der zulässigen Tiefe ein: Bodenart, Mineralisierungsgrad des Grundwassers, die Anbauweise und die unterschiedlichen Klimaverhältnisse (in Nord- bzw. Süd-Xinjiang). Dränierte und nicht-dränierte Böden werden nicht unterschieden.

Tabelle 6: Zunehmende Mineralisierung des Tarim-Flußwassers (1958)

Zusammenfluß Aḵsu-Hotän	0,500 g/l
Xayar	0,690 g/l
Küzlek	0,872 g/l
unterhalb Yingsu	1,000 g/l
Detama-See	7,690 g/l

Quelle: *Zhongguo ziran dili, dibiaoshui* (1981), S.119.

Tabelle 7: Abflußverluste des Tarim

Station	Aral	Yäniqimän	Großer Damm (Daba)	Kala
Abfluß (100 Mio.m³)	49,80	42,50	31,66	10,47
%	100	85,40	63,60	21,00

Abflußverluste in den einzelnen Flußabschnitten

	Aral-Yäniqimän	Yäniqimän-Daba	Daba-Kala	Aral-Kala
Abflußverringerung (100 Mio.m³)	7,30	10,84	21,20	39,33
Distanz (km)	180	284	203	667
mittlere Abflußverringerung (m³/km)	406	382	1.044	590
%	18,6	27,6	53,9	100

Quelle: Qu Yaoguang (1982), S.38.

Tabelle 8: Mineralisierung des obersten Grundwasserhorizontes im nördlichen Tarim-Becken

	g/l	vorherrschende Salzzusammensetzung
traditioneller Oasengürtel Aksu, Toksu, Kuqar, Korla, Lopnur	1-3	Cl Kuqar, Lopnur: HCO_3-Na-Ca
traditioneller Oasengürtel Bügür, Yängisar, Qidir	3-10	mit zunehmender Mineralisierung SO_4-HCO_3-Na-Ca-Mg SO_4-Cl-Na-Mg-Ca Cl-SO_4-Na-Mg Cl-Na
neuerschlossene Oasen (Aral, Tikanlik)	3-10 1-10	
traditionelle Oasen längs des Aksu mit artesischem Quellwasser	1	HCO_3-SO_4-Ca-(Mg) (Brunnen)
an den Schwemmfächer- rändern unterhalb des traditionellen Oasengürtels	3-10 10-50 50-30	Awat (HCO_3-Na-Ca-(Mg)-SO_4 Kuqar: Cl-SO_4-Na

Quelle: *Zhonghua Renmin Gongheguo shuiwen dizhi tuji* (1979), S.22; XJDXS (1965), S.165-172.

II - Synopse der Salzböden im nördlichen Teil des Tarim-Beckens

(Nach Cheng/Zheng/Fan (1984) und Xu Zhikun (1980), S.36 ff. - Angaben aus XJTR (1981) wurden hier nicht herangezogen. Die Angaben von Liu Licheng (1984) sind nur ergänzend angefügt. Sie sind nicht nach Bodenarten, sondern nach Oberflächentypen klassifiziert und daher mit den übrigen Angaben nur bedingt vergleichbar.)

Die folgende Aufstellung gibt über natürlich entstandene Salzböden Auskunft, aber auch über sekundär versalzte Böden. Erschließungs- und Nutzungsmöglichkeiten werden angegeben. Für die Weidewirtschaft (Orthic-Solontschak, Wiesensolontschak) und die Forstwirtschaft wichtige Böden (Wüsten-Galeriewald-Solontschak - Tugay/Tokay) werden kurz charakterisiert.

Typ: Wiesensolontschak	492.447 ha
(*caomian yantu*)	
Grundw.-Tiefe/Mineralisierungsgrad:	1,00-1,50-2,50 m unter Flur/3-5 g/l
	(aber auch 5-10 g/l)
Pflanzendecke:	Wiesenvegetation, Kameldorn,
	Süßholz, Tamarix
Position im Relief:	Flußauen des Aksu, Konqe, Tarim;
	Grundwasseraustrittszone der
	Schwemmfächer, Flußdeltas,
	Seerandlagen.
Mineralisierungsgrad:	im A-Horizont 20-30%
	in Salzfilmen bis 40%
	in der 30 cm-Schicht 2-3%,
	aber auch > 5%
Nutzungsmöglichkeiten:	natürliche Bodenfruchtbarkeit,
	mit Salzauswaschung und Dränung
	ackerbaulich nutzbar, Gefahr der
	Alkalisierung (Solonez-Bildung)

(Nach Liu: Wiesenböden auf alluvialem, durchfeuchtetem Flachland, kapillarer Wasseraufstieg, Bodenfeuchte 19-23%, Humusschicht 10-22 mm, Bedeckungsrate 30-60%, bei Versalzung Salzgehalt 0,93%, Fläche 455.000 ha.)

Typ: Orthic-Solontschak
(dianxing yantu)   823.087 ha
Grundw.-Tiefe/Mineralisierungsgrad: 2,00-4,00 m unter Flur/10-30 g/l
Pflanzendecke: Tamarix spp./Halocenum spp./
                                            Kalidium foliatum/Hippophes
                                            ramnoides/Phragmites communis
Position im Relief: Deltaränder von Konqe, Aksu,
                                            Karayulgun, Dina etc., fossile
                                            Schwemmebene des Tarim, Bügür,
                                            Yängisar, Qidir
Mineralisierungsgrad-Grad: starke Oberflächenkonzentration,
                                            Salzkruste oder 1 20 cm mächtige
                                            mineralisierte Scn..cht; 0-30 cm über
                                            5%, oft 10-20% Salzgehalt, in der
                                            Kruste bis 70%
Nutzungsmöglichgkeiten: nur an schwach mineralisierten
                                            Standorten erschließbar; für
                                            Weide-und Forstnutzung geeignet

(Liu Licheng: 'Durchfeuchtetes Schutt- und Schwemmland mit halophytischer
Strauchvegetation': Grundw. 1-4 m unter Flur, Mineralisierungsgrad 10-30 g,
kapillarer Grundw.-Aufstieg, Grundw. SO₄-Cl-Na-Zusammensetzung, Salzwie-
sen, Salzstrauchvegetation, Salzwald, Bedeckungsrate 5-20%, bei einer Kronen-
schlußdichte von 0,2, Salzgehalt bis zu 25%, bei Wiesen- und Waldsolontschak
etwa 10%, Fläche 2.827 Mio.ha.)

Typ: Wüsten-Galeriewald-Solontschak (Tugay/Tokay)
(huangmolin yantu)   452.680 ha
Grundw.-Tiefe/Mineralisierungsgrad: unterhalb 5 m unter Flur/5-10 g/l
Pflanzendecke: Populus diversifolia, Tamarix spp.,
                                            halophytische Strauchvegetation
Entstehung: biogene Salzanreicherung
Position im Relief: Ränder der Schutt- und Schwemm-
                                            fächer, ausgetrocknete Deltas,
                                            fossile Schwemmebene des Tarim
Nutzungsmöglichkeiten: 2-3% organische Bestandteile,
                                            deutlich humoser Horizont,
                                            Fruchtbarkeit gut, biogene Salz-
                                            anreicherung, sollte keiner acker-
                                            baulichen Nutzung zugeführt werden
                                            [Weideland uygurischer Hirten]

(Liu: Teils im vorigen Abschnitt enthalten, teils als "Alluvialebene mit desertifizierten Wiesen und Pappelwaldböden" klassifiziert. Fläche bei Liu: 989.000 ha.)

Typ: Sumpf-Solontschak
(*zhaoze yantu*)   17.567 ha
Grundwassertiefe: weniger als 0,5 m unter Flur/stark
                                         mineralisiert
Pflanzendecke: Phragmites communis
Position im Relief: Niederungen
Nutzungsmöglichkeiten: Weidefläche, Naßreis-Anbau,
                                         dünne Torfschicht, hoher Anteil
                                         organischer Substanz, Besonder-
                                         heit: Sodifizierung

(Liu: "Sumpfniederungen und Feuchtgebiete", Seeufer-Flachland, Wadis, Fluß-
niederungen, Bedeckungsrate 50-60%, Sumpfböden und Wiesensumpfböden,
Weide und Mahdplätze, Reetgewinnung, 152.640 ha.)

Typ: reliktischer Solontschak
(*canyu yantu*)   628.193 ha
auch 'fossiler Solontschak', 'Trockensolontschak'
(darin eingeschlossen die Untergruppe:
Takyrisch, reliktischer Solontschak)
Grundw.-Tiefe/Mineralisierungsgrad: 7-8 m unterFlur/Feuchtigkeitsgehalt
                                         nur 2-9%, Bodenbildung vom Grund-
                                         wasser abgeschnitten
Entstehung: Absinken des Grundw.spiegels auf
                                         die jetzige Tiefe, leichte Auswa-
                                         schungsprozesse an der Oberfläche
Pflanzendecke: bietet kaum Entwicklungsbedingun-
                                         gen für eine Pflanzendecke, etwas
                                         Tamarix, Hippophae ramnoides
Position im Relief: Piedmont-Ebene mit feinkörnigen
                                         Böden, fossile Schwemmebene des
                                         Tarim
Mineralgehalt: 3-10% (30 cm-Schicht) organische
                                         Bestandteile unter 1%, hohe Salzge-
                                         halte unter dem Oberboden und in
                                         den mittleren Horizonten

(Liu: 'Proluvial-Alluvialebene mit reliktischem Solontschak': Flachland mit
Feinerde, fossile Schwemmebene, Reste fossiler Salzanreicherungen, Schutt:
rotbraune, anlehmige Sedimente; im Schwemmland sandige (*yasha*) Sedimente,

im Mittel 16% Mineralgehalt (30-cm-Schicht); agrarische Nutzung (!) nur mit
Dränung und Salzauswaschungen möglich, in der Anfangsphase ist der Anstieg
des Grundwasserspiegels zu verhindern; Fläche: 632.193 ha [offensichtlich weitgehend identisch mit obiger Gruppe].

Typ: desertifizierter Solontschak
(*huangmohua yantu*)   349.873 ha
Grundwassertiefe: 5-6 m unter Flur
Pflanzendecke: kümmerwüchsige Halophyten,
                                         geringe Bodenbedeckung
Entstehung: Übergangsphase von Orthic-Solon-
                                         tschak zum reliktischen Solontschak,
                                         Wasserfilmaufstieg, langsame Salz-
                                         anreicherung
Position im Relief: Schwemmfächerränder von Konqe,
                                         Ögän sowie Flächen zwischen den
                                         einzelnen Schwemmebenen
Mineralisierungsgrad: 5-20%

Typ: diluvialer Solontschak (sedimentierter Solontschak)
(*hongji yantu*)   15.640 ha
Grundwassertiefe: kein Grundwassereinfluß
Entstehung: durch Sturzfluten, die salzhaltiges
                                         Material aus dem Vorgebirge aus-
                                         schwemmen. Position im Relief:
                                         diluviale, feinerdige Piedmontebene
                                         vor dem Qöltaġ (zwischen Bay und
                                         Aksu)
Mineralisierungsgrad: 2-5%
Nutzungsmöglichkeiten: Fruchtbarkeit gering, agrarische
                                         Nutzung nur schwer möglich

(Liu: Gebirgsfußflächen, außer vor dem Qöltaġ, auch vor dem Kälpintaġ, salzhaltige Ton- und Schluffschichten; Salzgehalt 4,95%; mit Dränung ackerbaulich
nutzbar, jedoch zusätzlich Hochwasserdämme nötig, komplizierte Melioration,
Luzerne und Gründüngeranbau als Meliorationsmaßnahme, keine Flächenangabe.)

Typ: Solontschak in mineralischer Phase

(*kuangzhi yantu*)	10.947 ha
Entstehung:	durch die Wirkung von geologischen
	und Bodenbildungsprozessen
Vorkommen:	Ostufer des Bagrax-Köl und Wadis
	am unteren Schutt- und Schwemm-
	fächerrand östlich der Kreisstadt
	Bügür (Luntai)
Grundwasserspiegel:	weniger als 1 m unter Flur,
	hochmineralisierte Salzlake
Mineralisierungsgrad:	40-60 cm dicke harte Salzkruste mit
	teils über 60% Salzgehalt
Nutzungsmöglichkeiten:	Salzabbau

(Liu: Wadis zwischen Schwemmfächern östlich der Stadt Luntai, Mineralisierungsgrad des Grundwassers 50-100 g/l, Cl-Na-Typ, keine Pflanzendecke, 60-80 cm dicke Salzschicht, Fläche 14.420 ha.)

Typ: sekundärer Solontschak

(*cisheng yantu*)	7.820 ha

(Anmerkung:Es sind dies nicht mehr genutzte frühere Ackerflächen. Nur "versalzte" oder "alkalisierte" Flächen fallen nicht in diese Kategorie, da ihr Salzgehalt die für Solontschak geltenden Normen nicht erreicht; daher ist die Fläche nur so gering. Versalzte und alkalisierte Böden würden in den jeweiligen Kategorien von Oasenböden usw. als Untergruppe auftauchen. Auch alkalisierte Böden werden in der hier zitierten Quelle grundsätzlich nicht erwähnt, da sie meist nur gering versalzt sind.)

Eigentümlichkeiten:	wie Wiesensolontschak
Vorkommen:	Yanqi-Becken

(Liu: keine Erwähnung)

Typ: Soda-Solontschak (saline-sodic-soil)
(Nach Xu Zhikun (1980), S.44-47.)
(*suda yantu*)

Grundw.-Tiefe/Mineralisierungsgrad	1-1,5 m unter Flur/1-3 g/l
Besonderheiten:	neben Natriumbikarbonat- (Soda-)
	Solontschak kommen auch Magnesi-
	umkarbonat-Solontschaks vor, im
	Grundw.: Magnesiumgehalt höher als

Ca-Gehalt; Natriumbikarbonat und
Magnesiumkarbonat stellen den
Hauptanteil der löslichen Salzbestandteile; austauschbares Natrium
stellt 30-50% (jedoch auch bis zu
70-80%) der Austauschkapazität;
pH-Wert über 9.0

Aussehen: takyrisch, mit 10-15 cm tiefen Rissen,
                                   leichte Salzkristallisationen auf der
                                   Oberfläche, ölig, schwarze Färbung
Vorkommen: Yanqi-Becken; in abgeschwächter
                                   Form auch im nördlichen Tarim-
                                   Becken.

Typ: Takyre
(*junlie tu*)
(Anmerkung: Die Bezeichnung Takyr wird in Xinjiang z.T. gleichgesetzt mit
Solonez (Xu Zhikun (1980), S.47), auch XJTRDL (1965) führt stark alkalische
Takyre auf. Da Xu jedoch für Süd-Xinjiang keine Soloneze oder Alkali-Böden
nennt (außer Soda-Solontschak), hier nach Liu:)

"Schutt- und Schwemmebenen mit takyrischen Böden"
(Gesamtfläche   255.220 ha)
Bodenzusammensetzung: sandige, schluffige Sedimente, auch
                                   tonige Sedimente, gemischt mit
                                   äolischen Sandablagerungen.
Grundw.-Tiefe: 6-7 m, keine Zufuhr von Oberflächen-
                                   wasser (nur Niederschläge)
Lage im Relief: untere Teile der fossilen Schutt- und
                                   Schwemmebenen und feinerdige
                                   Schwemm- und Schuttebenen der Berg-
                                   fußflächen, Neigungswinkel unter 1:700;
                                   Bodenformationen mit Sanddünen und
                                   Barchanketten mit Höhen von 5-20 m
Pflanzendecke: Tamarix, Saxaul, abgestorbene oder
                                   verkümmerte Populus diversifolia,
                                   Phragmites communis;
Bedeckungsrate (der Gesamtfläche): unter 10%;
Hauptbodenart: takyrische Böden, organische Bestand-
                                   standteile unter 1%
Mineralisierungsgrad: 1,30%

Nutzungsmöglichkeiten:	agrarisch, geringe Versalzung, tiefer Grundwasserstand, größere zusammenhängende Areale, ausgetrocknete Flußbetten können als Hauptdränage verwendet werden, verbackter toniger Zustand bereitet Schwierigkeiten, schwer zu entsalzen, Wind- und Sandschutz notwendig; Böden können mit dem Sand der Dünen vermischt werden

(Ergänzend XJTRDL (1965): Versalzung nur schwach, in der 5-20 cm-Schicht 0,5-3,0%, unter der Kruste Anteil des Natriums an der Austauschkapazität im niedrigen Fall 3-10%, im höheren 20-27% (der letztere Fall gälte nach Xu als 'stark alkalisierter Boden'), aber die Gesamtalkalinität ist niedrig. In Süd-Xinjiang ist generell die Versalzung stärker ausgeprägt als in Nord-Xinjiang, wo die Gesamtalkalinität eine größere Rolle spielt. Ursache hierfür ist in Süd-Xinjiang der Gips-Gehalt von 1,2-2,5-6% in den mittleren Horizonten; er verhindert die Alkalisierung im nördlichen Tarim-Becken, daher sind stark alkalisierte Takyre nur am Südrand der Täklimakan zu finden, wo der Gips fehlt.)

Typ: Oasenböden
(nach *Atlas of Geoscience Analysis* (1984) und Liu Licheng (1984)
(*lüzhou tu*)

Da uns in der vorliegenden Arbeit insbesondere die Versalzung/Alkalisierung der Oasenböden interessiert, seien hier die zwei wichtigsten Oasenbodentypen kurz dargestellt.

a) (bearbeitete) Oasenlößböden
(*lüzhou huangtu*)

Grundw.Stand/Mineralisierungsgrad:	3-5 m unter Flur / 1-3 g/l
Mineralisierungsgrad der Böden:	0,5-1,0%
Lage im Relief:	mittlerer und oberer Teil der Fächer, höher gelegene Terrassen der Schwemmebene (u.a. Yanqi und Kuqar-Oase)
Nutzung:	kleinräumige, agrarische Nutzung

b) (bearbeitete) Oasen-Chao-Böden
(lü-zhou chao-tu)
[Chao-Böden sind eine spezifische Bodenart der chinesischen Bodenklassifikation: Es sind leichte Niederungsböden mit 0,5-2% organischer Substanz und
einer 20 cm mächtigen, humosen Schicht, Grundwasserspiegel 1-3 m unter Flur,
oft mit Reet bedeckt. XJTR, (1980)]

Grundw.Stand/Mineralisierungsgrad:	1,5-3 m unter Flur / 1-3 g/l
Mineralisierungsgrad des Bodens:	0,5-1%, versalzungsgefährdet
Lage im Relief:	tieferliegende Terrassen der Schwemmebene, an Oberläufen mit guten Be- und Entwässerungsbedingungen, gemischt mit Trockendränflächen
Nutzung	großräumige, geometrisierte Nutzflächen, Staatsfarmen (im Kreis Xayar, im distalen Teil des Ögän-Schwemmfächers, sind zahlreiche *maydan*-Flächen als Chao-Böden klassifiziert)

Summary

Main thesis

Processes of "secondary" soil salinization and alkalization which occur on large tracts of cultivated land in the northern part of the Tarim Basin cannot successfully be grasped in their causality, effects and melioration prospects by a soil science approach alone. The socio-cultural background on the macro level (decisions and policies originating from the central government and provincial institutions), on the meso level (local administration) and micro level (village, state farms, farm households) must also be taken into consideration. Behavioural or cultural patterns of land use prevailing in a certain social context (here Han Chinese state farms versus traditional Uygur oasis agriculture) play a decisive role in the management of soils. The problem of soil salinization - its management and prevention - (partly) reflects the anthropological complexes in the region (i.e. the synergistic relationship between society and natural conditions) as well as the sustainable or unsustainable character of the latter (see "Vorwort" and "Schluß").

Chapter 1 describes factors which play an indirect role in the processes of soil and landscape salinization (macro and meso level):

- General population growth in and migration into Xinjiang;
- opening-up of new land beginning in the fifties up to the eighties (establishment of the Xinjiang Production and Construction Corps and its state farms) and their side-effects such as the destruction or occupation of pasture-, shrub- and forestland;
- problems of state-planned collectivized agriculture, which was unable to provide for a sufficient level of self-supply with cereals and in turn led to an ever increasing enlargement of cultivated areas;
- agricultural development enforced by central institutions as the necessary basis of industrial development in Xinjiang.

Chapter 2 centers upon anthropogenous and natural causes of soil salinization. Statistical data about the extent of salinized/alkalized soils in Xinjiang as a whole and the northern Tarim Basin are discussed in chapters 2.2 and 2.3.

"Man" (or society) on different levels is conceived as an "error generator" whose unadapted behaviour combined with natural conditions at hand, promotes processes of soil (and landscape) salinization through:

Irrigation without proper drainage leading to a rise in the groundwater level (chapters 2.4.1, 2.4.2), seepage from channels (2.4.3), construction of flatland reservoirs (2.4.4), alkalization and sodification of soils through leaching and irrigation (2.4.5), general increase of the mineralization of surface water (2.4.6), unrational irrigation regimes and irrigation organization (2.4.7), insufficient processing of the soils (2.4.8), and the increased percentage of ploughed and irrigated land in relation to total agricultural land available (2.4.10) etc.

Natural conditions involved in these processes such as salt-bearing rocks and molassas (mainly in the subalpine Qöl-taġ Range), mineralized surface and subsurface waters (2.5.3, 2.5.4), climatic factors which lead to strong evaporation from denuded or unprotected soils (2.5.5) play an ambiguous role. If unduly integrated into the land use system they tend to increase salinization levels. If well integrated, they might be harmless or even useful in coping with the imminent danger of soil salinization. The plant cover and its root system as part of the natural ecosystem (alfalfa and *Populus diversifolia* are taken as an example) (2.5.5, 2.5.6) reduce the danger of soil salinization through drainage of groundwater solutions, take-up of minerals, enrichment of soils with organic matter and creation of favourable micro-climatic conditions.

Chapter 3 describes the model of Uyġur agriculture (in contradistinction to Chinese state farm agriculture). It ingeniously integrates with given natural conditions and displays a set of protective measures against soil salinization such as

- Adaptation to the relief and "dry drainage" methods (utilization of elevated areas of the relief are used for agricultural purposes, while lowlands serve as pastures and salt accumulating areas) (3.2 to 3.5),
- Cautious utilization of irrigation on well planed small plots (3.7),
- Creation of high vegetation density and of an appropriate soil-protecting oasis climate (3.8).
- The space structure of small, intensively cultivated plots (*etiz*) allows for a mixture of irrigated with unirrigated land (which is used in the function of drainage) and a combination of crop fields with hedges, trees and vines (3.9).
- Traditional soil melioration methods are described in 3.12.
- The garden and yard pattern *baġ baran*, which is the original pattern of dispersed individual settlement in the region and which prevailed until the sixties and seventies, combines several of the afore-mentioned elements.

Bibliographie

Achtnich, Wolfram (1980): *Bewässerungslandbau. Agrartechnische Grundlagen der Bewässerungswirtschaft*, Stuttgart

Adams, R. McC.; Jacobsen, Th. (1958): "Salt and Silt in Mesopotamian Agriculture. Progressive change in soil salinity contributed to the break up of past civilization", in: *Science* 128, pp.1251-1258

Adams, R. McC. (1981): *Heartland of Cities. Surveys of Ancient Settlement and Land Use on the Central Floodplain of the Euphrates*, Chicago, London

Ahmad, Nazir (1965): "A Review of Salinity-Alkalinity Status of Irrigated Soils of West-Pakistan", in: *Agrokémia és Talajtan*, Tom. 14, Suppl., S.117-151 (Proceedings of the Symposium on Sodic Soils, Budapest 1964)

Akesu Xingshu Nongyechu (1984): "Akesu diqu nongcun diaocha" ("Untersuchung der Dörfer im Aksu diqu"), in: *Xinjiang Nongyekexue* 6, S.1-2

Albert, R. (1982): "Halophyten", in: Kinzel, Helmut (Hrsg.): *Pflanzenökologie und Mineralstoffwechsel*, S.33-215, Stuttgart

Atlas of Geoscience Analysis of Landsat Imagery in China (1984) (chin.: *Zhongguo dixue fenxi tuji, ludi weixing yingxiang*), Beijing

Bai Huiying (1983): "Qian yi Xinjiang nongcun jinrong gongzuo jingji xiaoyi wenti" ("Kurze Darstellung der Gewinnproblematik in der Finanzarbeit der Dörfer Xinjiangs"), in: *Xinjiang Shehuikexue* 1, S.32-35, 45

Bao Dunquan; Xu Shaoming (1985): "Guanyu Xinjiang shaoshu minzu renkou de jihua zengzhang wenti de tantao" ("Versuch über Probleme des planmäßigen Bevölkerungswachstums der Minderheiten Xinjiangs"), in: *Xibei Renkou* 1, S.13-16

Bayinguoleng menggu zizhizhou huanjing baohu bangongshi huanjing baohu jianze zhan (1984): "Bayinguoleng menggu zizhizhou de zhuyao huanjing wenti ji duice" ("Hauptumweltprobleme und Maßnahmen im Aut. Zhou Bayangol d. Mongolen"), in: *Xinjiang Huanjing Baohu* 3, S.20-23, 50-51

Bell, M. (1890): "The Great Central Asian Trade Route from Peking to Kashgaria", in: *Proceedings of the Royal Geograph. Society*, Vol.12, 2, S.57-93

Benson, L.; Svanberg, I. (ed.) (1988): *The Kazaks of China. Essays on an Ethnic Minority* (Studia Multiethnica Upsaliensia 5)

Benson, Linda (1989): *The Ili Rebellion. The Moslem Challenge to Chinese Authority in Xinjiang 1944-1949*, Armonk, London

Berger, Ya. M. (1959): "Development of Crop Cultivation in the Sinkiang Uighur Autonomous Region of the PRCh", in: *Voprosy geografii sel'skogo Khoziaistva kitaiskoy narodnoy respubliki*, Moskva (engl. Übers. in: JPRS 3401, 14.6.1960, S.115-128)

Betke, D. (1990): "Ländliche Entwicklung und Umwelt im Manas-Flußgebiet, das Beispiel der Staatsfarm 147", in: Abschlußbericht über IFP 14-3 'Grenzertragsflächen in China', TU Berlin, S.56-64

Betke, D.; Hoppe, Th. (1987): "Mosaik und Schachbrett. Veränderungen der Agrarlandschaft [Xinjiangs]", in: *das neue China*, Vol.14, Nr.1, S.8-11

Betke, D.; Küchler, J. (1986): "Shortage of Land Resources as a Factor in Development: the Example of the People's Republic of China", in: B. Glaeser (ed.): *Learning from China? Environment and Development in Third World Countries*, London

Betke, D.; Küchler, J.; Obenauf, P. (Hrsg.): "Wuding und Manas. Ökologische und sozioökonomische Aspekte von Boden- und Wasserschutz in den Trockengebieten der VR China", *Urbs et Regio* 43, Kasseler Schriften zur Geographie und Planung

Bhatt, J.K.; Indirakutty, K.N. (1973): "Salt Uptake and Salt Tolerance by Sunflower", in: *Plant and Soil*, Vol.39, S.457-460

Boden, W.; Kuntze, H.; Niemann, J.; Schwerdtfeger, G.; Vollmer, F.J. (Hrsg.) (1969): *Bodenkunde (1969), Lehrbuch für Ingenieurschulen*, Stuttgart

Böhme, G; Grebe, J. (1985): "Soziale Naturwissenschaft. Über die wissenschaftliche Bearbeitung der Stoffwechselbeziehung Mensch-Natur", in: Böhme, G.; Schramm, E. (Hrsg.): *Soziale Naturwissenschaft. Wege zu einer Erweiterung der Ökologie*, S.19-41, Frankfurt/M.

Boyko, Hugo (1966): "Basic Ecological Principles of Plant Growing by Irrigation With Highly Saline or Sea Water", in: ders.: *Salinity and Aridity. New Approaches to Old Problems*, S.131-200, The Hague (*Monographiae biologicae*, Vol.XVI)

Bräker, Hans (1984): *Die islamischen Turkvölker Zentralasiens und die sowjetisch-chinesischen Beziehungen*, Köln (Berichte Bundesinst. für ostwissenschaftliche und internationale Studien 37)

Bresler, E.; Mc Neal, B.L.; Carter, D.L. (1982): *Saline and Sodic Soils. Principles-Dynamics-Modelling*, Berlin, Heidelberg, New York (Advanced Series in Agr. Sci. 10)

Brockhaus abc Landwirtschaft (1974), 2 Vols., Leipzig

Chang Weipenn; Helly, Denise (1981): "L'économie domaniale du canton Xiaheleke, zone d'habitat Uygur au Xinjiang, avant les réformes démocratiques", in: LeBlanc, Ch.; Helly, D. (eds.): *Recherches sur l'Asie de l'Est. La Chine. La Question des Minorités en Chine*, S.30-61, Montréal (Cahiers Centre d'Etudes de l'Asie de l'Est, 2)

Chen Feiming (1980): "Xumuye zai guomin jingji zhong de diwei he zuoyong" ("Volkswirtschaftlicher Rang und Funktion der Viehhaltung"), in: *Yao zhongshi fazhan xumuye (Die Entwicklung der Viehzucht betonen!)*, S.47-63, Beijing

Chen Gonghong (1953/1980): "Nanjiang de shuili" ("Wasserbau in Süd-Xinjiang"), in: *Nanjiang nongcun shehui (Ländliche Gesellschaft in Süd-Xinjiang)*,
S.120-129, repr. Ürümqi

Chen Hejun (1981): "Guanyu nongcun gongshe shouyi fenpei wenti" ("Zu Fragen
der Einkommensverteilung in den dörflichen Volkskommunen"), in: *Xinjiang
Nongyekexue* 3, S.1-4

Chen Hua (1983, 1): "Shahua yu lüzhou" ("Versandung und Oasen"), in: *Xinjiang
Shehuikexue* 1, S.46-57, 66; übersetzt in: Hoppe, Th. (Bearb.) (1984): "Wüstenausdehnung im nördlichen China, Innere Mongolei und Xinjiang", in: *Landschaftsentwicklung und Umweltforschung* 21, S.91-148

ders. (1983, 2): "Zhifu liang hai yu shixian si hua" ("Die zwei schädigenden
Elemente unter Kontrolle bringen, die Vier Modernisierungen verwirklichen"),
in: *Xinjiang Huanjing Baohu* 3, S.2-6

Chen Tingzheng (1962): "Talimuhe shangyou diqu yanban de xingcheng ji qi
gailiang" ("Salzfleckenbildung und ihre Melioration am Oberlauf des Tarim"),
in: *Xinjiang Nongyekexue* 7, S.273-276

Cheng Xinjun; Zhang Side; Fan Zili (1984): "Talimu pendi beibu pingyuan diqu
yanzetu de xingcheng tiaojian he leixing tezheng" ("Entstehungsbedingungen
und Besonderheiten der Klassifikation von Salzböden im Flachland des nördlichen Tarim-Beckens"), in: *Ganhanqu Yanjiu* 1, S.36-42

Cui Wencai (1982): "Nongye shengchan zhong shuiziyuan de jingji liyong" ("Ökonomische Nutzung der Wasserressourcen in der Agrarproduktion"), in: *Xinjiang Dili*, Vol.6, Nr.3, S.8-11, 7

Dan Shangzhi (1989): "Xinjiang nongye 40 nian de huigu yu zhanwang" ("Rück-
blick und Ausblick, 40 Jahre Landwirtschaft in Xinjiang"), in: *Xinjiang Shehuikexue* 5, S.19-24

Davidson, Basil (1957): *Turkestan alive. New Travels in Chinese Central Asia*,
London

Dettmann, K. (1982): "Signs of Decay in Pakistan Agriculture, Loss of Cultivated Land and Deterioration of the Social Structure in the Irrigated Area of
the Pundjab", in: H.G. Mensching/V. Haarmann (eds.): *Problems of the Management of Irrigated Land in Areas of Traditional and Modern Cultivation*,
S.133-148, Hamburg (Report of an Inter-Congress Meeting of the International Geogr. Union, Work. Group on Resource Management in Drylands, 22-31
March 1982. El Minia, Egypt)

Dirksen, Wolfram (1989): "The Importance and Need for Improvement of Management", in: *Irrigation, Situation-Specific Management in Irrigation*, S.1-6,
Hamburg-Berlin (Irr. Symp., Kongreß Wasser, Berlin 1989)

Dong Yongmao (1984): "Xinjiang renkou fazhan lishi yi pie" ("Ein Blick auf die
Geschichte der Bevölkerungsentwicklung Xinjiangs"), in: *Xibei Renkou* 4,
S.6-10

Duan Wenbo (1987): "Akesu shi Yiganqi xiang de jingji diaocha" ("Eine ökonomische Untersuchung des Yiganqi-xiang, Aksu-Stadt)", in: *Xinjiang Jingji Yanjiu* 4 (62), S.50-53

Dürr, H.; Widmer, U. (1983): *Provinzstatistik der Volksrepublik China*, Hamburg (Mitteilungen des Instituts für Asienkunde 131)

Egger, K.; Rudolph, S. (1991): "Der standortgerechte Landbau - Potential einer ökologischen Entwicklungsstrategie", in: W. Hein (Hrsg.): *Umweltorientierte Entwicklungspolitik*, S.391-410, Hamburg (Schriften d. Deutschen Überseeinstituts 7)

Egorov, V.V.; Zakharina, G.V.; Kizilova A.A.; Shelyakina, O.A. (1961): "Accumulation of Salt in the Plains of the Tarim Depression", in: *Tarim i Kunlun*, Moskva (Übers. in: JPRS 14, 217 (June 1962), S.118-159

El Faiz, Mohammed (1990): "Salinité et histoire de l'Irak pré-islamique", in: *Journal of the Economic and Social History of the Orient*, Vol.33, 1, S.105-116

Erlach, Sandra (1986): Die Umweltverträglichkeit von Neulanderschließungen in Trockengebieten: das Beispiel des Tarim-Oberlaufes in Xinjiang, VR China, Berlin, Diplomarbeit im Fachbereich Landschaftsentwicklung der TU-Berlin (unveröffentl. Typoskript)

Erlach, Sandra (1988): "Die Umweltverträglichkeit der Neulanderschließung am Tarim-Oberlauf/Region Aksu-Aral", in: J. Küchler, G. Pöhlmann, (Hrsg.): *Landwirtschaft und Umwelt in den Trockengebieten der VR China*, S.56-76 (Berliner Geowissenschaftliche Abhandlungen, Reihe C/Band 8), Berlin

Eziz (Keyim) (1990): "Zhongguo Xinjiang Shaya xian nongye xianzhuang ji qi fazhan shexiang" ("Entwicklungsvorstellungen und der aktuelle Zustand der Landwirtschaft im Kreis Xayar, Xinjiang, China") (Mimeo), Symposion on Traditional Resource Utilization System in the Kuqar-Xayar-Toksu-Oasis, Tarim Basin, FU Berlin, Feb. 1990 (Proceedings in Vorbereitung; P. Faggi, Th. Hoppe, eds.)

Faggi, Pierpaolo (1980): "Irrigation, Désertification et Développement des Zones Marginales: Notes sur le cas du Pakistan", in: *Revue de Géographie de Lyon* 1, S.39-52

Fan Pu (1955): *Xibei de shaoshu minzu* (*Die Minderheiten des Nordens und des Westens*), Vol.1, Shanghai

Fan Zili, et al. (1984): "Talimuhe liuyu ziran huanjing yanbian yu ziran ziyuan de heli liyong" ("Veränderungen der natürlichen Umwelt und rationelle Nutzung der Naturressourcen im Einzugsgebiet des Tarim"), in: *Xinjiang Dili*, Vol.7, 4, S.30-43

Fan Zili (1987): "Xinjiang kaihuang yu shengtai huanjing wenti" ("Neulanderschließung in Xinjiang und ihre ökologischen Probleme"), in: *Ganhanqu Yanjiu* 3, S.19-28

Fan Zili; Zhang Side; Cheng Xinjun (1984): "Talimu pendi beibu pingyuan diqu yanzetu gailiang liyong quhua" ("Meliorations- und Nutzungszonierung von Salzböden im Flachland des nördlichen Tarim-Beckens"), in: *Ganhanqu Yanjiu* 2, S.12-20

Fang Junxiong (1982): "Xinjiang shaoshu minzu renkou fazhan de ji ge wenti" ("Einige Probleme der Entwicklung der Minderheiten-Bevölkerung in Xinjiang"), in: *Xinjiang Caijing Xueyuan Xuebao*, Null-Nr., S.29-33, 42

Futterer, Karl (1901): *Durch Asien*, Vol.1, Geographische Charakterbilder, Berlin

Futterer, K.; Noetling, F. (1905): *Durch Asien*, Vol.2, 1, Geologische Charakterbilder, Berlin

Gao Yurun (1984): "Xinjiang kenqu jianhuatu he sudahuatu de gailiang" ("Melioration der alkalisierten und sodifizierten Böden in den Erschließungsgebieten Xinjiangs"), in: *Xinjiang Dili*, Vol.7, 4, S.78-86

Gerster, Georg (1990): "Der Weiße Tod. Versalzung bedroht Westaustraliens Acker- und Weideland", in: *Neue Zürcher Zeitung*, 23.6.1990, S.48-49

Golab, W. (1951): "A Study of Irrigation in East Turkestan", in: *Anthropos*, Vol.46, S.187-199

Golomb, Ludwig (1959): *Die Bodenkultur in Ostturkestan. Oasenwirtschaft und Nomadentum*, Posieux, Freiburg (Studia Instituti Anthropos 14)

Greenwood, E.A.N. (1985): "Assessing the Likelihood of Success in Reclaiming Dry-Land Salinity by Vegetation", in: *Proceedings of the International Symposium on the Reclamation of Salt-Affected Soils, Jinan*, Vol.2, S.590-598, Beijing

Gruschke, Andreas (1991): *Neulanderschließung in Trockengebieten der Volksrepublik China und ihre Bedeutung für die Nahrungsversorgung der chinesischen Bevölkerung*, Hamburg (Mitt. d. Instituts für Asienkunde 194)

Gu Bao (1953/1980): "Wirtschaftsstruktur und Klassenlage in den Dörfern Süd-Xinjiangs", in: *Nanjiang nongcun shehui (Ländliche Gesellschaft in Süd-Xinjiang)*, S.110-119, (repr.) Ürümqi

Gu Guoan (1984): "Xinjiang yanzehua turang de xingcheng ji qi fangzhi" ("Entstehung und Bekämpfung von versalzten Böden in Xinjiang"), in: *Xinjiang Dili*, Vol.7, 4, S.1-16

Gupta, R.K.; Abrol, I.P. (1990): "Salt-affected Soils. Their Reclamation and Management for Crop Production", in: Lal, R.; Stewart, B.A. (eds.): *Soil Degradation*, S.223-288, New York, Berlin, Heidelberg

Han Qing (1980): "Talimu he liuyu nongken hou shuizhi de bianhua ji qi kongzhi tujing" ("Veränderungen in der Wasserqualität nach den Landerschließungen im Tarim-Einzugsgebiet und Möglichkeiten ihrer Kontrolle"), in: *Dili Xuebao (Acta Geographica Sinica)*, Vol.35, 3, S.219-231

dies. (1984): "Cong Talimu he liang an de kaifa kan ganhanqu de huanjing tuihua" (Umweltdegradierung in Trockengebieten am Beispiel der Erschließungen längs des Tarim"), in: *Xinjiang Dili*, Vol.7, 1, S.818 (posthum)

dies. (1985): "Tianshan nanlu diqu de shuiwen huaxue he shuiwen diqiu huaxue" ("Hydrochemie und Hydrogeochemie in den Gebieten des Tianshan-Südabhangs"), in: Zhao Songqiao (ed.): *Zhongguo ganhan diqu ziran dili (Physische Geographie der ariden Gebiete Chinas)*, Beijing (posthum)

Han Wei cidian (1974): *Hänzuqä-Uygurqä lugät (Chinesisch-Uygurisches Wörterbuch)*, Ürümqi (Versuchsausgabe), HWCD

Hartge, K.H. (1978): *Einführung in die Bodenphysik*, Stuttgart

Hedin, S. (1903): *Tusen Mil pa ökända vägar*, Vol.1, Stockholm

ders. (1904): *Scientific Results of a Journey in Central Asia 1899-1902*, Vol.1, *The Tarim River*, Stockholm

Heimann, Hugo (1966): "Plant Growth under Saline Conditions and the Balance of the Ionic Environment", in: Boyko, H. (ed.): *Salinity and Aridity. New Approaches to Old Problems*, S.201-213, The Hague

Hildén, K.(1940): "A Contribution to the Physical Anthropology of some Peoples in Central Asia", in: Mannerheim, C.G. Frh. v.: *Across Asia from West to East*, Vol.2, S.3-47, Helsinki

Hollaender, Alexander (ed.) (1979): *The Biosaline Concept. An Approach to the Utilization of Underexploited Resources*, New York, London

Hoppe, Thomas (1986): "An Essay on Reproduction: The Example of Xinjiang Uighur Autonomous Region", in: B. Glaeser (ed.): *Learning from China? Environment and Development in Third World Countries*, S.56-84, London

ders. (1987): "Observations on Uygur Land Use in Turpan County, Preliminary Report on Fieldwork in Summer 1985", in: *Central Asiatic Journal*, Vol.31, 3-4, S.224-251

ders. (1987a): *Xinjiang-Arbeitsbibliographie II. Autonomes Gebiet Xinjiang der Uiguren, China (Naturbedingungen, Geschichte, Ethnien, Landnutzung), Xinjiang Provisional Bibliography II*, with the assistance of I. Svanberg, M. Opperman, P. Turpin , I. Mees , Wiesbaden

ders. (1988): "Kazak Pastoralism in the Bogda Range", in: Benson, L.; Svanberg, I. (eds.): *The Kazaks of China. Essays on an Ethnic Minority*, S.201-239, Uppsala (Studia Multiethnica Upsaliensia 5)

ders. (1991): "Planning and its Results in Rural Xinjiang", Paper read at 2nd European Conference on Agriculture and Rural Development in China, Leiden, Jan.1991 (enlarged version to be publ.)

Hou Xueyu (1984): "Cong shengtai guandian chufa, jiangjiu jingji xiaoyi, fazhan Xinjiang da nongye" ("Vom ökologischen Standpunkt ausgehend, wirtschaftliche Resultate betonen und die Großlandwirtschaft Xinjiangs entwickeln") 2, in: *Xinjiang Nongyekexue* 3, S.3-5

Hu Huanyong (1981): "Woguo renkou yu liangshi" ("Getreide und Bevölkerung Chinas"), in: Hu Huanyong (ed.): *Renkou yanjiu lunwenji (Aufsätze zur Bevölkerungsforschung)*, S.57-60, Shanghai ders. (1983): "Xinjiang renkou de guoqu, xianzai he weilai" ("Vergangenheit, Gegenwart und Zukunft der Bevölkerung Xinjiangs"), in: *Zhongguo nongye shengchan buju (Standortverteilung der Agrarproduktion Chinas)*, S.26-29, Beijing

ders. (1984): "Xinjiang sanshinian lai renkou zengzhang he weilai fazhan" ("Das Bevölkerungswachstum Xinjiangs in den vergangenen 30 Jahren und seine künftige Entwicklung"), in: *Xibei Renkou* 3, S.1-5

ders. (1988): "Cong shui ziyuan kan Xinjiang weilai de renkou" ("Die zukünftige Bevölkerungszahl Xinjiangs in Relation zu den Wasserressourcen"), in: *Zhongguo Renkou Kexue* 5, (8), S.10-12

Hu Zuyuan; Jia Zhongke (1982): "Xinjiang de renkou yu jingji wenti" ("Bevölkerungs- und Wirtschaftsprobleme Xinjiangs"), in: *Xinjiang Caijing Xueyuan Xuebao* 3, S.4-7

Huang Zhongzhi; Gao Shunfen; Zhao Lixin; Ma Jianrong (1985): "Xinjiang liangshi shengchan mianlin de xin wenti" ("Neue Probleme in der Getreideproduktion Xinjiangs"), in: *Xinjiang Nongyekexue* 1, S.2-4

Huang Zhenguo; Murong Meixiong (1963): "Distribution of Saline Land in our Country and Methods to Improve or Reclaim this Land" (chin.), *Dili* 1, S.12-17 (engl. Übersetzung in: JPRS 20, 451, 1963, S.26-41)

Huber, Joseph (1989): "Eine sozialwissenschaftliche Interpretation der Humanökologie", in: B. Glaeser (Hrsg.): *Humanökologie, Grundlagen präventiver Umweltpolitik*, S.56-75, Opladen

Ibrahim, F.N. (1982): "The Ecological Problems of Irrigated Cultivation in Egypt", in: H.G. Mensching/V. Haarmann (eds.): *Problems of the Management of Irrigated Land in Areas of Traditional and Modern Cultivation*, S.61-70, Hamburg (Report of an Inter-Congress-Meeting of the International Geographical Union, Working Group on Resource Management in Drylands, 22.-31. March 1982, El Minia, Egypt)

Jacobsen, Thorkild (1982): *Salinity and Irrigation Agriculture in Antiquity. Diyala Basin Archeological Project: Report on Essential Results*, 1957-58, Malibu (Bibliotheca Mesopotamica 14)

Jarring, G. (1964): *An Eastern Turki-English Dialect Dictionary*, Lund Univ. Årsskrift N.F. Avd. 1:56, 4, Lund

Ji Guansheng (1989, 1): "Takelamagan diqu jingji fazhan shexiang" ("Überlegungen zur wirtschaftlichen Entwicklung des Täklimakan-Gebietes"), Mimeo, Täklimakan-Konferenz, Universität Trier

ders. (1989, 2): "Takelamagan shamo zhouwei kexue kaocha dui Xinjiang de zhongyao yiyi" ("Über die große Bedeutung der wissenschaftlichen Erforschung des Umfeldes der Täklimakan-Wüste für ganz Xinjiang"), Mimeo, Täklimakan-Konferenz, Universität Trier, 1989

Kitâb al-filâḥa n-Nabaṭiyya (Abu Bakr Ibn Waḥšhiyya, Übersetzer), K 225, Salle des Archives, Bibliothèque Générale, Rabat, 303 folios

Kolb, A. (1986): "Xinjiang als Naturraum und ökologisches Problemgebiet", in: *Geoökodynamik*, Vol.7, S.29-40

Kovda, V.A.; van den Berg, C.; Hagan, R.M. (eds.) (1973): *Irrigation, Drainage and Salinity*, London

ders. (1980): "Problem of Combating Salinization of Irrigated Soils. Selected Lectures" (Commission of USSR for UNEP, Centre for International Projects. Course on Reclamation of Saline Irrigateed Soils), Moscow

"Kuche xian Haleke cun diaocha" (1953) ("Untersuchung des Dorfes Hanika", [uyg. auch Halika/chines. auch Halaha], Kreis Kuqar), in: *Nan Jiang nongcun shehui* (*Ländliche Gesellschaft in Süd-Xinjiang*), S.98-110, (Dihua)

Kunin, V.N. (1960): "Subsurface waters of the Sinkiang submontane plains", in: *Prirodnye usloviya Sin'tsyana* (*Natural Conditions of Xinjiang*), Original Moskva, zit. nach JPRS 15, 084 (1962), S.132-159, auch abgedruckt in: JPRS 18, 689 (1963) "Natural Conditions in the Sinkiang Uighur Autonomous Region"

Kuznetzov, N.T.; Tang Qicheng (1959): "The Chemism of River waters in Eastern Tianshan", in: *Natural Conditions in the Sinkiang Uighur Autonomous Region*, JPRS 18, 689 (April 1963), S.61-69

Kuropatkin, A.N. (1882): *Kashgaria, Eastern or Chinese Turkestan; Historical and Geographical Sketch of the Country, its Military Strength, Industries and Trade* (translation: W.E. Gowan), Calcutta

Lattimore, Owen, et al. (1950): *Pivot of Asia, Sinkiang and the Inner Asian Frontiers of China and Russia* (with the assistance of Chang Chihyi, Chen Hanseng, John de Francis, Eleanor Lattimore, Karl H. Menges, Daniel Thorner, Thomas Wiener), Boston

Lei Ganyi; Xu Donghu; Jiang Hanrong (1988): "Xinjiang shui tu ziyuan ji qi kaifa liyong" ("Die Erschließung und Nutzung der Wasser- und Bodenressourcen Xinjiangs"), in: *Xinjiang nongcun fazhan zhanlüe wenti* (*Strategische Probleme ländlicher Entwicklung in Xinjiang*), S.158-168, Ürümqi

Li Guohan (1931): "Xinjiang jingji zhuangkuang" ("Die wirtschaftliche Situation in Xinjiang"), in: *Dongfang Zazhi*, Vol.28, Nr.12, S.17-27

Li Huqiong (1985): "The euphrates Poplar (Populus euphratica) in the Tarim Basin of Xinjiang", in: *ISEUNRAA*, Nr.68, Ürümqi (International Symposion on Exploration and Utilization of Natural Resources in Arid Areas, Aug. 7.-13.1985)

Li Xichun; Xie Xiangfang (1985): "Woguo ganhanqu de diyu tedian ji qi guotu guihua buju de zhuyao renwu; Bazhou guotu guihua de diandi tihui" ("Regionale Besonderheiten chinesischer Trockengebiete und Haupterfordernisse der Standortbestimmung bei der Territorialplanung. Einige Ideen zur Territorialplanung im Autonomen Zhou Bayangol der Mongolen"), Mimeo, o.O.

Li Xuceng (ed.) (1981): *Shaanxi-sheng yanjiantu de gailiang* (*Die Melioration von Salz- und Alkaliböden in der Provinz Shaanxi*), Beijing

Li Zhongguang (1984): "Xinjiang guangai nongye jishu tantao" (Untersuchung über die Techniken des Bewässerungslandbaus in Xinjiang"), in: *Xinjiang Dili*, Vol.7, 3, S.52-58 (übersetzt von Feng Weimin, IFP 14-3, TU Berlin)

Liang Yuanqiang (1979): "Xinjiang nongtian fanghulin tixi de fanghu xiaoyi" ("Wirksamkeit von Feldschutzwaldgürteln in Xinjiang"), Mimeo, o.O.

Liu Licheng (1984): "Talimu pendi beibu tudi leixing ji qi heli liyong" ("Oberflächentypen des nördlichen Tarim-Beckens und ihre rationelle Nutzung"), in: *Xinjiang Dili*, Vol.7, 4, S.87-102

ders.   (1986): "Talimuhe liuyu huyanglin xia turang huangmohua de chubu yanjiu" ("Eine erste Untersuchung zur Desertifikation von Böden unter Populus diversifolia im Einzugsgebiet des Tarim"), in: *Ganhanqu Yanjiu* 2, S.47-52

Liu Licheng; Fan Zili; Cheng Xinjun (1983): "Talimu pendi de zongse huangmo senlintu" ("Brown Desert Forest Soils in Tarim-Basin"), in: *Turang Xuebao* (*Acta Pedologica Sinica*) Vol.20, 2, S.209-214

Liu Xunhao; Han Xiangling; Kong Yangzhuang; Zhao Feng; Xia Ailin (1983): "Guanyu Xinjiang nongye fazhan yu shengtai pingheng guanxi de wenti" ("Über Probleme des Zusammenhangs zwischen ökologischem Gleichgewicht und Agrarentwicklung in Xinjiang"), in: *Xinjiang Nongyekexue* 5, S.5-8

Liu Zhang; Wang Ziming; Gao Guangqiang (1951): "Akesu xian Shangkaokaobashi cun diaocha (Untersuchung des Dorfes Shangkaokaobashi, Kreis Aksu"), in: *Xinjiang shehui diaocha. Akesu xian nongcun diaocha* (*Sozialforschung in Xinjiang. Dorfuntersuchungen im Kreis Aksu*), S.45-52 (Dihua) (siehe ebd.)

Luo Jiaxiong (1985): "Xinjiang kenqu de dixiashui linjie shendu" ("Die kritische Tiefe des Grundwassers in den Erschließungsgebieten Xinjiangs"), in: *Xinjiang Nongyekexue* 1, S.19-22

Luo Zhenzhi (1984): "Jianguo 35 nian lai Zhongguo nongken shiye de fazhan" ("Die Entwicklung der chinesischen Landerschließungen in den 35 Jahren seit der Staatsgründung"), in: *Dili Zhishi* 10, S.4-6

Mannerheim, C.G.E. Frhr.v. (1940): *Across Asia from West to East in 1906-1908*, Société Finno-Ougrienne, Travaux ethnographiques VIII, Vol.1+2, Helsinki

Mao Baodi (1988): Population Growth and Population Distribution in Xinjiang; Vortrag Freie Universität Berlin, Nov. 1988 (Mimeo)

Massing, Lilo; Wolff, Peter (1987): "Melioration von Salz- und Alkaliböden - eine praktische Anleitung", *Der Tropenlandwirt*, Beiheft Nr.30

Mc Millen, Donald H. (1979): *Chinese Communist Power and Policy in Xinjiang 1949-77*, Boulder

Menges, Karl H. (1954): *Glossar zu den volkskundlichen Texten aus Ost-Türkistan II*, Akademie der Wissenschaften und der Literatur, Abh. der geistes- und sozialwissenschaftlichen Klasse, Nr.14, Wiesbaden

Menges, Karl Heinrich (Hrsg.) (1976): *Volkskundliche Texte aus Ost-Türkistan*, aus dem Nachlaß von N.Th. Katanov, Teil I u. II, repr. Leipzig (Sitzungsber. Preuss. Akad. d.Wiss., Phil.-Hist. Klasse 1933, 1936)

Minzu Yanjiu (1984) 6, S.70-77, statistische Angaben

Minzu Yanjiu (1988) 6, S.96-97, statistische Angaben

Murzayev, E.M. (1966): "Priroda Sin'tszyana i Formirovaniye Pustyn' Tsentral'noy Azii", Moskva, zit. nach der engl. Übersetzung: "Nature of Sinkiang and Formation of the Deserts of Central Asia", JPRS 40, 299 (March 1967)

Nan-Jiang nongcun she hui (1953/1980) (Ländliche Gesellschaft in Süd-Xinjiang), siehe unter Ru Yi bzw. "Kuche xian....."

Nitz, H.-J.(1971): "Begriffliche Erfassung kleinräumiger Nutzungseinheiten innerhalb einer Landwirtschaftsformation", in: Symposion zur Agrargeographie (80. Geburtstag Leo Waibel), S.42-46, Abb. (Heidelberger Geogr. Arb. H.36), Heidelberg

Nongye jishu jingji shouce (1985) *(Wirtschaftlich-technisches Handbuch der Landwirtschaft)*, Beijing

Nong Yi Shi Guangai Guanli Chu (1962): "Akesu kenqu yanzetu de chongxi" ("Auswaschung von Salzböden im Erschließungsgebiet Aksu"), in: *Xinjiang Nongyekexue* 8, S.325-327

Pan Xiaofang (1985): *Xinjiang tiangua (Zuckermelonen/Cucumis melo/in Xinjiang)*, Ürümqi

Penskoy, I.K. (1959): "Problem on the Melioration of Salinated Soils of Sinkiang", in: *Natural Conditions in the Sinkiang Uighur Autonomous Region*, JPRS 18, 689 (April 1963), S.173-195

(The) Population Atlas of China (1987) (Population Census Office of the State Council of the People's Republic of China, Institute of Geography of the Chinese Academy of Sciences, ed.), Hongkong, Oxford, New York, Tokyo

Qi Qingshun (1988): "Yumi zai Xinjiang de zhongzhi he tuiguang" ("Anbau und Verbreitung von Mais in Xinjiang"), in: *Xinjiang Shehuikexue* 1, S.81-95

Qian Zhengying (1983): "Xinjiang shuili gongzuo de diaocha" ("Untersuchung über Wasserbauarbeiten in Xinjiang"), in: *Zhongguo nongye nianjian*, S.292-295, Beijing

Qin Renchang (1959): "Some Questions relating to Populus diversifolia and Populus pruinosa", in: *Natural Conditions in the Sinkiang Uighur Autonomous Region*, JPRS 18, 689 (April 1963), S.304-382

Qu Yaoguang; Chen Bishou; Han Qing; Li Fuxing (1982): "Talimuhe liuyu daguimo nongken hou ziran tiaojian de yanbian ji shui, tu, huyanglin ziyuan de heli liyong" ("Veränderungen in den Naturbedingungen des Tarim-Flußgebietes nach den großen Landerschließungen und die rationelle Nutzung der Wasser-, Boden- und Pappelwaldressourcen"), in: *Zhongguo Kexueyuan Lanzhou Shamo Yanjiusuo Jikan* (Mem. Institute of Desert, Acad. Sin., Lanzhou) 2, S.15-35

Qu Yaoguang (1982): "Talimu he shui ziyuan ji qi heli liyong" ("Wasserressourcen des Tarim und ihre rationelle Nutzung"), in: ebd. 2, S.37-48

Rahman, M. (1967): "Probleme der Be- und Entwässerung, Versalzung und Vernässung im Sind (West-Pakistan)", in: *Geographische Rundschau*, Vol.19, 7, S.261-265

Räsänen, Martti (1969): *Versuch eines etymologischen Wörterbuchs der Türksprachen*, Helsinki, Vol.1, Lexica Societatis Fenno-Ugricae XVII, 1+2

Richter, M.; Schmiedecken, W. (1985): "Das Oasenklima und sein ökologischer Stellenwert", in: *Erdkunde 39*, S.179-197

Ru Yi (1953/1980): "Nan Jiang nongcun de nongye shengchan yu shengchanli" ("Agrarproduktion und Produktivkräfte in den Dörfern Süd-Xinjiangs"), in: *Nan Jiang nongcun shehui (Dörfliche Gesellschaft Süd-Xinjiangs)*, reprint 1980, S.132-141, Ürümqi

Scheffer, F.; Schachtschabel, P. (1976): *Lehrbuch der Bodenkunde*, Stuttgart

Schirach, Richard (1975): "Alte Hypotheken, Neue Zahlen", in: *CHINA aktuell*, Dez., S.754-766

Scholz, Fred (1984): "Bewässerung in Pakistan. Zusammenstellung und Kommentierung neuester Daten", in: *Erdkunde*, Vol. 38, S.216-226

Shamsutdinov, Z. Sh. (1972): "Productivity of Artificial Black Saxaul Plantings in Arid Zone in Uzbekistan", in: *Eco-physiological Foundation of Ecosystems Producitivty in Arid Zone*, Int. Symp., June 7-19, 1972, Leningrad

Shen Deren; Jia Yuhu (1983): "Liang zhong shengchan bixu yiqi zhua, jiejue Xinjiang renkou wenti de biyou zhi lu" ("Die zwei Arten von Produktion müssen gleichgewichtig angepackt werden - der notwendige Weg zur Lösung der Bevölkerungsprobleme Xinjiangs"), in: *Xinjiang Shehuikexue 3*, S.56-60

Shule xian qi qu er xiang gongzuozu (Arbeitsgruppe des 2.xiang 7.qu, Kreis Shule [Käxkär yängi xähär] (1959): "Yige xiang quanmian gaijian jiu guanqu de jingyan" ("Erfahrungen eines xiang bei der vollständigen Umgestaltung des traditionellen Bewässerungsgebietes"), in: *Da gao shuili, gaijian jiu guanqu (Im großen Stile Wasserbau betreiben, die traditionellen Bewässerungsgebiete umgestalten)*, S.5-11, Ürümqi

Stein, M. Aurel (1928): *Innermost Asia; Detailed Report of Explorations in Central Asia, Kansu and Eastern Iran*, Vol.2, Oxford

Shi Yuanchun (1959): "The Patterns of the Salt Deposits in the Northern Part of the Tarim Basin and the Problem of Utilization and Melioration of Saline Soil", in: *Natural Conditions in the Sinkiang Uighur Autonomous Region*, S.220-274, JPRS 18, 689 (Original: *Xinjiang Weiwuer Zizhiqu ziran tiaojian*, Beijing 1959)

"Soil Survey Investigation for Irrigation" (1978), *soils bulletin*, FAO, Rome

Summary of World Broadcasts, FE/W 0180, C1/1, 22.5.91, SWB

Svanberg, I. (1987): "The Loplyks. A vanishing Fishing and Gathering Culture in Xinjiang", in: *Meddelanden, Svenska Forskningsinstitut i Istanbul* 12, S.57-81

ders. (1989):   The Dolans in Xinjiang (unpubl. manuscript)

Szabolcs, I. (1979): "Review of Research on Salt-affected Soils", Natural resources research XV, Paris (UNESCO) with a bibliography comp. by G. Várallyay

ders. (1985): "Salt Affected Soils as World Problem", in: *Proceedings of the International Symposion on the Reclamation of Salt-affected soils, Jinan, China*, 13.-21.5.1985, (2 Vols) Vol.I, S.30-47, Beijing

Sun Rongzhang (1982): "Xinjiang Akesu diqu nongye shengchan heli buju wenti" ("Fragen einer rationellen Standortverteilung der Agrarproduktion im Aksu diqu"), in: *Nongye buju yu nongye quhua (Standortverteilung der Landwirtschaft und Agrarzonierung)*, S.71-76, Beijing

Tan Xiaoyuan (1962): "Yanzehua gengdi dixiashui linjie shendu de tantao" ("Diskussion der kritischen Tiefe des Grundwassers auf versalzten Ackerflächen"), in: *Xinjiang Nongyekexue* 6, S.302-309

Tömür (Dawamat) (1986): "Jinyibu luoshi zhengce, jixu shenru gaige, tuidong nongcun jingji chixu wending xiediao fazhan" ("Schrittweise die Politik durchsetzen, die Reformen weiter vertiefen, der dörflichen Wirtschaft zu einer dauerhaften, stabilen und ausgeglichenen Entwicklung verhelfen"), in: *Xinjiang Ribao*, 20.3.86, S.1-2

Urbanajeva, I.S.(1989): "Man and His Habitat Around Lake Baikal: Past, Present and Future of the Anthropological Complex in Lake Baikal Region", Programme for International Studies (Abstract), Mimeo, Ulan-Ude

Waibel, Leo (1933): *Probleme der Landwirtschaftsgeographie*, Breslau

Wang Biqiang (1980): "Dui fazhan Xinjiang xumuye jingji de jidian kanfa" ("Einige Bemerkungen zur Entwicklung der Viehwirtschaf Xinjiangs"), in: *Yao zhongshi fazhan xumuye (Die Entwicklung der Viehwirtschaft betonen!)*, S.113-119, Beijing

Wang Heting (ca.1983): Lun Xinjiang Bositeng hu yangshui zhan zai Bo[siteng] shui hu ziyuan de baohu he zonghe liyong zhong de guanjian zuoyong (Über die zentrale Rolle der Pumpstation am Bosten [Baǵrax]-See beim Schutz und der umfassenden Nutzung seiner Wasser und Seeressourcen), aus einer internen Veröffentlichung unbekannten Titels, S.231-238

Wang Ning (1984): "Shixi Bayinguoleng Menggu Zizhizhou de renkou jingji wenti" ("Versuch über die Bevölkerungsökonomik des Autonomen Zhou Bayangol der Mongolen"), in: *Xinjiang Shehuikexue* 2, S.44-49

Wang Ying (1988): *Standortseigenschaften und Gefährdungen von Böden der Staatsfarm 147, Junggar-Becken, VR China*, Diplomarbeit, Fachbereich Landschaftsentwicklung, Institut für Ökologie, Regionale Bodenkunde, TU Berlin

Wang Zhongjian (1991): "Xinjiang xumuye fazhan de jige guanjian wenti" ("Einige Grundprobleme der Viehzuchtentwicklung in Xinjiang"), in: *Ziran Ziyuan* 2, S.51-57

Weggel, Oskar (1984): *Xinjiang/Sinkiang. Das zentralasiatische China. Eine Landeskunde*, Mitteilungen des Instituts für Asienkunde 138, Hamburg (überarbeitete Neuauflage in Vorbereitung)

Wei Han cidian (1982), *Uyġurqä-Hänzuqä luġät (Uyġurisch-chinesisches Wörterbuch)*, Ürümqi, WHCD

Wu Jinwen (1987): "Xinjiang xiaomai shengtai quhua (xu)" ("Ökologische Zonierung für Weizen[bau] in Xinjiang, 2"), in: *Xinjiang Nongyekexue* 3, S.47

Wu Shuo (1983): *Lun Zhongguo de liangshi wenti (Über das Getreideproblem in China)*, Beijing

Xie Xiangfang (1984): "Xinjiang Bazhou de guotu zhengzhi fangxiang he guotu guihua de zhanlüe buju" ("Die Ausrichtung für die Territorialplanung im Autonomen Zhou Bayangol (der Mongolen), Xinjiang und strategische Standortverteilung in der Landschaftsplanung"), in: *Ganhanqu Yanjiu* 2, S.16

ders. (1988, 1): Die Ressourcen Xinjiangs: Erschließung, Schutz und ökologische Probleme, Vortrag Ostasiatisches Seminar, FU Berlin, Nov. 1988 (unveröffentlicht)

ders. (1988, 2): Exploration of Resources and Environmental Management along the Tarim River, Paper read at Ostasiatisches Seminar, FU Berlin, Nov. 1988 (unveröffentlicht)

ders. (1988, 3): "Xinjiang nongye ziyuan de kaifa, baohu he shengtai wenti" ("Ökologische Fragen der Erschließung und des Schutzes der agrarischen Ressourcen Xinjiangs"), in: *Xinjiang nongcun fazhan zhanlüe wenti (Strategische Probleme der ländlichen Entwicklung Xinjiangs)*, S.140-157, Ürümqi

Xinhua News Agency:
08.11.90 "Xinjiang becomes second sugar beet producer in China"
11.08.91 "Xinjiang cashes in on its own charm" (2)
08.10.91 "Record harvest"
18.10.91 "Xinjiang to become China's nonferrous metalls base"

Xinjiang dixiashui (1965) (*Grundwasser in Xinjiang*), Beijing (Xinjiang zonghe kaocha congshu), XJDXS (1965)

Xinjiang huangdi ziyuan zonghe kaochadui (1982): "Bositenghu de yanhua yuanyin ji qi kongzhi tujing" ("Ursachen für die Versalzung des Baġrax Kul und Perspektiven ihrer Kontrolle"), in: *Dili Xuebao (Acta Geographica Sinica)* 37, 2, S.144-154

Xinjiang nianjian (1988) (*Xinjiang Jahrbuch*, 1988), Ürümqi
Xinjiang nianjian (1989) (*Xinjiang Jahrbuch*, 1989), Ürümqi
Xinjiang nongye (1964): (*Die Landwirtschaft [Feldbau] Xinjiangs*), Beijing (Zhu Maoshun, ed.) (Xinjiang zonghe kaocha congshu), XJNY (1964)

Xinjiang nongye dili (Agrargeographie Xinjiangs) (1980): Xie Xiangfang et al., ed., Ürümqi (Zhongguo nongye dili congshu), XJNYDL(1980)

Xinjiang Ribao (2.4.1988): "Zizhiqu Tongjiju guanyu 1987 nian guomin jingji he shehui fazhan de tongji gongbao" ("Statistisches Bulletin zur Entwicklung von Volkswirtschaft und Gesellschaft des Statistikbüros des Autonomen Gebietes"), S.4

Xinjiang shehui diaocha. Akesu xian nongcun diaocha (Sozialforschung in Xinjiang. Dorfuntersuchungen im Kreis Aksu), Zhonggong zhongyang Xinjiang fenju xuanchuanbu, ed. (Dihua), 1951

Xinjiang tongji nianjian (1989) *(Statistisches Jahrbuch Xinjiang)*, Xinjiang Weiwuer Zizhiqu Tongjiju, ed., Ürümqi

Xinjiang tudi ziyuan (1989) *(Bodenressourcen Xinjiangs)*, Ürümqi (Xinjiang Weiwuer Zizhiqu Nongye Quhua Weiyuanhui; Jiang Hanrong et al., ed.), XJTDZY (1989)

Xinjiang turang dili (1965) *(Bodengeographie Xinjiangs)*, Beijing (Wen Zhenwang, ed.) (Xinjiang zonghe kaocha congshu), XJTRDL (1965)

Xinjiang turang yu gailiang liyong (1981) *(Die Böden Xinjiangs und ihre Nutzung und Melioration)*, Ürümqi, XJTR(1981)

Xinjiang Weiwuer Zizhiqu Shaya xian nongye quhua ziliao huibian (1987) *(Materialsammlung zur Agrarzonierung des Kreises Xayar, Autonomes Gebiet Xinjiang der Uyguren)*, o.O. (Shaya xian nongye quhua weiyuanhui bangongshi, ed.), SYXNYQH (1987)

Xinjiang Weiwuer Zizhiqu Yänji xian nongye quhua (1982) *(Agrarzonierung des Kreises Yänji (Yanqi), Autonomes Gebiet Xinjiang der Uyguren)*, o.O., YJXNYQH (1982)

Xinjiang zhongdian diqu huangdi ziyuan heli liyong (1986) *(Ödlandressourcen einiger Schwerpunktgebiete Xinjiangs und ihre rationelle Nutzung)*, Ürümqi (Xinjiang huangdi ziyuan zonghe kaochadui, ed.), XJZDDQ (1986)

Xinjiang zonghe kaocha baogao huibian 1958 nian. Jingji dili bufen (1962) *(Collected reports of the Xinjiang Multispecialty Expedition, 1958; Economic Geography)*, Beijing (Xinjiang zonghe kaocha congshu), Jingji dili bufen

Xinjiang zhuyao zaolin shuzhong (1981) *(Die wichtigsten Baumarten für Aufforstungen in Xinjiang)*, Ürümqi (Xinjiang Linyekexue Yanjiusuo, ed.)

Xu Deyuan; Sang Xiucheng (1981): *Xinjiang nongye qihou (Agrarklima Xinjiangs)*, Ürümqi

Xu Rongxin (1982): "Xinjiang 29 tuanchang" ("Korpsfarm 29 in Xinjiang"), in: *Zhongguo nongye nianjian*, S.282-283, Beijing

Xu Zhikun (1980): *Xinjiang yanjiantu de gailiang (Meliorierung der Salz- und Alkaliböden Xinjiangs)*, Ürümqi

Yan Guanyi (1957): *Xinjiang Weiwuer Zizhiqu (Das Autonome Gebiet Xingjiang der Uyguren)*, Beijing

Yang Lipu (1964): "Xinjiang shuili ziyuan de nongye pingjia" ("Landwirtschaftliche Bewertung der Wasserressourcen Xinjiangs"), in: *Dili* 6, S.246-249

ders. (1982): *Xinjiang shuiziyuan ji qi liyong (Die Wasserressourcen Xinjiangs und ihre Nutzung)*, Ürümqi

ders. (1983, 1): "Ziran ziyuan de pingjia he heli liyong" ("yi woguo Xinjiang wei lie") ("Die Bewertung und rationelle Nutzung von Naturressourcen, das Beispiel des chinesischen Xinjiang"), in: *Ziran Ziyuan* 1, S.16

ders. (1983, 2): "Talimu pendi de shuiziyuan yu huanjing baohu" ("Wasserressourcen des Tarimbeckens und Umweltschutz"), in: *Ziran Ziyuan* 3, S.17, 22

ders. (1987): *Xinjiang Weiwuer Zizhiqu dili (Geographie des Autonomen Gebietes Xinjiang der Uyguren)*, Ürümqi

Yu Renpei; Yang Daoping; Shi Wanpu; Cai Axing (1984): *Turang jian hua ji qi fangzhi (Bodenalkalisierungen und ihre Verhütung)*, Beijing

Yuan Guoying; Lichtenfeld, Adolfo; Stahr, Karl (1988): "Soils of the Manas River Area in Northern Xinjiang, People's Republic of China", in: *Zeitschrift für Pflanzenernährung und Bodenkunde* 151, S.153-163

Yue Shan (1991): "Wubaiwan ren jiang bei qian Xinjiang" ("5 Mio. Menschen werden in den Norden nach Xinjiang verlegt"), in: *Dongxiang* 10, S.21-22

"Zai Han Tang tuntian yizhi" (1981) ("In den Ruinen han- und tangzeitlicher tuntian"), in: *Sichou zhi lu man ji (Lose Aufzeichungen über die Seidenstraßen)*, S.101-108, Beijing (auch engl. Titel: *Along the Ancient Silk Road*)

Zakharina, G.V. (1960): "Salinated Soils of Southern Sinkiang and their Melioration", in: *Prirodnye usloviya Sin'tszyana*, Moskau (übers. in: JPRS 15,084 (August 1962), S.95-111

Zhang Bingqian (1984): "Yanqi pendi yanjianhua tu gailiang liyong qu hua" ("Meliorations- und Nutzungszonierung der Salz- und Alkaliböden des Yanqi-Beckens"), in: *Ganhanqu Yanjiu* 2, S.21 ff. (von diesem Artikel stand mir nur die erste Seite zur Verfügung)

Zhang Leide; Cheng Xinjun; Fan Zili; Li Fang; Lei Jiaqiang (1988): "Talimu hegu tudi leixing ji tudi ziyuan" ("Oberflächenformen und Bodenressourcen der Tarim-Aue"), in: *Ganhanqu Yanjiu* 2, S.10-18

Zhang Xuehan (1962): "Gailiang yanjiantu de jiben jingyan ji shang dai yanjiu de wenti" ("Grundlegende Erfahrungen bei der Melioration von Salz/Alkali-Böden und einige künftig zu untersuchende Fragen"), in: *Xinjiang Nongyekexue* 5 S.169-171

Zhang Youde (1987): "Xinjiang shengchan jianshe bingtuan" ("Das Produktions- und Aufbaukorps Xinjiang"), in: Chen Hua (ed.): *Xinjiang*, Ürümqi, S.199-216

Zhang Zhiyi (1946): *Xinjiang zhi jingji (Die Wirtschaft Xinjiangs)*, Shanghai

ders. (1949) (Chang chih-i): "Land Utilization and Settlement Prospects in Sinkiang", in: *Geographical Review* 39, S.57-75

Zhao Feng (1963): "Cong Akesu diqu xiaomai shengchan tan xiaomai de heli buju he jinggeng xizuo" ("Von der Weizenproduktion im Aksu diqu ausgehend die rationelle Standortverteilung und exakte Feldbearbeitung des Weizenanbaus diskutieren"), in: *Xinjiang Nongyekexue* 8, S.303-306 (übersetzt von B. Fischer, IFP 143, TU Berlin)

Zhao Ji (1960): "Xinjiang chongji pingyuan, hongji pingyuan de dimao tezheng ji qi kenhuang tiaojian" ("Geomorphologische Besonderheiten der Diluvial/Alluvialebenen Xinjiangs und die Bedingungen ihrer landwirtschaftlichen Erschließung"), in: *Dili Xuebao* (*Acta Geographica Sinica*), Vol.26, 2, S.121-128 (übersetzt von IFP 143, TU Berlin)

Zhao Songqiao; Han Qing (1981): "Landwirtschaft am Nordrand des Tarim-Bekkens", in: *Geographische Rundschau*, Vol.33, 3, S.113-118

Zhao Ziyang (1983): "Kaifa Xinjiang kaifa da Xibei shi Zhongyang de zhongyao zhanlüe shexiang" ("Xinjiang und den Großen Nordwesten zu erschließen ist eine bedeutende strategische Vorstellung des Zentralkomitees"), in: *Renmin Ribao*, 2.9.83, S.1-2

Zhongguo baike nianjian (1987) (*Lexikalisches Jahrbuch China*), Beijing, Shanghai

Zhongguo diming lu (1983) (*Verzeichnis der chinesischen Ortsnamen*), *Zhonghua Renmin Gongheguo dituji diming suoyin* (*Index der Ortsnamen in Atlanten der Volksrepublik China*), Beijing

Zhongguo jingji nianjian (1984), (1985), (1987) (*Wirtschaftsjahrbuch Chinas*), Beijing

Zhongguo nongye dili zonglun (1980) (*Gesamtdarstellung der chinesischen Agrargeographie*), Beijing

Zhongguo nongye nianjian (1980), (1982), (1987) (*Landwirtschaftsjahrbuch Chinas*), Beijing

Zhongguo tongji nianjian (1984) (*Statistisches Jahrbuch Chinas*, 1984), Guojia tongjiju (ed.), Beijing

Zhongguo ziran dili, dibiaoshui (1981) (*Physische Geographie Chinas, Oberflächenwasser*), Beijing

Zhonghua Renmin Gongheguo shuiwen dizhi tuji (1979) (*Hydrogeologischer Atlas der VR China*), Beijing

Zhou Lisan (1983): "Guotu zhengzhi yu Xinjiang nongye de fazhan" ("Territorialplanung und die Entwicklung der Landwirtschaft in Xinjiang"), in: *Xinjiang Dili*, Vol.6, 1, S.17

Zhou Xingjia (1983): "Talimuhe xiayou lüse zoulang de shamohua ji qi fangzhi" ("Die Desertifikation des grünen Korridors am Tarim-Unterlauf und ihre Bekämpfung"), in: *Zhongguo Shamo*, Vol.3, 1, S.27-31

Zhu Lianqing (1965): "Guanyu Xinjiang diqu yanzetu gailiang de jige wenti" ("Zu einigen Problemen der Melioration von Salzböden im Gebiet von Xinjiang"), in: *Turang Tongbao* 5, S.14

Zhu Maoshun; Zhu Hongzhu; Zhang Xuemian (1981): "Xinjiang nongye fazhan fangxiang de tantao" ("Diskussion der Entwicklungsrichtung der Landwirtschaft in Xinjiang"), in: *Nongye Jingji Wenti* 2, S.28-32

Zhu Zhenda; Liu Shu (1981): *Zhongguo beifang diqu de shamohua guocheng ji qi zhili quhua* (*Desertifikationsprozesse in Nord-China und Zonierung zur Desertifikationskontrolle*), Beijing

Zischka, A. (1959): *Asiens wilder Westen. Die Wandlungen West-Chinas und Tibets, der Mongolei und Sibiriens*, Gütersloh

Zordun (Sabir) (1984): "Subichi" ("Subihi"), in: *Biansai* 2, S.439

Zuo Dakang (1960): Klimat Sin'tsyana (Klima Xinjiangs), Diss. Moskau

Verwendete Karten:

Zhonghua Renmin Gongheguo, Minzu fenbu tu (1981) (Karte der Nationalitätenverteilung der VR China), Beijing 1:4 Mio.

Blatt 11-44-94 Xinhe xian (Zhongguo Renmin Jiefangjun zong canmoubu cehuiju) (Kartographische Abt. des Generalstabes der Chinesischen Volksbefreiungsarmee) ca. 1966, 1 : 50.000

Blatt 11-44-106 Xayar xian (Zhongguo Jiefangjun zong canmoubu cehuiju) (Kartographische Abt. des Generalstabes der Chinesischen Volksbefreiungsarmee) ca. 1966, 1 : 50.000

Takelamagan shamo fengsha dimao tu (The Map of Aeolian Landform in Taklimakan Desert), Lanzhou 1:1,5 Mio. (Lanzhou Institute of Desert Research, Academia Sinica, ed.)

Xinjiang Weiwuer Zizhiqu Zhengqu (1984) (Politische Gliederung des Autonomen Geb. Xinjiang der Uyguren), Beijing

Zhonghua Renmin Gongheguo zhibei tu (1979) (Vegetationskarte der VR China), Beijing 1:4 Mio.

Zhonghua Renmin Gongheguo shuiwen dizhi tuji (1979) (Hydrogeologischer Atlas der VR China) Beijing

Andreas Gruschke

Neulanderschließung
in Trockengebieten
der Volksrepublik China
und ihre Bedeutung für
die Nahrungsversorgung
der chinesischen Bevölkerung

Mitteilungen des Instituts für Asienkunde Hamburg, Nr. 194
Hamburg 1991, 283 S., DM 28,-

Nach den anfänglich großen Erfolgen in der Bevölkerungskontrolle und den seit einigen Jahren neuerlich steigenden Geburtenraten kommt der Nahrungsmittelversorgung des bevölkerungsreichsten Landes der Welt besondere Aufmerksamkeit zu. Die seit den 80er Jahren merklich verbesserte Ernährungssituation in China wird wieder in Frage gestellt, da es ungewiß erscheint, ob angesichts der wieder angestiegenen Geburtenrate, der gerade im Bereich der agronomischen Trockengrenze ausgeweiteten Anbauflächen und der beträchtlichen Verluste an Altland in Chinas Osten die Sicherung der Ernährungsbasis möglich sein wird. Welchen Anteil an einer solchen Sicherung die Neulanderschließungen in den Trockengebieten hatten und haben und welche Perspektiven sich für die zu konsolidierenden Neulanderschließungsprojekte ergeben könnten, mit diesen Fragen beschäftigt sich die vorliegende Arbeit.

Zu beziehen durch:
Institut für Asienkunde
Rothenbaumchaussee 32
W-2000 Hamburg 13
Tel.: (040) 44 30 01-03
Fax: (040) 410 79 45